Aura-Soma

Aura-Soma

Das Wunder der Farbheilung
und
die Geschichte eines Lebens

Vicky Wall

Aura-Soma-Farbtherapie ist keine Therapieform im klassisch-medizinischen Sinne, sondern eine spirituelle Entwicklungs-methode, die sich selbstverständlich auch auf die physisch-grobstoffliche Ebene positiv auswirken kann.

Die in diesem Buch vorgestellten Informationen sind sorg-fältig recherchiert und wurden nach bestem Wissen und Ge-wissen weitergegeben. Dennoch übernehmen Autorin und Verlag keine Haftung für Schäden irgendwelcher Art, die di-rekt oder indirekt aus der Anwendung oder Verwertung der Angaben in diesem Buch entstehen.

Vorwort

Es war im Jahr 1986, einige Tage vor Weihnachten. Ich befand mich auf spiritueller Wiederentdeckungsreise in Glastonbury, England, das auch als das alte Avalon und „die Pforte der Erinnerung" bekannt ist.

Hier erzählte man mir von Vicky Wall, einer wunderbaren Frau, die die Gabe hätte, alle Inkarnationen, Talente und Bedürfnisse der Menschen sehen zu können, obwohl sie physisch blind sei.

Ich nahm sofort telefonische Verbindung zu ihr auf und vereinbarte eine „Seelenlesung".

Schon bei dem bald darauf stattfindenden ersten Treffen mit Vicky war ich von dem fast physisch greifbaren weißen Licht, das von ihrem Wesen ausging, tief berührt. Mit bedingungsloser Liebe enthüllte sie mir sogleich einige der lange verborgenen Geheimnisse meiner Seele.

Zum ersten Mal fühlte meine Seele sich in ihren zeitlosen Tiefen erkannt und grenzenlos geliebt.

Vicky Wall war und ist eine Botin aus der Welt der wahren Seele, dem Land der göttlichen Liebe. Sie hat in ihrem eigenen Erdenleben gezeigt, daß die Kraft des göttlichen Geistes und der Liebe, die keine Bedingungen kennt, stärker ist als alle Einschränkungen physischer Natur.

Sie war und ist eine Meisterin unter den Sehern, denn sie erblickte nicht nur die „chakrische Aura", sondern nahm das Herz der Seele, das Unsterbliche Selbst in ihrem Gegenüber wahr. Das Alpha und das Omega oder, wie sie es nannte, die „wahre Aura". Es war dieses ewige Wesen in jedem von uns, das sie durch ihr Erkennen, ja durch ihre bloße Anwesenheit erweckte und das wir alle mehr und mehr verkörpern wollen.

Mit dem Geschenk von Aura-Soma, das Vicky der Welt brachte, ist es jedem möglich, in den Spiegel seiner eigenen verborgenen Farbenpracht zu schauen, seine große Liebesfähigkeit und Heilkraft für unsere Zeit wiederzuentdecken und im selbstlosen Dienst an allem Leben zu verwirklichen.

Dem Leser dieses Buches wünsche ich, daß ihn der Geist von Vicky Wall während der Lektüre sanft umhüllen und ihm die Botschaft unsterblicher Liebe ins Herz tragen möge.

Diplom-Psychologe Frank Huber
Frankfurt a. M., im August 1992

Dieses Buch ist gewidmet:
meinem geliebten Vater, mit dem alles möglich war;
Ann Whithear, Gelehrte und Freundin, ohne deren Sensibilität
und Verständnis dieses Buch nicht hätte geschrieben werden
können;
den vielen anderen, die im Hintergrund arbeiteten und mir so
die Zeit zum Schreiben ermöglichten;
und nicht zuletzt meiner sehr lieben Freundin Laura Fraser,
die meine Träume teilte und mich in Zeiten des Zweifelns
unterstützte.

Einleitung

Seid behutsam, meine Freunde,
denn ihr betretet das Gewebe meines Lebens;
Kette und Schuß;
das Muster, gewebt seit Anbeginn der Zeit;
die Wiederkehr;
die vorbestimmten Unvermeidlichkeiten;
den Fortschritt in Richtung einer Bestimmung,
die darauf wartet, offenbart zu werden.

Als siebtes Kind eines siebten Kindes wurde ich in London geboren. Mein Vater gehörte zu den Chassidim, einer tiefreligiösen Sekte, die sich mit den mystischen Aspekten der Bibel befaßt. Er war ein Meister der Kabbala und des Sohar. Dieser Hintergrund gab ihm das Wissen um die Heilkraft von Pflanzen und natürlichen Heilmethoden. Dieses Wissen gab er an mich weiter.

Das Glück, das ich mit meinem Vater teilte, wurde durch die Lieblosigkeit meiner unversöhnlichen Stiefmutter sehr getrübt. Dies hatte zur Folge, daß ich mein Heim im jungen Alter von sechzehn Jahren verließ.

Während meiner Kindheit und Jugend ängstigten mich wiederholt mystische Erlebnisse wie Spontanheilungen, Hellsichtigkeit und das Sehen der Aura. Diese Phänomene kamen ungewollt, und ohne daß ich sie verstand, über mich.

Meine Erfahrungen während des Krieges, das Bekanntwerden mit Verwundung und Tod zeigten mir klar, wie ich das, was ich durch innere Schau wahrnahm, zu verstehen hatte. Ich bekam

Das Wunder der Farbheilung

einen „geistigen" Überblick und lernte, meine Auraschau zu deuten.

Das Zusammentreffen mit Edward Horsley, einem älteren Apotheker in West Drayton, Middlesex, sollte mich auf meinen vorbestimmten Weg bringen. Edward Horsley praktizierte noch die alte Kunst der Arzneimittelkunde. In seiner Apotheke hingen Bündel getrockneter Kräuter, und Pillenmasse wurde noch per Hand hergestellt. Hier, wohl aufgehoben im Labyrinth des Lernens, konnte ich die Lehren meines Vaters wiederentdecken und anwenden. Während dieser Zeit zeigten sich viele kleine alchemistische Wunder. Einmal zum Beispiel führten der Mangel an Grundstoffen sowie ein Fehler, den ich machte, durch Inspiration zu einer völlig neuen Rezeptur, die sich als ein bemerkenswertes Heilmittel herausstellte.

Nach dem Krieg und Horsleys Tod beschloß ich, eine Ausbildung als Fußpflegerin zu absolvieren. So konnte ich meine Hände in den Dienst der Heilung stellen. Meine erste Praxis hatte ich in der Apotheke.

Dann führte mich ein „göttlicher Schubs" nach Great Missenden in Buckinghamshire. Während meiner Jahre dort wurde ich dreimal an die Schwelle des Todes geführt und, wie ich glaube, nur gerettet, um der Menschheit zu dienen.

Eine andere Katastrophe war der plötzliche Verlust meiner Sehkraft, die für mich den Rückzug aus einer nun florierenden Praxis bedeutete und mich in den vorzeitigen Ruhestand versetzte.

Doch mein „Weg nach Damaskus" brachte mir eine strahlende Offenbarung: die Geburt der Aura-Soma-„Balance"-Öle, die sich als Spiegel der Seele erwiesen und deren Bestimmung es ist, das Leben vieler Menschen zu verändern und zu heilen. Mit Aura-Soma entfaltete sich eine einzigartige Facette der Farbtherapie, die viele Lebensenergien umschließt und auf allen Ebenen – körperlich, mental und geistig – heilt und sich außerdem gut ergänzend zu anderen Therapien verwenden läßt.

Einleitung

Und nun muß ich feststellen, daß ich meine Zeit mehr und mehr damit verbringe, im In- und Ausland Vorträge zu halten. Es wurde offensichtlich, daß wir ein Zentrum brauchten, in dem Therapeuten und Laien gleichermaßen als Lehrer ausgebildet werden können, um hinaus in die Welt zu gehen. Wie durch ein Wunder wurde Dev Aura in Lincolnshire unser Zentrum. Interessierte aus aller Welt kommen nun zu uns, um Pioniere dieser Therapie des Neuen Zeitalters zu werden. Ich denke, es ist bemerkenswert, daß Noah das erste Versprechen für ein neues Zeitalter zu einem Zeitpunkt bekam, als die Erde in der Gefahr schwebte, von menschlicher Dummheit zerstört zu werden. Heute zittern viele Menschen vor Angst, wer wohl den „Knopf drücken" wird und wann. Dennoch gab es mit dem Erscheinen von Christus die Verheißung eines neuen Lebens. Er sprach wiederholt von einem zweiten Kommen und einem neuen Zeitalter. Viele erwarten dieses Neue Zeitalter, ich aber glaube, daß es schon da ist.

Das Wesentliche im Versprechen an Noah war, daß Gott niemals wieder die Zerstörung der Erde erlauben wird. Dieses Versprechen wurde zum ersten Mal durch das Spektrum der Farben in Form eines Regenbogens dargestellt.

Meinen Bogen habe ich gesetzt in die Wolken;
der soll ein Zeichen sein des Bundes zwischen
mir und der Erde.

1. Mose 9, 13

Aura-Soma ist eine stetig wachsende Therapie, und jeder Tag offenbart einen neuen Aspekt. Diese Einleitung nimmt nur die ersten Maschen auf.

Mein geliebter Vater

Als meine Mutter 1918 an der „Spanischen" Grippe erkrankte, versuchte mein Vater verzweifelt, sie zu retten. Er behandelte sie mit Hydrotherapie, wickelte sie in eine feuchte Decke und legte sich zu ihr; eine vergebliche Bemühung, das Fieber hinunterzutreiben. Der Krieg und die vielen Kinder forderten ihren Tribut. Als Mutter starb, wurde das Herz meines Vaters mit ihr begraben.

Meine ältere Schwester erkrankte etwas später auch an der Grippe, überlebte jedoch glücklicherweise.

Vater stand nun da mit der Verantwortung für mich, ein praktisch Neugeborenes, und sechs andere Kinder, die im Alter immer nur zwei bis drei Jahre auseinanderlagen. In dieser Situation gab es für ihn nur zwei Möglichkeiten: eine Haushälterin einzustellen oder zu heiraten. Er wählte die letztere.

Meine aus Polen stammende Stiefmutter war klein und füllig. Sie hatte ausdrucksstarke blaugraue Augen, deren Ausdruck im Nu von Sanftheit zu absoluter Kälte wechseln konnte. Wie bei einer Katze, die eine leidende Maus betrachtet. Dieser Blick brannte sich in mein tiefstes Inneres und verfolgte mich jahrelang in meinen Träumen.

Meine Stiefmutter liebte meinen Vater und sehnte sich danach, sein Kind zu tragen, aber sie war unfruchtbar. Ich glaube, daß ich, nur ein paar Monate alt und völlig von ihr abhängig, in ihrer Vorstellung zu dem Kind wurde, das sie gern empfangen hätte. Offenbar sah ich trotz meines zarten Alters meinem Vater ähnlicher als meiner Mutter, was ihre Illusion unterstützte. Meine Erinnerung reicht bis in meine früheste Kind-

Das Wunder der Farbheilung

heit und sogar bis in die vorgeburtliche Periode zurück, was eine meiner ungewöhnlichen Fähigkeiten ist.

Ich erinnere mich nicht an irgendeine Form von Disharmonie oder Trauma während der ersten zwei oder drei Jahre, denn meine Stiefmutter sah mich als ihr leibliches Kind, und als einziges der sieben Kinder nannte ich sie „Mami". Meine Geschwister sagten „Tante". Sie ärgerten sich über ihre Anwesenheit, trat sie doch nur wenige Monate nach dem Verlust der Mutter, die ihre Kinder tief geliebt hatte, in ihr Leben. So traten alsbald Spannungen auf.

Mein Vater wurde aus Loyalität (um sein Leben nicht zu zerbrechen) über diese Situation in völliger Unkenntnis gehalten.

Meine Stiefmutter war eine exzellente Köchin und eine kompetente Haushälterin, für die die Bedürfnisse meines Vaters an erster Stelle standen. Unter ihrer eisernen Herrschaft funktionierte der Haushalt wie ein Uhrwerk. Doch es war kein Heim für ein Kind. Bücher, Spielsachen oder Kameraden durften niemals in das makellose Haus eindringen. In diesem Punkt war sie fanatisch, und wir merkten bald, daß uns nichts mit ihr verband.

Ein Kind nach dem anderen ging seinen eigenen Weg und ließ mich ohne Gesellschaft in der lieblosen Atmosphäre dieses ehemaligen Palastes zurück.

Meine Geschwister trafen meinen Vater regelmäßig, und manchmal kamen sie für kurze Zeit nach Hause zurück. Während eines dieser Aufenthalte passierte etwas, das den Rest meiner Kindheit verdunkeln sollte. Ironischerweise war es die Schwester, die mich am meisten liebte, die die unselige Folge von Ereignissen auslöste. Im Schwatz mit ihr, schnatternd, wie ein Kind es gewohnt ist, muß ich meine Sätze mit „Mami sagte" und „Mami machte" gespickt haben, da ich sie zu jener Zeit noch für meine richtige Mutter hielt. Man stelle sich mein kindliches Interesse vor, als ich folgende Information von meiner Schwester erhielt: „Sie ist nicht deine Mutter, und du mußt nicht tun, was sie dir sagt."

Mein geliebter Vater

So kurz dieser Moment auch war, diese Neuigkeit registrierte ich.

Später an jenem Tag hatten meine Stiefmutter und ich eine Meinungsverschiedenheit über eine Kleinigkeit, wie alle Eltern mit eigenwilliger Nachkommenschaft sie kennen. Ich weiß nicht mehr, um was es ging, aber offenbar war meine Mitarbeit gefordert. Wir erreichten den Punkt, von dem aus es kein Zurück gibt; ich fühlte mich bedroht und in die Enge getrieben. Eine frische Erinnerung wühlte mich auf. Herausfordernd schaute ich zu ihr hoch und sagte: „Du bist nicht meine Mutter. Ich muß überhaupt nicht tun, was du sagst."

Es folgte eine lange Stille. Die blaugrauen Augen verwandelten sich in Stahl. In diesem Moment klirrten die Tore der Hölle hinter mir. Von da an wurde alles anders. Ihre Selbsttäuschung zerbrach, und ich wurde der Prügelknabe für ihre Frustrationen und ihren Groll. Die darauffolgenden Jahre erinnern mich an die Worte Elisabeth Barrett-Brownings: „Denn Tränen wuschen die Farben aus meinem Leben."

Ich bezweifle nicht, daß meine Stiefmutter mit ihrer Härte einen Zweck erfüllte und daß es für mich eine Zeit des Lernens war. Wenn ich jetzt zurückblicke, begreife ich das wahre Wesen ihrer Taten, und dieses Verstehen bringt Verzeihen.

Doch als kleines Kind, abgeschnitten von Gefährtinnen, weinte ich jeden Abend heimlich in mein Kissen. Mein einziger Trost war, daß mein lieber Vater bald heimkehren würde. Er vergaß niemals, zu mir hereinzukommen und mir gute Nacht zu sagen.

Mein Schlafzimmer lag neben dem Eßzimmer. Die Türen waren nur angelehnt, vielleicht eine Angewohnheit aus meiner Babyzeit. Das Wissen um die Anwesenheit meines Vaters und der trostvolle Klang seiner Schritte schienen meine Unglückseligkeit zu heilen, die durch die Mißverständnisse und Mißgeschicke des vergangenen Tages hervorgerufen worden war. Entzückt lag ich in meinem Bett. Ich konnte den Tisch mit der weißschimmernden Tischdecke und dem leuchtenden Silber

Das Wunder der Farbheilung

sehen. Das Kerzenlicht schimmerte warm durch die Wein-
karaffe. Jeden Abend wurde dasselbe Ritual eingehalten.

Mein Vater und meine Stiefmutter begannen das Nachtmahl
um neunzehn Uhr und sprachen über die Begebenheiten des
Tages. Gespannt beobachtete ich die Handbewegungen meines
Vaters, wenn er die Birne schälte, die er immer zum Nachtisch
aß. Ich wußte, daß nun der kostbare Moment näher kam und er
mein Schlafzimmer betreten und mir (meine Tränen waren
längst getrocknet) das letzte saftige Birnenstückchen und einen
Gutenachtkuß geben würde.

Zu Anfang dieses Jahrhunderts wurden Kinder „zwar gesehen, aber nicht gehört", und der Spruch „Früh ins Bett und
früh heraus" wurde allgemein praktiziert. Unser Haushalt war
darin keine Ausnahme, denn die abendliche Heimkehr meines
Vaters erforderte ausgedehnte Vorbereitungen.

So wurde ich im Winter gewöhnlich um vier Uhr nachmit-
tags in mein Zimmer eingesperrt. Die Stunden zwischen vier
und sieben Uhr waren Stunden voller Erwartung. Nichts hätte
mich zum Schlafen bringen können, bevor nicht mein Vater gekommen war, um mir gute Nacht zu wünschen.

Wenn ich so in der Dämmerung lag, noch bevor der Laternen-
anzünder kam und die Gaslampe direkt vor meinem Zimmer-
fenster entzündete, flossen merkwürdige **Visionen in mein** Bewußtsein. Diese Wahrnehmungen kamen in regelmäßigen
Abständen und setzten sich während meines ganzen Lebens
fort. Sanft sang ich fremde Rhythmen mit fremden Worten, deren Klang und Bedeutung keinen realen Bezug zu der Welt um
mich zu haben schienen. Doch war es merkwürdigerweise so,
als würde ich eine uralte Sprache benutzen, zu der ich ein
natürliches Verhältnis hatte.

Eine bestimmte Vision kehrte immer wieder. Plötzlich er-
hellte sich das Zimmer. Ich erblickte eine große Frau, die ent-
setzlich dünn war. Neben ihr ging ein ebenso abgemagerter
Hund, dessen Rippen hervorstachen. Hunger stand in ihre Gesichter geschrieben, doch es umgab sie ein Flair von Würde

Mein geliebter Vater

und Bildung, und ihre Vornehmheit schien klar hervor. Selbst als dreijähriges Kind fühlte ich keine Furcht, wenn sie Nacht für Nacht kamen und vorbeigingen. Obwohl ich ihren Zustand bedauerte, wußte irgend etwas in mir, daß sie sich in einer selbstgewählten Situation befanden. Es war der Weg, den sie gehen wollten.

Diese Vision hatte ich viele Jahre, bis mir eines Tages in einer anderen Vision die Erklärung offenbart wurde. Von da an gingen sie zu ihrer ewigen Ruhe. Sie erschienen mir in der Rolle ihres damaligen Lebens, um mir die Belastung, die ich in meinem Leben erfuhr, verständlich zu machen.

Dies war meine erste Bekanntschaft mit „Regression" – ein Erkennen, wie die Vergangenheit mit der Gegenwart in Beziehung steht.

Vaters Wissensgebiet war die Heilung, so wie das Haus die Hauptbeschäftigung meiner Stiefmutter war. Ich kann mich nicht erinnern, daß jemals ein Arzt gerufen wurde. Seit unserer frühesten Kindheit erkannte mein Vater alle Bedürfnisse und kümmerte sich um unsere verschiedenen Leiden.

Ich war sehr anfällig für Angina. Einmal hatte ich Halsentzündung und weinte jämmerlich vor Schmerzen. An diesen Tag erinnere ich mich besonders lebhaft wegen des scharfen Geruchs von heißem Essig. Mein Vater faltete sorgfältig braunes Papier, goß Essig zwischen die Lagen, wickelte das Ganze in ein leinenes Taschentuch und stellte ein heißes Bügeleisen darauf. Dann wurde das Taschentuch vorsichtig um meinen Hals gewickelt, und am nächsten Morgen waren die Schmerzen abgeklungen.

Jahre später fand ich die Erklärung für den Erfolg dieser Behandlung, die ihre Wurzeln in uraltem, überliefertem Wissen hatte. Das damals benutzte Packpapier war aus Holzbrei hergestellt, man konnte die Holzfasern im Papier erkennen. Die therapeutischen Substanzen und die Harze – Basis für viele Salben – wurden in Alkohol oder Säure gelöst und durch Hitze freigesetzt.

Das Wunder der Farbheilung

Die ganze Woche über sehnte ich mich nach dem Wochenende, denn mein geliebter Vater nahm mich immer auf verschiedene Ausflüge mit.

Die Männer dieser Zeit unterlagen einer strengen Routine, und Vater war keine Ausnahme. Ich wußte genau, wohin wir gehen würden und was der Tag mit sich brächte. Der erste Besuch an einem Samstagmorgen war gewöhnlich der beim Friseur. Damals rasierte man mit einem Rasiermesser. Vater war ein gutaussehender Mann mit schönen, ausdrucksstarken, warmen braunen Augen, die die Menschen, mit denen er sprach, zu fixieren schienen. Es wurde von ihm gesagt, daß, wenn er jemanden ansah, zwei Kerzen auf dem Altar seiner Augen leuchteten. Seine Hände waren nicht groß, jedoch von wunderbarer Form mit schönen Fingernägeln. Er hatte breite Schultern, schmale Hüften und ging aufrecht. Mir wurde gesagt, daß er niemals auch nur ein Gramm zunahm, bis er fünfundachtzigjährig starb.

Sein Verhalten hatte etwas wahrhaft Königliches, doch war er trotzdem bescheiden und liebenswürdig. Ich hörte ihn niemals seine Stimme erheben, ein gerader Blick genügte. Er kleidete sich tadellos und war in allen Bereichen anspruchsvoll und makellos sauber – ein Mann, der seinen Tempel in Ehren hielt. Wir Kinder liebten und respektierten ihn in höchstem Maße.

Beim Friseur bekam Vater eine Rasur, heiße Handtücher und sehr oft einen Haarschnitt. Geduldig saß ich auf einer kleinen hölzernen Bank und ging völlig in dieser Vorführung auf; ich hielt meinen Atem an, wenn die heißen Handtücher sein Gesicht verdeckten und nur noch die rosa Spitze seiner Nase sichtbar war. Immer sorgte ich mich, er könne nicht atmen, und war erst beruhigt, wenn die Handtücher weggenommen wurden und sein unversehrtes Gesicht zum Vorschein kam.

Dann wurde seine Haut mit etwas abgerieben, das aussah wie ein Eiswürfel. Heute weiß ich, daß es Alaun war, der die Poren schließt und die Haut strafft. Alaun ist in vielen adstringierenden Lotionen zu finden.

Mein geliebter Vater

Dann gingen wir in Vaters Club, wo ich es mir auf einem hohen Stuhl bequem machte und in die Obhut eines Pförtners oder Dieners gegeben wurde. Eine Tafel Schokolade wurde gekauft – ein großes, allwöchentlich stattfindendes Ereignis. Vater band mir sein großes weißes Taschentuch um den Hals, damit ich mein Kleid nicht beschmutzte. Dann verschwand er im inneren Heiligtum des Clubs, zu dem Frauen und Kinder keinen Zutritt hatten.

In meiner kindlichen Phantasie sah ich ihn an faszinierenden Ereignissen teilnehmen. Irgendwann später durfte mein Bruder einmal das Heiligtum betreten, und er erzählte mir, daß sie Schach spielten!

Nach einiger Zeit tauchte Vater wieder auf und reinigte mein Gesicht von der Schokolade. Nun begann für mich die größte Freude. Wir nahmen immer denselben Weg, vorbei an erstklassigen Obstgeschäften, bei denen wir anhielten, um einzukaufen. Sie hatten frische Ananas, die in einem glitzernden Glastopf lagen und in lange Stücke geschnitten waren. Mein Vater, der den Durst eines Kindes nicht vergaß, bewilligte mir stets ein Stück dieser köstlichen Delikatesse. Fasziniert beobachtete ich, wie das ausgesuchte Stück mit einer zweizinkigen Gabel aus dem Gefäß geholt wurde. Ich betete, daß keines der kostbaren Stückchen während dieses Manövers hinunterfallen möge. Das passierte nämlich einmal, und mein Vater, der ein Verfechter guter Manieren war, bestand darauf, daß ich den Rest ohne Murren annahm.

Im Stehen aß ich genußvoll die tropfende Ananas. Währenddessen wählte Vater mit großer Sorgfalt einige Früchte aus.

Ich sah niemals den Austausch von Geld; im Alter von fünf oder sechs Jahren wußte ich noch nichts von der Welt der Kontoführung. Ich schaute meinen Vater bewundernd an und dachte, er sei Gott, denn er konnte nehmen, was immer er wollte. Als er mir aus der Bibel vorlas: „Alle Früchte auf der Erde waren sein", glaubte ich wirklich, das sei ein weiterer Beweis.

Das Wunder der Farbheilung

Nun ging es zum Victoria-Park, einem großen Gelände in London, das nördlich der Themse liegt. Offenbar fügte es sich durch Vaters Arbeit, daß wir in seiner Nähe wohnten. Dieser Park hatte viel Faszinierendes für ein Kind, das sich für alles interessierte, das sich bewegte und atmete. Zahmes Rotwild kam heran und suchte nach Leckerbissen. In einer weißen Leinentasche brachte Vater immer einen guten Vorrat an Essensresten mit, die in kleine Stücke geschnitten waren. Es schien, als kenne er jedes Tier beim Namen, und sie waren auch recht zutraulich zu ihm. Wir gingen weiter und sagten den Papageien ernsthaft guten Morgen. Vor ihnen, mit ihren krummen Schnäbeln und den heiseren Stimmen, habe ich mich immer gefürchtet.

Wenn wir uns dem Teich näherten, hielt ich an und beobachtete die barfüßigen Kinder, deren Stiefel zusammengebunden um ihre Hälse baumelten. Sie wateten im Wasser, hielten kleine Marmeladengläser und selbstgebastelte Netze, um die regenbogenfarbigen Stichlinge zu fangen.

Mir wurde nie erlaubt, an diesem Luxus – so empfand ich es – teilzunehmen. Vater war sich der Gefahr von Glassplittern beim Barfußlaufen wohl bewußt, und mehr als einmal half er verwundeten Kindern. Mir verbot er, in den Teich zu gehen. Ich war bezaubert von den kleinen glitzernden Fischen, die in den Glasgefäßen schwammen. Doch einmal wurde ich traurig, als ich einen oder zwei von ihnen bemerkte, die durch Schock oder falsche Behandlung, dem Tode nahe, verkehrt herum schwammen. Danach hatte ich kein Bedürfnis mehr, sie zu fangen.

Vater lebte in völliger Harmonie mit der Tier- und Pflanzenwelt. Wenn wir spazierengingen, zeigte er mir die vielen verschiedenen Arten von Wildblumen, die in reicher Fülle wuchsen.

„Welche, glaubst du, ist am besten für die Hand vom armen Daddy?" fragte er.

Natürlich hatte er keine kranke Hand, doch ich trabte eifrig zwischen den Kräutern und Blumen umher, um zu fühlen,

Mein geliebter Vater

welche die beste für meinen geliebten Vater sei. Dadurch lehrte
er mich, mich für mein inneres Gespür zu öffnen; ein Gespür,
das er selbst offenbar weit entwickelt hatte. Ich fand es aufregend, wenn er mir die Kräuter und Blumen erklärte. Er besaß
ein tiefes Wissen um ihre Heileigenschaften, und es schien, als
würde die Liebe, die er für sie empfand, aus ihm herausfließen.
Mir war nicht erlaubt, auch nur einen Zweig abzubrechen. „Es
sei denn, du hättest einen Bedarf", sagte er. „Niemals darfst du
Leben verschwenden!"

Mir war das alles sehr vertraut. Ich erinnere mich an meine
große Trauer, als ich einmal sah, wie Sternhyazinthen abgeris-
sen wurden und ihr Saft, das Lebensblut, wegfloß; später fand
ich sie verstreut am Wegesrand, beraubt, verzweifelt, verlassen,
wie verschwendetes Leben auf einem Schlachtfeld.

Mein hungriges Herz sehnte sich nach diesen Tagen des
Wachstums mit meinem Vater. Durch ihn wurde ich auf alle lebenden Kräfte aufmerksam, die sichtbaren und die unsichtbaren. Wir waren vereint durch ein inneres Wissen, das ich als
Kind wiedererkannte und ohne weiteres Hinterfragen annahm.
Zweifellos war mein Vater mit seinem Vater genauso verbunden gewesen und dieser Vater mit seinem Vater und so weiter.
Ich hatte den Eindruck einer langen Kette, die sich zurück in
die Ewigkeit erstreckte.

Es gab viele eigenartige Vorfälle und Heilungen, die mein
kindlicher Verstand ohne wirkliches Verständnis registrierte.
Das Muster wiederholte sich während meines ganzen Lebens,
und irgendwann dämmerten Erkenntnis und Bewußtwerdung.

Das Geheimnis

Der Tag versprach Glück und Aufregung, denn es war der zwanzigste August, mein achter Geburtstag. Schnell, aber sorgfältig zog ich meine Schuluniform an, die aus marineblauer kurzer Unterwäsche, einem schwarzen Baumwollkleidchen mit großer Tasche, weißem Gürtel und weißer Hemdbluse bestand. Ich glühte vor Erwartung. Doch der Vormittag erfüllte sein Versprechen nicht. Statt dessen türmten sich dunkle Wolken der Desillusionierung und Erniedrigung auf. Meine schwarzgekleideten Freunde folgten mir, höhnisch singend. Kinder können sehr grausam sein.

Tränen des Schmerzes und der Unsicherheit liefen meine Wangen hinab. Plötzlich kannte ich die Bitternis der Einsamkeit.

Es war Essenszeit, und mein Vater kam gerade nach Hause, um seine Mahlzeit einzunehmen. Tränenblind rannte ich mit voller Wucht in ihn hinein, als er zur Tür hereinkam. Seine warmen Hände hielten und trösteten mich. Ich vergrub den Kopf in seinem Schoß, und sofort fühlte ich magischen Frieden. Die Turbulenzen verflogen, und die Schluchzer versiegten.

„Was ist los?" fragte er sanft.

Ich nannte zwei meiner Freunde und erzählte, daß sie sagten, ich sei verrückt, und daß sie nicht mit mir spielen wollten. Für eine Sekunde glaubte ich, ein kleines Lächeln in seinen Augen aufflackern zu sehen.

„Was hast du denn zu ihnen gesagt?"

Nach weiteren Schluchzern antwortete ich: „Alles, was ich sagte, war, daß sie schöne Farben um sich herum hätten."

Das Wunder der Farbheilung

Seine Augen ruhten ernst auf mir.

„Welche Farben siehst du um mich herum?"

Stutzig antwortete ich ihm.

„Hmm", sagte er, und ein Lächeln lag jetzt in seinen warmen braunen Augen. „Wüßtest du gerne, welche Farben Daddy um dich herum sieht?"

Plötzlich schien die Sonne wieder. Vater hatte sich wesensgleich mit mir erklärt. Gott war wieder in seinem Himmel.

„Weißt du", sagte er, „es ist eine Gabe, die uns beiden geschenkt wurde. Ich habe sie, du hast sie, und dein Großvater hatte sie. Aber die Zeit ist noch nicht gekommen, um darüber zu reden, denn die Welt ist noch nicht bereit. Eines Tages wird es dir möglich sein, alles frei auszusprechen. Sie werden dich nicht mehr für verrückt halten."

Er nahm meine kleine Hand in die seine, wie er es immer tat, wenn er mich für eine Weile verlassen mußte. Er küßte meine Handfläche und schloß meine kleinen Finger darüber.

„Du weißt, was Daddy immer sagt. Dies ist unser Geheimnis. Keiner weiß, was du in deiner Hand hältst, und keiner kann es dir wegnehmen. Genau wie die Farben, über die du und ich Bescheid wissen. Es ist unser Geheimnis."

Er, eine alte Seele, sprach zu mir wie zu einer verständigen Ebenbürtigen.

„Du bist ein uraltes Echo eines Echos eines Echos", sagte er.

Damals konnte ich den Gehalt seiner Worte noch nicht erfassen. Aber dies war Vaters Art, etwas in meinen empfänglichen Geist zu pflanzen, das ich später, zur richtigen Zeit, verstehen würde. Doch damals ahnte ich nicht, daß sechzig Jahre vergehen mußten, bis ich meine Hand wieder öffnen und das Geheimnis teilen konnte.

Die erste Heilung

Meine Klassenkameradin Cecilia und ich waren in der Schule unzertrennlich. Wir saßen nebeneinander, verbrachten die Pausen zusammen und gingen nach dem Unterricht gemeinsam nach Hause. Die meisten Kinder luden ihre Freunde zum Spielen oder zum Tee zu sich ein. Ich nahm jedoch kaum Einladungen an, da ich wegen des strengen Regimes meiner Stiefmutter keine Gegeneinladung aussprechen durfte. Sie erlaubte mir nicht, Spielkameraden mitzubringen, da sie fürchtete, das Haus könne in Unordnung gebracht werden.

Die Glocke erscholl und entließ uns in wenige, kostbare Minuten vergnügter Freiheit während des Nachhausewegs. Schultaschen wurden gegriffen, Hüte auf Köpfe gesetzt, und allgemeines Plappern begann.

Cecilia und ich, etwa elf Jahre alt, fühlten uns den anderen sehr überlegen und teilten natürlich nicht deren leeres Geschwätz. Wir schlenderten davon und ließen die Welt und ihre Bewohner links liegen.

Cecilias Eltern stammten aus Irland und hatten ihre Tochter zweifellos nach dem Schutzheiligen der Musiker benannt. Sie war eine sanfte, verträumte kleine Seele. Ihre schönen, blauen irischen Augen unter den schwarzen Wimpern hatten oft einen fernen, vorausschauenden Blick, der nicht in diese Welt gehörte. Wir schienen völlig zusammenzupassen und waren uns beide der schönen Dinge des Lebens bewußt. Selbst in diesem Alter drückte sich die Poesie unserer Seelen aus. Doch täuscht euch nicht, wir waren normale, gesunde Kinder und zu allen Streichen fähig.

Das Wunder der Farbheilung

Einmal schlenderten wir nach Hause, und ich erschrak, als Cecilia plötzlich stehenblieb.

„Oh, ich hätte fast vergessen, daß ich bei meiner Tante vorbeigehen sollte", sagte sie. „Mutter macht sich Sorgen um sie. Die Tante hat irgend etwas und muß im Bett bleiben. Kommst du mit? Es dauert nicht lange."

Ich sah sie etwas beunruhigt an. „Vergiß nicht, Cecilia, wenn ich nicht pünktlich zum Tee nach Hause komme, gibt es Ärger. Wie lange wirst du brauchen?"

Ich wußte, daß ich einen strengen Verweis bekommen würde, wenn ich mich verspätete. Wie alle Mahlzeiten in unserem Hause war auch die Teezeit unerschütterlich.

Cecilia blickte mich von der Seite an. Sie kannte ihre Freundin und deren Schwächen gut. „Meine Tante gibt mir immer ein schönes Stück Früchtekuchen, bevor ich gehe", murmelte sie listig.

Damit hatte sie in der Tat einen schwachen Punkt in mir berührt und wußte es auch genau. Obwohl es in unserem Haushalt reichlich und Gutes zu essen gab, war Früchtekuchen zum Tee eine Rarität. Brot und Butter, Salat und Käse gehörten zu unserer normalen Kost. Süßigkeiten wurden nicht besonders gefördert.

„In Ordnung", sagte ich schwach, „aber versprich mir, daß es nicht zu lange dauert."

Vom Knopf in der Mitte der Haustür hing ein Stück Kordel herunter, an dem man ziehen mußte, um ins Haus zu gelangen, nachdem man den Eintritt mit einem Ruf durch den Briefschlitz angekündigt hatte. Wenn ich an die heutige Zeit mit all ihren Gefahren denke, schaudert es mich, aber damals war solch ein Arrangement einfach und sicher.

Nach der Eintrittszeremonie gingen wir ins Schlafzimmer, das makellos sauber und sparsam eingerichtet war. Die einzigen Möbelstücke waren ein Stuhl, eine Kommode und ein großes Doppelbett mit glänzenden Metallknöpfen. Meine Freundin setzte sich in freundschaftlicher Vertrautheit auf den einzigen Stuhl.

Die erste Heilung

„Hallo", sagte ich zu der liegenden Person und blieb stehen, denn ich sah keine andere Möglichkeit.

Die Frau, blaß, dünn und schmerzverzerrt, lächelte schwach zu mir hoch. Ihre Augen fixierten mich.

„Komm und setz dich hierhin, Liebes", sagte sie kraftlos und klopfte auf das Bett. Mir war beigebracht worden, daß man sich niemals auf das Bett einer kranken Person setzen sollte, doch ich hatte keine andere Wahl. Sie streckte ihre Hand aus, um mich noch näher zu ziehen, und ließ meine Finger nicht los.

Cecilia, die hungrig den Früchtekuchen anschaute, der in voller Pracht auf einem Teller auf der Kommode lag, fragte pointiert: „Möchtest du etwas Tee, Tante, oder soll ich dir ein Stück Kuchen abschneiden?"

Wieder das warme Lächeln. „Vielen Dank, Liebes, schneide für dich und deine Freundin ein Stück ab."

Sie ließ meine Hand nicht los, und es war schwierig, einhändig mit dem dicken Stück Früchtekuchen fertig zu werden, das mir auf einem Teller gereicht wurde. Wie auch immer, die Liebe findet einen Weg, und der Kuchen fand seinen Weg in meinen Mund, ohne daß ein Krümel herunterfiel. Ich beantwortete die üblichen Fragen. „Wie heißt du? Bist du in Cecilias Klasse?" Dann fing ich an, mir Sorgen zu machen, ob ich mich wohl verspätete.

Meine Hand prickelte, ein höchst eigenartiges Gefühl! Obwohl ich es nicht abwarten konnte zu gehen, schien es mir unmöglich, meine Hand wegzunehmen, selbst wenn ich es versuchte.

Während meines ganzen Lebens trat dies immer wieder auf. Jedesmal, wenn ich mit jemandem in Kontakt kam, der Heilung brauchte. Nicht immer geschah es bewußt und nur ein einziges Mal auf Nachfrage.

Endlich hörte das Prickeln auf. Ich nahm sanft meine Hand weg. „Ich muß gehen", sagte ich. „Vielen Dank für den guten Kuchen."

Das Wunder der Farbheilung

Ich rannte fast aus dem Zimmer. Cecilia verabschiedete sich schnell und hastete hinter mir her.

„Tolles Stück Kuchen, nicht wahr?" war ihr erster Kommentar. Nichts über die Tante, doch ich wußte, daß sie sie liebte.

Ich kam zu spät, und wie ich befürchtet hatte, mußte ich dafür leiden. Still schwor ich, mich niemals wieder so einfangen zu lassen.

Drei Wochen später wurde ich wieder eingeladen, Cecilias Tante zu besuchen. In Erinnerung an die Strafe lehnte ich ab. Doch eine Woche später hatte mich Cecilia wieder gefangen.

„Meine Tante fragte mich, warum du sie nicht besuchen kommst. Sie ist sehr bestürzt darüber."

Ich wurde schwach, kam mit, und dieselbe Folge von Ereignissen trat ein. Ich hielt ihre Hand, es kribbelte wieder, dann ging ich nach Hause, und dieselbe Strafe erwartete mich.

Bei der nächsten Einladung nutzte sogar die Versuchung des exzellenten Kuchens nichts. Die Woche darauf konnte Cecilia sich nicht mehr halten. Sie hüpfte buchstäblich vor Aufregung auf und ab.

„Du mußt mitkommen, ich muß dir etwas zeigen."

„Was denn?"

„Ein Geheimnis", sagte sie bedeutungsvoll. Welch eine Psychologin! Ich ging mit. Diesmal hing keine Schnur vom Türknauf. Cecilia klopfte, und siehe da, ihre Tante stand in der Tür, viel größer, als ich sie mir vorgestellt hatte, und viel dünner. Doch da stand sie und lächelte strahlend.

„Komm herein, Liebes", sagte sie. „Ich habe auf dich gewartet, um dir zu danken."

Sie umarmte mich, was mich etwas störte. Mir danken! Wofür? Und warum konnte sie wieder laufen?

Wir tranken Tee zusammen, und ich war ziemlich zappelig, trat von einem Fuß auf den anderen und wollte unbedingt gehen.

„Ich sehe, daß du es eilig hast", sagte die Tante, „und ich will nicht, daß du Ärger bekommst. Ich wollte dich nur wissen

Die erste Heilung

lassen, daß du mich geheilt hast und ich dir auf ewig dankbar bin."

Ich glaubte, sie sei verrückt und konnte nicht abwarten, nach Hause zu gehen. Doch irgend etwas tief in meinem Innern wurde aufgewühlt – eine Angst vor dem Unbekannten, ein Widerstand, weiter darüber nachzudenken.

Nach diesem Besuch war ich unerbittlich. Ich ging nie wieder hin.

Meine Cecilia verließ diese Welt im zarten Alter von dreizehn Jahren und ging zu den Engeln. Sie verlor den Kampf gegen die Tuberkulose. Ich beklagte den Tod meiner lieben Freundin sehr, habe sie aber seitdem oft wiedergetroffen, so als ob es keinen Abschied gäbe. Bevor sie starb, sagte mir Cecilia, daß ein Besucher ihrer seit vielen Jahren leidenden Tante einige Monate vor meinem Besuch mitgeteilt hatte, daß ihr ein Kind zur Heilung geschickt werden würde.

Wer bist du?

Nach der schicksalhaften Konfrontation mit meiner Stiefmutter verschlimmerte sich meine Lage mehr und mehr. Ich war in der gleichen Situation wie meine Geschwister, mit nur einem Unterschied: Während die anderen Kinder für die Stiefmutter eine Belästigung im Zusammenleben mit meinem Vater dargestellt hatten, war meine Rolle viel tiefer gegangen. Meine Stiefmutter hatte in der Vorstellung gelebt, daß sie wirklich meine Mutter sei. Die Zerstörung dieser Illusion brachte fortan Haß, Bösartigkeit und körperliche Gewalt. Dieser Zustand wurde mit der Zeit unerträglich. Schließlich verließ ich im Alter von sechzehn Jahren mein Heim und nahm nur die Kleider mit, die ich am Leibe trug.

Es war ein warmer, sonniger Tag. Der Herbst sandte einen ersten Gruß, die Bäume und das Laub glänzten im Dunst. Ich saß auf einer Parkbank, sog die Luft ein und fühlte den Frieden, der dem gegeben wird, der sich mit der Natur vereint. So trieb ich in Gedanken in meinem inneren Raum dahin.

Plötzlich sagte eine Stimme neben mir: „Darf ich mich setzen?" Ich schaute in das ziemlich verhärmte Gesicht einer Frau um die Vierzig. Ich muß gestehen, daß mir diese Störung nicht willkommen war. Trotzdem tauschten wir die üblichen Floskeln aus.

Plötzlich lehnte sie sich vor, schaute mich aufmerksam an und sagte: „Du kannst hellsehen, nicht wahr?"

Erschreckt und überrascht starrte ich sie an. Hellsehen? Mein Vater und ich kannten uns nur so, wie wir waren, ohne die Schwierigkeit von Etikettierungen. Was wir gaben, kam natür-

Das Wunder der Farbheilung

lich, unaufgefordert, ungewollt. Es war das erste Mal, daß ich mich mit den Fragen „Wer bist du? Was bist du?" konfrontiert sah. Irgendwie fühlte ich mich bedroht und wäre gern weggegangen. Schnell sammelte ich meine Gedanken, denn die Frau schaute mich immer noch fragend an. Vermutlich spürte sie, daß sie mit ihrer Frage etwas zu direkt gewesen war, denn ich war noch sehr jung. Sie sagte: „Ich wohne gerade über die Straße. Wie wäre es mit einer Tasse Tee und einem Stück Kuchen?"

Es kommt mir vor, als wäre der Köder des Teufels in meinem Leben immer in der Gestalt von Tee und Kuchen erschienen. Immer, wenn etwas Überraschendes passierte, waren Früchtekuchen und Tee die treibende Kraft, die Bestrafung hungriger Jugend.

Der Tee war gut und heiß, und der Kuchen erfüllte sein Versprechen. Ich wollte mich gerade ganz entspannt verabschieden, als die Frau plötzlich sagte: „Hilf mir! Du kannst es. Ich bin sehr unglücklich und bekümmert."

Ihre Worte drangen in meine Ohren. Ungeachtet meines instinktiven Zurückschreckens hörte ich zu meinem Erstaunen, wie meine eigene Stimme Worte aussprach, die ich niemals erwartet hätte: „Das, was Sie tun, ist falsch. Sie haben eine Affäre mit einem jungen Mann, der mit Ihrer Familie zu tun hat. Das ist nicht richtig. Nichts Gutes kommt dabei heraus."

Als diese Worte meine Lippen verlassen hatten, wünschte ich, sie ungesagt machen zu können. Was in aller Welt veranlaßte mich, so etwas zu sagen?

Sie brach in Tränen aus.

„Du hast recht", sagte sie. „Es ist der Freund meines Sohnes, ich habe ein Verhältnis mit ihm. Er wohnt hier. Mein Sohn ist sehr unglücklich darüber und will ausziehen. Ich bin hin- und hergerissen zwischen beiden und unfähig, diesen Zustand zu beenden."

„Er wird für Sie beendet werden", sagte ich.

Ich stand auf und strebte höflich der Tür zu. Innerlich war

Wer bist du?

ich sehr verstört. Doch als ich das Zimmer durchquerte, flog die Tür auf, und eine große, stämmige Person stand vor mir. „Das ist er", flüsterte sie. „Könntest du nicht ein paar Worte mit ihm sprechen?"

Die Situation hatte sich dramatisch verselbständigt. Ich wurde in eine Dimension gedrängt, die ich noch nie erlebt hatte. Es schien einen inneren Zwang zu geben, der stärker war als meine Abwehr, als ob sich trotz meines Widerstandes ein bestimmter Zweck erfüllen sollte. Ich muß gestehen, daß ich große Angst hatte.

Still betete ich und begann einen Schutzkreis um mich zu werfen. Doch es war zu spät, ich wurde in das Zimmer neben-an gezogen. Die Tür schloß sich fest hinter mir und dem etwa zwanzigjährigen jungen Mann, der mich ängstlich ansah.

„Was kannst du mir sagen?" fragte er.

Oh, hätte ich das bloß schon hinter mir! Aber wieder hörte ich diese Stimme, die nicht einmal wie meine Stimme zu klingen schien, sagen: „Du bist in Schlechtes verstrickt. Das ist nicht gut."

„Was ist es?" fragte er.

„Geld."

„Geld! Was für Geld?"

„Schlechtes Geld", antwortete ich. „Viel Geld." Das Bild von fünfhundert Pfund blitzte in mir auf, und ich sprach es aus. Er erwiderte nichts. Die Stimme hinter der Stimme fuhr fort: „Du wirst es haben, aber du wirst es nicht haben." Die Leere in diesen Worten machte mich stutzig. Du hast es, du hast es nicht. Was für ein Unsinn! Ich spürte, daß es klüger wäre, ei-nen raschen Rückzug zu machen.

Er erblaßte, und in seiner Stimme schwang Verzweiflung, als er fragte: „Kannst du mir noch mehr sagen?"

„Nein", antwortete ich fest, obgleich ich mich alles andere als fest fühlte. „Ich muß jetzt wirklich gehen."

Widerstrebend öffnete er mir die Tür, und ich ging. Die At-mosphäre in dieser Wohnung hatte etwas Beängstigendes.

Das Wunder der Farbheilung

Durch innere Wahrnehmung hatte ich die Disharmonie und die konfliktgeladenen Schwingungen gefühlt.

Eiligst kehrte ich in den Park zurück, sog begierig die frische Luft ein und wartete auf die Wiederkehr von Wohlbefinden und Sicherheit.

Dies war die erste von vielen solcher Erfahrungen während meiner Reifejahre. Ungewollt erhielt ich manchmal kurze Einblicke in die Zukunft oder in die Vergangenheit. Dies passierte immer wieder und immer häufiger in alltäglichen Situationen. Niemals sprach ich darüber. Ich fühlte, daß dies ein Gebiet war, in dem ich mich nicht ständig aufhalten sollte, und daß diese Fähigkeit nur zum Helfen benutzt werden durfte, nur, wenn es einen Sinn hatte. Niemals habe ich sie zur Zerstreuung benutzt.

Eine oder zwei Wochen später las ich in der örtlichen Tageszeitung, daß in den Pavillon im Park eingebrochen und der ganze Zigarettenbestand gestohlen worden war. Der Raub geschah etwa zwei Tage vor meiner Begegnung mit der Frau und ihrem Freund. Der Bericht sagte, daß ein Mann gefaßt wurde, während er die Zigaretten an einen Hehler verkaufte, daß fünfhundert Pfund entdeckt worden seien und daß der Mann sechs Monate Gefängnis erhalten habe.

So zerbrach das Verhältnis, wie vorausgesagt.

Die Apotheke

Es war nun schon ein Jahr lang Krieg, und ich wohnte in West Drayton, Middlesex. Auf meinem Heimweg vom Bahnhof lief ich immer an der alten Apotheke an der Ecke vorbei, deren Schaufenster mit den leuchtend bunten Flaschen unvermeidlich meinen Blick auf sich zog. Manchmal öffnete sich die Tür, und meine Nase sog ungewöhnliche Gerüche ein. Ein fremdes und doch vertrautes Gefühl stieg in mir auf und mit ihm eine Sehnsucht, den Laden zu betreten. Unwiderstehlich angezogen, suchte ich Gründe, um Einkäufe zu machen, die eigentlich nicht notwendig waren.

Die Apotheke existierte schon seit vielen Jahren. Sie war altmodisch, schmucklos, und der Mangel an Farbe und Geld war offensichtlich. Ungeachtet des Verfalls faszinierte mich der Laden, denn er hatte eine Ausstrahlung von Geheimnissen und uraltem Wissen. Die Inhaber waren der fast achtzigjährige Edward Smallbrook Horsley und seine Tochter Doris-Margaret. Manchmal blieb ich etwas länger im Laden und unterhielt mich mit Miss Horsley über vielerlei Dinge. Von ihrem Vater sah ich für gewöhnlich nur wenig, da er im Labor im hinteren Teil des Gebäudes beschäftigt war, dort, woher die fesselnden Gerüche kamen. Immer verließ ich die Apotheke in einer unerklärlichen Erregung.

Genau gegenüber hatte ein junger Apotheker mit allen neumodischen Schikanen und großer Tüchtigkeit angefangen. Zweifellos betrachtete er den bejahrten Rivalen und seinen wunderlichen Laden mit Geringschätzung. Das Geschäft mit den modernen Kacheln und dem antiseptischen Geruch lag

Das Wunder der Farbheilung

direkt auf meinem Nachhauseweg und wäre logischerweise der Ort meiner Einkäufe gewesen. Doch stieß er mich eher ab, als daß er mich anzog.

Trotz des Altersunterschiedes wuchs die Freundschaft zwischen Doris-Margaret und mir. Es war ein sehr heißer Tag. Obwohl ich müde und durstig war, konnte ich nicht an der alten Apotheke vorbeigehen – der Berg Zahnpasta, der sich zu Hause anhäufte, sollte noch größer werden.

„Eine Tasse Tee?" fragte Miss Horsley.

Sofort bejahte ich und wurde, Freude über Freude, in das hintere „Heiligtum" eingeladen. Mohnblumenkapseln berührten mein Haar, als ich eintrat. In der Ecke glitzerte eine kleine Apothekerwaage. Unzählige Phiolen und Glasfläschchen standen herum. Fremdartige Namen an überfüllten Regalen sprangen mir ins Auge, und ich studierte sie eifrig. Caryoph (Nelkenöl), Zingib (Ingwer, sehr beliebt und viel genutzt seit Jahrhunderten) – überall standen faszinierende Namen.

Eine große Gestalt erhob sich von ihrem Stuhl. Es war Horsley selbst. Ein Meter neunzig groß, hager, aber mit einem freundlichen Lächeln. Seine grauen Augen betrachteten mich voller Wärme. Meine Seele machte zwei Schritte nach vorn, wir erkannten uns gleich wieder – ich war „heimgekehrt". Die Tasse Brook-Bond-Tee, die mir angeboten wurde, verwandelte sich in den Nektar der Götter. Mein Drittes Auge war sehr aktiv, und hätte ich ein viertes gehabt, hätte sicher auch das gearbeitet.

Plötzlich bemerkte ich einen unschönen Geruch. Argwöhnisch schaute ich zu den beiden Katzen, die ruhig in der Ecke saßen. Zwischen Horsley und mir schien es vom ersten Augenblick an keine Notwendigkeit zum Austausch von Worten zu geben. Wieder war das Lächeln in seinen Augen.

„Riechen Sie mal", sagte er und hielt mir einen kleinen Meßbecher entgegen.

„Das ist Baldrian."

Der Geruch war eher wie etwas, das eine Katze hinterlassen haben könnte. Doch ich lernte, daß trotz des schrecklichen

Die Apotheke

Geruchs Baldrian ein wertvolles Mittel bei Nervenleiden ist und häufig eingesetzt wird. Die beiden Katzen waren entlastet. Es schien unvermeidlich, meinen Wohnsitz bei den Horsleys aufzuschlagen. Die Jahre, die wir drei zusammen verbrachten, waren friedlich und glücklich. Ich nahm auf, was ich konnte. Es war, als würde ich nur wieder lernen, was ich schon wußte. Bald wurde ich in einen Strudel von kleinen Wundern gerissen. Um drei Uhr morgens war ich immer noch mit verschiedenen Experimenten beschäftigt. Es lag ein Gefühl von Dringlichkeit in der Luft. Der Krieg brachte Probleme. Es fehlte an Ölen für Emulsionen und an Zucker für Hustensäfte. Die Zuteilung an Apotheken basierte grundsätzlich auf den Mengen des früheren Verbrauchs.

Damals wurden die großen Alabastermörser und -stößel häufig benutzt. Die meisten Pillen, Emulsionen und Mixturen für den Laden wurden damit produziert. Montags stellten wir die Arzneimittel her, die wir dann den zahlreichen Ärzten der Umgebung lieferten.

Dies brachte es mit sich, daß wir große Mengen kostbaren Öles verwendeten. Stille Gebete wurden gen Himmel geschickt, denn Emulsionen herzustellen ist eine heikle Angelegenheit. Der kleinste Fehler kann zu einem Unglück führen.

Der Tag kam, an dem mir der erste Versuch anvertraut wurde. In mühsamer Kleinarbeit und sehr gewissenhaft befolgte ich, wie ich glaubte, alle Anweisungen. Doch zu meinem Entsetzen mußte ich feststellen, daß die Emulsion, die wertvolle, teure Öle enthielt, sich getrennt hatte. Als Doris das Ergebnis und mein Gesicht sah, klopfte sie mir mitfühlend auf die Schulter. Große Seele, die sie war, machte sie mir keinen Vorwurf, sondern sagte freundlich: „Das passiert uns allen einmal. Wie ein Metzger mußt du dir einmal in die Hand schneiden." Doch das nützte wenig, um meine Verzweiflung zu besänftigen. „Da kannst du nichts mehr machen", sagte sie, „am besten wirfst du alles weg." Aber das brachte ich nicht fertig.

Das Wunder der Farbheilung

„Können wir es nicht eine Weile stehenlassen?" fragte ich und betete um ein Wunder.

Ich wandte mich anderer Arbeit zu, die darauf wartete, getan zu werden. Am nächsten Morgen schaute ich auf dem Weg ins Labor sofort nach der Winchester-Quart-Flasche*, doch es war über Nacht kein Wunder geschehen. Mein Herz sank, ich brachte es aber immer noch nicht fertig, alles wegzuwerfen.

Die nächste Nacht war wirklich eine Nacht voller Blut, Schweiß und Tränen. Meine Zuversicht war dahin, und die Verschwendung der Öle lag mir schwer auf dem Gewissen. Das Verständnis, das der liebe Horsley und meine Freundin mir entgegenbrachten, schien meine Schuldgefühle nur zu verstärken.

Der Laden und das Labor waren geschlossen. Alles war gesäubert und aufgeräumt. Nach Beendigung meiner Mahlzeit wanderte ich ins Labor zurück. Plötzlich, wie aus heiterem Himmel, schien sich ein Gedanke in mein Bewußtsein zu drängen. Ich gab einen Zusatz in die „Schicksalsflasche" und schüttelte sie kräftig. Was dann folgte, war beispiellos und widersprach jeder pharmazeutischen Erfahrung. Ich will hier nicht auf die Details eingehen, aber als ich diesen Fall später mit Kollegen besprach, war deren Kommentar: „Du experimentierst sicher gerne, aber das kann unmöglich funktionieren."

Am nächsten Tag stand ich vor der Flasche und staunte sie an. „Es ist emulgiert!" rief ich Doris zu. „Es ist eine perfekte Emulsion!"

Sie kam sofort herbei. „Doch was kann man damit machen?" fragte sie. Durch den Zusatz, den ich der Mischung beigegeben hatte, wurde die Emulsion für den ursprünglichen Zweck unbrauchbar.

Doris rieb sich ein wenig auf ihren Handrücken, so wie es Apotheker zum Riechen und Begutachten zu tun pflegen.

---

* Eine Gallone, entspricht 4,5 Litern.

Die Apotheke

„Zieht sehr schön ein und fühlt sich wunderbar an", sagte sie. Sie trug auch etwas auf ihr Gesicht auf. Ich fand sie sehr mutig. Doris-Margaret war eine äußerst attraktive Frau und zu Recht stolz auf ihre Erscheinung. Ihre Augen hatten dieselbe Wärme und Tiefe wie die ihres Vaters, waren aber fast violett. „Es ist eine wunderbare Gesichtscreme", sagte sie. Gerade zu dieser Zeit gab es einen Mangel an Kosmetika und Lotionen. „Wirklich, es würde eine gute Hautnahrung abgeben."

Wir lachten, denn wir wußten, was alles darin enthalten war.

„Könntest du das noch einmal herstellen?" fragte Doris.

„Ich denke schon", sagte ich, insgeheim hoffend.

Ich konnte. Wir beschlossen, die Lotion im Laden anzubieten. Aber wir mußten sie sparsam verkaufen, denn die Grundstoffe waren knapp. Jeder Tropfen Öl, den wir an anderer Stelle nicht benötigten, wurde für die Produktion dieser Lotion verwendet.

Dann kamen die ersten Reaktionen. Eine Kundin, die von ihrem Arzt ohne Erfolg wegen eines Ekzems behandelt worden war, kaufte die Lotion zur Pflege. Zu ihrer großen Freude stellte sie fest, daß ihre Beschwerden beträchtlich gelindert wurden. Das ging so weiter, und die Lotion etablierte sich. Bis zum heutigen Tag wird sie noch immer in der Praxis benutzt, in der ich später arbeitete. Und nicht nur dort wird sie wegen ihrer unschätzbaren pflegenden Eigenschaften angewandt, sondern auch bei Ekzemen, Schuppenflechte und ähnlichen Hautkrankheiten. Wir fanden heraus, daß sie ohne Konservierungsstoffe haltbar ist, wofür ich keine wissenschaftliche Erklärung habe.

Dies war die erste von vielen Inspirationen, die – und ich sage es mit Bescheidenheit – immer aus einem Wissen jenseits gewöhnlichen Wissens kamen.

Allmählich passierte etwas Merkwürdiges: Die Rollen von Horsley und mir schienen sich zu vertauschen. Er war es nun, der fasziniert zuschaute, nicht versuchte zu lehren, sondern das aufzunehmen, was ich unternahm. Nach und nach wurde

Das Wunder der Farbheilung

die Laborarbeit Doris übergeben. Ich war zunehmend damit beschäftigt, die Cremes und Lotionen herzustellen, für die wir mittlerweile einen guten Ruf erworben hatten.

Die traurige Zeit kam, als Horsley seine Reise ins Jenseits antrat. Ich war bei ihm, hielt ihn und ging mit ihm bis zur Schwelle.

Er trat voller Frieden und Würde hinüber. Doris und ich vermißten ihn sehr.

Es folgte die herzzerreißende Aufgabe, seine Angelegenheiten in Ordnung zu bringen und alle Papiere zusammenzutragen. Irgendwie besaßen selbst die Papiere einen Zauber, eine Botschaft ihres früheren Besitzers.

Ich saß auf der Kante von Horsleys Bett und las noch einmal die Urkunden aus seiner Lehrzeit. Sie waren auf die späten 1870er Jahre datiert. Zu dieser Zeit konnten nur die Söhne von Gentlemen die königliche Summe von zweihundert Pfund aufbringen, um als Lehrling angenommen zu werden. Dieser Betrag bedeutete damals ein richtiges Vermögen, und ich schätze, daß es heute mindestens zwei- oder dreitausend Pfund wären. Horsley hatte mir die Papiere einige Jahre vorher schon einmal gezeigt. Meinem jungen Verstand kam damals die Wortwahl faszinierend und amüsant zugleich vor. Wieder fielen mir die Worte auf. Meine Erinnerung schweifte zurück zu dem ersten Mal, als mein Lachen durch das Labor schallte. Ich kann nicht mehr wörtlich zitieren, aber es lautete etwa so: „Ich, Edward Smallbrook Horsley, erkläre mich hiermit einverstanden, keine minderen Gaststätten aufzusuchen …"

Dies erzeugte Wellen der Heiterkeit in mir, und nicht nur, daß ich die Wortwahl antiquiert fand, ich konnte mir auch nicht vorstellen, daß mein lieber Horsley überhaupt solche Plätze aufgesucht hätte.

Ich las weiter: „Ich für meinen Teil (offenbar der Lehrherr) verspreche, dem vorgenannten Edward Smallbrook Horsley nicht öfter als einmal wöchentlich frischen Lachs zu servieren." Ich gebe zu, als ich das zum ersten Mal las, war meine

Die Apotheke

Reaktion: „Frischer Lachs? Das ist sicher ein Scherz!" Frischer Lachs war und ist für mich ein reiner Luxus. Ich war perplex. Doch Horsleys geduldige Erklärung machte es mir klar: „Sieh mal, liebes Mädchen, in diesen Zeiten lebten mehrere Lehrlinge gleichzeitig beim Apotheker. Wir verbrachten viele Jahre in der Lehre und wurden oft mit niederen Arbeiten wie beispielsweise Flaschen spülen betraut. Die zweihundert Pfund, die dem Lehrherrn zu Beginn der Ausbildung gezahlt wurden, waren zwar eine große Summe, aber es gab keine weiteren Zahlungen. So suchte die Apothekersfrau, die vielleicht sieben oder acht langbeinige Burschen zu ernähren hatte, nach Möglichkeiten, die Lebensmittelrechnung niedrig zu halten. Erinnere dich, es war im Herzen von Wales. Fleisch war teuer. Ein wahrer Segen für die Hausfrau war der ortsansässige Wilderer, der gerne einen großen Lachs gegen ein paar Gläser Bier eintauschte."

Der Nachschub war unbegrenzt, und den armen Lehrlingen wurde fast täglich Lachs vorgesetzt. Die Jungen waren es bald leid bei diesem Übermaß. Die Atmosphäre wurde immer angespannter. So kam diese Klausel in den Vertrag.

Alle Angelegenheiten des Nachlasses waren bald erledigt. Nun mußte nur noch das Thema Geschäft geklärt werden. Nach den damaligen Pharmaziegesetzen (die übrigens in Großbritannien auch heute noch gültig sind) war es nicht erlaubt, ohne qualifizierten Apotheker zu arbeiten. Doris und ich waren im Range von Apothekergehilfinnen. Doch obwohl Doris Mitglied der „Apothecary's Hall"* war und über mehr als zwanzigjährige Berufserfahrung verfügte, sagte das Gesetz, daß sie den Laden nicht als Apotheke führen dürfe, ohne das Zertifikat eines Apothekers an der Wand hängen zu haben. Es war immer schon ein Problem gewesen, wenn alte Apotheker starben und ihr Geschäft unqualifizierten Verwandten hinter-

---

* Apotheker-Fachverband

Das Wunder der Farbheilung

ließen. Es war dann üblich, einen Apotheker einzustellen. Meist war es jemand im Ruhestand, der oft auch schnell gefunden wurde.

So trat Mr. A. in unser Leben. Er war schon recht alt, humorvoll, offensichtlich ein gewohnheitsmäßiger Spieler und, wie wir vermuteten, jemand, der keinem Genuß abhold war. Oft, wenn man unerwartet in das hintere Labor eintrat, war er dabei, die Pferderennen in der Zeitung zu studieren und seine Wetten aufzuschreiben. Dabei saß er auf dem Stuhl meines lieben Horsley. Mr. A.'s Pflichten waren angesichts von Doris' Kompetenz nicht sehr umfangreich. Nur für Kontrollaufgaben brauchten wir seine Hilfe.

Er machte die Bestellungen der Lagerartikel und nahm uns damit diese wöchentliche Last von den Schultern. Dafür waren wir sehr dankbar und bezahlten ordnungsgemäß die eingehenden Rechnungen.

Mr. A. aß sein Mittagsmahl gern im Labor und erlaubte uns, unseren Imbiß in einem kleinen Restaurant um die Ecke einzunehmen. Da ihm eine Mittagspause zustand, bestanden wir darauf, den Laden zu schließen, so daß Mr. A. bis zu unserer Rückkehr in Ruhe essen konnte. Bei unserer Rückkehr war er immer äußerst liebenswürdig und verübelte uns nie, wenn wir manchmal etwas spät dran waren.

Eines Tages, als ich dabei war, Rechnungen zu bezahlen, bemerkte ich, daß eine Rechnung für eine Winchester-Quart-Flasche Orangenblütenwasser dabei war. Wie interessant! Orangenblütenwasser wurde von Hausfrauen hauptsächlich zum Aromatisieren von Zuckerguß verwendet und deshalb nur in kleinsten Mengen gekauft. Ein Winchester-Quart reichte uns für mehrere Jahre. Ich erinnerte mich auch dunkel, die alte Flasche neulich noch gut gefüllt gesehen zu haben. So schloß ich daraus, daß es eine unerklärliche Nachfrage nach Orangenblütenwasser gegeben haben mußte. Ich bezahlte die Rechnung und dachte nicht mehr daran.

Die Apotheke

Als jedoch in der folgenden Woche wieder eine solche Rechnung ankam, glaubte ich an einen Fehler des Lieferanten und fragte sofort nach. Mir wurde jedoch versichert, es läge kein Irrtum vor. So dachte ich: Armer alter Junge, wirst langsam vergeßlich und bestellst doppelt! Egal, wir lassen es durchgehen.

An diesem Tag verschlossen Doris und ich wie gewöhnlich am Mittag die Türen und gingen zu dem kleinen Restaurant. Als wir dort ankamen, war wegen eines Todesfalles in der Familie geschlossen. Enttäuscht liefen wir zurück und entschieden, zu Hause eine Kleinigkeit zu essen. Doris schloß die Tür auf und rief: „Wir sind wieder da." Sie wollte nicht, daß der alte Herr durch die Geräusche beunruhigt würde. Er gab keine Antwort, und wir vermuteten, er sei hinten im Haus. Als ich an der Ladentheke vorbei zur Treppe ging, die hinauf in die Wohnung führte, hörte ich ein unmißverständliches Schnarchen. Es schien, als sei es hinter der Theke. Ich kehrte um, und siehe da, auf dem Boden lag Mr. A. in trunkener Betäubung und umarmte glücklich eine Winchester-Quart-Flasche Orangenblütenwasser!

Ich rief Doris. „Hol mich der Teufel", sagte sie, „jetzt wissen wir, wohin es geht. Er trinkt es!"

Wir standen da und lachten. Obgleich wir vom hohen Alkoholgehalt des Blütenwassers wußten, wären wir nie darauf gekommen, es als alkoholisches Getränk zu betrachten. Es wurde deutlich, daß Mr. A. Alkoholiker war. Bedauerlicherweise mußte hier unsere Verbindung mit ihm enden, denn er stellte eine Gefahr für die Apotheke dar.

Am Rande bemerkt: Orangenblütenwasser hat einen wunderbar einschläfernden Effekt. Zwei Tropfen davon in einem Nachtgetränk sind ein unschätzbares Mittel gegen Schlaflosigkeit.

Unsere Kunden bemerkten bald unsere Liebe und Sorgfalt, die über die reine Zubereitung von Arzneimitteln hinausging, und vertrauten uns mehr und mehr. Das Geschäft ging immer besser. Es war offensichtlich, daß die billigeren Naturprodukte

Das Wunder der Farbheilung

eher weiterempfohlen wurden als künstliche Regalware, die zudem noch aus teuren Markenartikeln bestand. Wir waren die altmodischen Apotheker, die es heute nicht mehr gibt, mit denen man über Probleme sprechen konnte wie mit einem Arzt.

Doch der Wohlstand brachte die Gefahr von Selbstzufriedenheit. Manchmal, während der nächtlichen Meditation, wenn Tiefe die Tiefe rief, fühlte ein Teil von mir etwas, das ich nur als „göttliche Unruhe" beschreiben kann. Tief in mir wußte ich, daß dieser Lebensabschnitt nur eine Lern- und Wachstumsphase war, eine Zeit der Wiedererinnerung, und daß ich mich keinesfalls durch materiellen Gewinn und die Sicherheit meines neuerworbenen Wohlstandes verlocken lassen durfte. Diese Situation schien ein Teil des Musters zu sein, das sich durch mein ganzes Leben zog.

Während ich noch in der Apotheke arbeitete, begab ich mich in die Welt der Fußpflege. Es war eine kontinuierliche Weiterführung all dessen, was ich bis dahin gemacht hatte. Die Instrumente, die ich benutzte, waren wie eine Erweiterung meiner selbst. Ich gab durch sie Liebe, Sorgfalt und Harmonie an meine Patienten weiter. Aus der relativen Sicherheit der Apotheke heraus gründete ich meine erste Praxis.

Die Praxis wuchs, und wie immer, mitten im Erfolg, kam der „göttliche Schubs". Ich landete in dem liebenswerten kleinen Dorf Great Missenden in Buckinghamshire. Erneut, bereits Mitte Fünfzig, wurde ich in den Existenzkampf einer jungen, vermögenslosen Praktizierenden gestoßen, in eine Testphase des Glaubens.

Kings Ransom

Die Art und Weise, wie Tiddington, ein kleiner ehemaliger Zehnthof, in meine Hände fiel, grenzte an ein Wunder. Es war 1960, als ich das Dörfchen Kings Ash kennenlernte. Ich kämpfte mich immer noch mit meiner Praxis in Great Missenden durch. In Kings Ash besuchte ich eine Patientin, die ihr Haus nicht verlassen konnte. Ihr Hof Tiddington lag auf einem Hügel, hundertachtzig Meter über dem Meeresspiegel, und hatte einen Panoramablick, der in Reiseführern als „der schönste Flecken in den Chilterns" beschrieben wurde. Tiddington war umgeben von hügeligem Farmland, das sich bis ins Tal hinunter zog. Es war atemberaubend. Ich liebte meine Besuche dort und ging niemals fort, ohne mich nach einer Rückkehr zu sehnen.

Als dann traurigerweise meine Patientin starb, hörte ich Gerüchte, daß das Haus zum Verkauf stand. Zu dieser Zeit war meine finanzielle Situation nicht besonders gut. Nach einem Krankenhausaufenthalt wegen meines Diabetes lebte ich von der Hand in den Mund. Der alte Spruch „Wenn jemand nicht arbeitet, ißt er auch nicht" paßte auf mich. Wie auch immer, ich mußte mich einfach über Tiddington informieren, seine Schönheit ließ mir keine Ruhe. Es war schon immer mein Traum gewesen, an solch einem Ort zu wohnen.

Jemand erzählte mir, daß der Hof nicht den sonst üblichen Weg über Immobilienmakler nahm, sondern ein Anwalt in Berkhamsted den Verkauf durchführte. Auch hätten verschiedene Farmer, deren Land an Tiddington grenzte, schon sehr gute Angebote gemacht. Mein Herz sank. Trotzdem unterbrach

Das Wunder der Farbheilung

ich meine Vormittags-Sprechstunde und wählte die Telefonnummer in Berkhamsted.

Der Anwalt fragte höflich: „Was ist der maximale Preis, den Sie bezahlen können?"

Ich antwortete, mein absolutes Limit läge bei achthundert Pfund.

„Jemand hat schon den Betrag von tausendfünfhundert Pfund geboten", sagte der Anwalt. Das war eine Summe, die ich niemals hätte aufbringen können, selbst wenn ich mein ganzes Hab und Gut, das sich über die Jahre angesammelt hatte, verkauft hätte.

„Vielleicht darf ich Ihren Namen notieren?" fragte der Anwalt. Ich sagte ihm, wer ich war und wie ich von dem Verkauf erfahren hatte, und beendete unsere Unterhaltung. Dann kehrte ich zu meiner Arbeit zurück und gab alle Hoffnung auf.

An diesem Abend suchte ich Trost und nahm meine Bibel zur Hand. Dort, wo die Seite auffiel, las ich. Folgende Worte sprangen mir ins Auge: „Alle Orte, die eure Fußsohlen betreten, sollen euer sein." (5. Mose 11, 24)

Ich holte meinen Wagen heraus. Es war schon gut nach der Hexenstunde, als ich, nur mit dem Mond als Weggefährten, hinüber nach Tiddington fuhr. Ich parkte an einem Ackerrain und schaute hinunter ins Tal, das in Mondlicht gebadet vor mir lag. Es herrschte absolute Stille. Ein Hauch von Zuversicht lag in der Luft. Ich ging um das Gelände herum. Hätte mich jemand dabei beobachtet, wäre ich sicher für verrückt erklärt worden. Dreimal lief ich ganz herum, wie um die Mauern von Jericho. Als ich wieder wegfuhr, schaute ich hinauf zum Mond. Ich schwöre, daß er gelächelt hat.

Wie schlief ich in dieser Nacht! Ich träumte von Blumen, die um meine Füße herum aufsprangen, während ich umherging, denn das Land war etwas verwildert. Alle lebenden Kreaturen hießen mich tanzend willkommen. Es war eine magische Nacht, die ich mit Elfen, Feen und Blumen verbrachte und in der ich vom Tierreich umgeben war. Meine Seele sang.

Kings Ransom

Der Tag kam, und es war, als wäre die vergangene Nacht nie gewesen. Der Vormittag war schon halb vorüber, als das Telefon klingelte. Ein Patient, der einen Termin wollte? Ich wollte mich beschäftigt halten. Meine treue Freundin und Haushälterin Phyllis, die schon viele Jahre bei mir war, nahm das Gespräch entgegen.

„Jemand aus Berkhamsted fragt nach dir", rief sie. Ich eilte zum Telefon.

„Miss Wall, gilt Ihr Angebot über die achthundert Pfund noch?"

Mein Herz schlug heftig. „Ja", sagte ich und fragte mich, was jetzt wohl kam.

„Nun, etwas Merkwürdiges ist passiert", fuhr der Anwalt fort. „Es hat sich herausgestellt, daß die Schwester der Verstorbenen die Besitzerin des Hofes ist." Er fuhr fort und erklärte, daß diese Schwester es als falsch empfinden würde, einen zu großen Profit beim Verkauf des Anwesens zu machen. Sie kenne meinen Namen und wisse, daß ich ihre Schwester oft besucht hätte. So wollte sie, daß ich den Hof bekäme, und zwar zu dem Preis, den ich vorgeschlagen hatte.

„Könnten Sie heute vorbeikommen und eine Anzahlung leisten?" fragte der Anwalt.

Auf Schwingen flog ich! Ich kann mich nicht mehr an die Hin- und Rückfahrt erinnern. Ich dachte nur: Danke, Herr, danke, danke, danke!

An den Grenzen meines künftigen Heimes sagte ich in dieser Nacht nochmals Dank. Diesmal tanzte ich, lachte und sang, und die stummen Zeugen um mich herum gaben mir mein Lachen wie ein Echo zurück.

Ein Jahr später erforderte es große Anstrengungen, die zweihundert Pfund aufzubringen, die eine Baufirma ansetzte, um das nun heruntergekommene Haus wieder bewohnbar zu machen.

Die Felder und die Schönheit um das Anwesen herum hatten sich nicht verändert. Viele Stunden verbrachten wir damit, um-

Das Wunder der Farbheilung

zugraben, dazustehen und zu plaudern und ein Teil des wunderschönen Panoramas zu werden, das sich endlos dahinzog. Die Praxis in Great Missenden wuchs. Während ich arbeitete, träumte ich von dem kleinen Landhaus, das auf mich wartete. Und wenn die Arbeit des Tages beendet war, fand man mich abends beim Pflanzen und beim Sprechen mit meinen Kräutern und den freilebenden Geschöpfen der Felder. Phyllis, der gute Geist meines Haushalts, setzte überall Blumenzwiebeln aller Art, so daß der Garten bald einem Miniatur-Holland ähnelte. Sogar ein kleiner Teich wurde angelegt mit einer Brücke darüber, die nur Narren betreten hätten, da ihre Stabilität sehr zweifelhaft war.

Als ich eines Tages durch das baufällige Haus lief, fand ich zwei Briefe. Beide trugen als Absender die örtliche Gemeindeverwaltung. Über den Bauunternehmer hatte ich die Genehmigung dafür beantragt, den angebauten Schuppen in eine Garage umbauen zu dürfen. Wurde die Genehmigung erteilt? Der zweite Brief betraf wohl die Raten. Gespannt öffnete ich den ersten. Die Genehmigung war erteilt, mein Traum sollte wahr werden. Die zweihundert Pfund lagen gemütlich auf der Bank. Als erstes würde ich zu Hause in Great Missenden den Bauunternehmer anrufen.

Mein Blick fiel auf den zweiten Brief. Welche Raten sollte ich wohl bezahlen? Ich öffnete den Umschlag, um nachzusehen. Doch ich traute meinen Augen nicht. Ganz oben auf dem Schreiben las ich das Wort „Abrißverfügung". Ich drehte den Umschlag noch einmal um, der Brief konnte unmöglich für mich bestimmt sein. Er war für mich. Mein Name und Tiddington standen klar lesbar da. Es war verrückt, oder war ich es? Mit gleicher Post, von demselben Amt kamen die Baugenehmigung und die Abrißverfügung!

Die Räder meines Wagens berührten kaum die Straße, als ich nach Missenden zurückraste. Am Telefon wurde mir vom Amt die unglaubliche Nachricht bestätigt. Der Abriß war schon seit fünfundzwanzig Jahren geplant. Die Verwaltung hatte nun beschlossen, daß das Haus einer Straße weichen mußte.

Völlig außer mir versuchte ich, einen alten, erfahrenen Anwalt zu erreichen, der mit Verwaltungsangelegenheiten wohlvertraut war. Er war nicht da, so machte ich einen Termin mit einem jungen Kollegen, der sein Studium gerade beendet hatte.

Die Auskunft, die er geben konnte, war nicht gut. Sein ernstes junges Gesicht war voll Mitleid und Bedauern. Er war ein charmanter junger Mann, dessen Ernsthaftigtkeit spürbar war. „Es ist unmöglich, gegen die Gemeindeverwaltung zu kämpfen", sagte er, wie so viele andere auch. „Wenn es eine Abrißverfügung gibt, so haben sie auch das Recht, sie auszuführen."

Mein Herz sank. Ich würde es wohl akzeptieren müssen, doch mein ganzes Wesen schrie dagegen auf. Ich schaute weg und hoffte, daß er meine Tränen nicht sah. Sein neuerworbenes Diplom, frisch aufgehängt, schaute von der Wand herunter. Hätte ich in diesem Moment lächeln können, so hätte ich es getan. Ich erinnerte mich an den Tag, an dem mein neuerworbenes Diplom fast zu Peinlichkeiten geführt hätte. Meine Augen lasen seinen Namen: „Godbehere" („Gott sei mit uns"; d. Übers.). Ich atmete tief ein. Ein Zeichen! Wenn Gott hier ist, warum habe ich mein Vertrauen verloren? Meine Lebensgeister kehrten zurück. Ich bedankte mich überschwenglich und ging.

Mein Leben ist immer ein stilles Gebet gewesen, gesprochen in absolutem Glauben an ein höheres Bewußtsein, wie auch immer das von anderen verstanden oder gedeutet werden mag. Einmal wurde ich von jemandem lachend gefragt, ob ich einen „heißen Draht" zum Himmel hätte. Doch es ist der Glaube, der meiner Arbeit zugrunde liegt und der mich unterstützt. Es ist der einzige Weg, den ich kenne. Ich weiß zwar nicht, was an mir Besonderes ist, aber ich denke, es wird sich herausstellen, daß es ganz real ist und funktioniert. Die ständigen Fragen „Kannst du hellsehen? Bist du dies? Bist du das?" haben nie-

Das Wunder der Farbheilung

mals eine Saite in mir berührt. Daß ich das siebte Kind eines siebten Kindes bin, Tochter eines Mannes, der auf die gleiche Weise lebte, hinterfrage ich nicht, sondern akzeptiere ich einfach. Hätte ich jede Heilung, jede Vorhersage, die in purem Glauben geschah, hinterfragt, niemals hätte ich Zeit gehabt, die Arbeit zu tun, für die ich ausersehen bin.

Die Nacht war lang, und die meditative Loslösung wollte mir nicht gelingen. Mein Verstand schlang sich um meinen Geist, und ich hörte die Echos der Stimmen, die sagten: „Es ist unmöglich!" Wie viele kennen diesen Zustand: das Sehnen der Seele und der Verstand, der kalt dazwischenfährt!

Drei Uhr morgens, die Zeit Samuels im Tempel. Plötzlich habe ich eine Vision. Etwas wirbelt vor mir herum, silbern und doch mit aufblitzenden Farben. Es ist ein Säbel. Edelsteine schimmern und funkeln am Griff. Er dreht sich im Kreis, und es ist, als sei er von Licht beschienen. Ein Säbel, denke ich, was für ein Zeichen soll das sein? Ich wende mich ab, komme auf die Erde zurück, und der Schmerz in meinem Herzen ist wie vorher. In der zweiten Nacht passiert dasselbe. Die Ähnlichkeit zwischen diesem Ereignis und der Vision, als Balance geboren wurde, sehe ich als Muster, das wiederholt in meinem Leben auftrat. In der dritten Nacht höre ich ein Rasseln. Gott muß gedacht haben, daß ich schwer von Begriff bin und er seine Botschaft mehrmals wiederholen muß. Der Säbel wirbelt vor mir, ich höre ein unverkennbares Rasseln, und plötzlich ist die Botschaft deutlich und klar: „Raßle mit einem Säbel."

Kaum war ich mit den Füßen zurück auf dem Boden, noch verwirrt von dem seltsamen Gebot, neckte mich mein Verstand erst einmal wegen dieser Botschaft. Was für ein Säbel? Ich hatte kaum ein Bein, um darauf zu stehen, geschweige denn einen Säbel zum Rasseln!

Ich lachte still. Vielleicht bezog es sich ja auf mich, vielleicht sollte ich mein Gehirn rasseln lassen, meinen Verstand anstrengen. Ich suchte nach der wahren Bedeutung.

Kings Ransom

Während der Vormittags-Sprechstunde kam mir immer wieder das Bild von sechs Schilling und sechs Pence* in den Sinn. Es war für mich nicht greifbar, trotzdem wußte ich, daß ich wieder einen „göttlichen Schubs" bekommen würde. Diese Lektion hatte ich schon lange gelernt.

Am Abend griff ich überdrüssig nach dem ganzen Schriftverkehr über Tiddington. Ein Stück Papier löste sich und fiel auf den Boden. Es war die Kopie der amtlichen Anfrage, die der Anwalt in Berkhamsted, der damals den Verkauf regelte, für mich eingebracht hatte. Die Gebühr für diesen Dienst entsprach dem offiziellen Satz: sechs Schilling und sechs Pence. Mein Herz zog sich zusammen, und meine Augen verschlangen den Brief. Diese Worte brannten sich in mein Gehirn: „Es liegt keine Straßenplanung oder Planentwicklung vor." Er war unterschrieben von einem Beamten der Gemeindeverwaltung. Deutlich hörte ich durch mein Herzklopfen das Rasseln eines Säbels.

Ich verabredete einen weiteren Termin mit Mr. Godbehere, und wir sprachen über meine Idee. Das Augenpaar hinter dem Schreibtisch schaute mich ernst an.

„Sollen wir mit dem Säbel rasseln?" fragte ich. „Es handelt sich zweifellos um einen offiziellen Fehler, der mich in eine mißliche Lage gebracht hat. Es ist eine Fehlinformation, die mich obdachlos machen könnte. Ich habe meinen ganzen Besitz verkauft, um den Kaufpreis aufzubringen. Außerdem habe ich mich bereit erklärt, das Haus zu räumen, in dem ich wohne und arbeite."

„Wir versuchen es", sagte er und lächelte plötzlich.

Ich zog örtliche Ratsmitglieder und die Mietervereinigung zu Rate. Ich rastete nicht, bis der Tag kam, an dem – gegen alle Widerstände – Tiddington durch sechs Schilling und sechs Pence gerettet war. Es wurde schließlich in „Kings Ransom"** umbenannt, denn das war es wirklich, worum es ging.

---

* Six shillings and six pence, alte Dezimal-Währung, entspricht heute etwa 35 Pence.
** „Des Königs Lösegeld", im übertragenen Sinne auch „Riesensumme" oder „Vermögen".

Das Wunder der Farbheilung

Ein wenig später, im Juni 1964, lernte ich Margaret Cockbain kennen, die in Amersham als Osteopathin arbeitete. Gegenseitig erkannten und schätzten wir sofort die Qualität unserer Arbeit. 1970 beschlossen wir, unsere Praxen in Amersham zusammenzulegen und gemeinsam in Kings Ransom zu wohnen.

Jeden Morgen, bevor wir mit der Arbeit begannen, segneten wir unsere Praxis. Die ganze Atmosphäre war geprägt von Frieden und Harmonie. Zu jedem unserer Patienten hatten wir eine persönliche Beziehung, und es herrschte volles Vertrauen zwischen uns. Es erfüllt mich mit Stolz, daß sich uns bereits drei Generationen aus allen sozialen Schichten anvertraut hatten, die wir alle gleichermaßen liebten und umsorgten.

Über die Jahre wuchs die Praxis. Margaret wurde von drei anderen Osteopathen unterstützt, und ich hatte drei Fußpflegerinnen in meinem Team. Wir waren sehr sorgsam in der Auswahl unserer Mitarbeiter, so daß die Qualität der Behandlungen sichergestellt war. Wir beide, Margaret und ich, hatten die Praxis zum Mittelpunkt unseres Lebens gemacht, und freie Stunden waren rar.

Als unsere finanzielle Situation sich besserte, wurde es möglich, Kings Ransom auszubauen. Wegen der Schönheit der Umgebung leisteten wir uns, wo immer es möglich war, den Einbau großer Panoramafenster. Von diesen Fenstern aus konnte man frühmorgens den Dunst in den Tälern und die Wolken beobachten, die wie Pferde hoch am Himmel trabten. Man erzählte uns, daß das Haus, wenn es abends erleuchtet war, vom Tal aus wie ein Leuchtturm oder ein gläserner Turm aussähe. Es war ein Märchenpalast, der in eine perfekte Landschaft gesetzt war. Kings Ransom war wahrhaftig der einzige Name, den man ihm geben konnte, denn er war unbezahlbar.

Meine wenigen freien Stunden verbrachte ich im Garten. Ich atmete die aromatischen Gerüche der Kräuter und die süßen Düfte der Blumen ein, die ich pflanzte, um aus ihnen die Essenzen und Extrakte zu gewinnen, die ich für meine heilsamen Cremes und Lotionen brauchte.

Kings Ransom

Langsam ging ich durch die Lücke im Zaun in die Felder hinaus. Dort stand ich ganz still, um die kleinen Wesen nicht zu stören, die dort ihre Arbeit taten. Irgendwo in einer Hecke rief ein Fasan ungeduldig nach seiner Gemahlin, die sich wohl verspätet hatte. Zweifellos dachte er an den Fuchs, der stets nach leichter Beute spähte. Die Vögel bereiteten sich eifrig auf die Nacht vor und zwitscherten im Einverständnis, oder auch im Streit, wenn die vielen Familien sich niederließen. Wenn man ganz still stand, konnte man manchmal einen Hasen springen sehen, bevor er im Mais verschwand, oder eins der kleinen Rehe, für die die Gegend hier bekannt war, das ins Unterholz schlüpfte.

Und ich schweifte zurück in die Zeit, als ich als kleines Kind an der Hand meines Vaters durch Blumen, Kräuter und die freie Natur gelaufen war, die er so liebte. Irgendwo tief in meinem Inneren wußte ich, daß es für mich noch etwas zu erledigen gab.

Zeit zum Stehen und Staunen

Ist's Leben, wenn, von Sorgen schwer,
Nicht Zeit verbleibt zum Staunen mehr?
William Henry Davies

Spät im Jahr 1973 bekam ich einen weiteren „göttlichen
Schubs". Während eines Urlaubs auf Mallorca, einer Insel, die
für mich schon mehr als einmal schicksalhaft gewesen war, er-
litt ich einen schweren Herzinfarkt. Die Funktion meines Herzens war fast ganz unterbunden, und ich war dem Tode nahe.
Während ich um mein Leben kämpfte, wartete Margaret geduldig drei oder vier Tage im Krankenhaus. Langsam besserte
sich mein Zustand, und ich konnte nach England zurückge-
flogen und weiterbehandelt werden.

Als man mich nach unserer Heimkehr in mein Zimmer hin-
auftrug, wurde mir gesagt, daß ich mindestens drei oder vier
Monate lang unter gar keinen Umständen versuchen sollte, die
Treppen zu steigen. Verzweifelt und schwach, wie ich war,
mußte ich mich mit einem Leben im Schlafzimmer abfinden.
Eine innere Stimme sagte mir jedoch, daß es mir wieder bes-
sergehen würde, wenn die Osterglocken hervorkämen. Darauf
setzte ich meine ganze Hoffnung.

Mein Schlafzimmer hatte praktisch über seine ganze Breite
ein großes Panoramafenster, das mich über grüne Wiesen und
Felder wogenden Korns blicken ließ, die sich weit, weit über
den Flickenteppich bebauter Landschaft hinweg erstreckten.
Das erste Feld war nur wenige Meter vom Haus entfernt und
grenzte an den Garten. Die Grenzmarkierung war ein alter, fast

Das Wunder der Farbheilung

unsichtbarer Drahtzaun, der die Illusion vermittelte, daß Garten und Feld eins seien.

Ich lag im Bett und hatte Zeit zum Nachdenken und Beobachten. Während meines betriebsamen Praxislebens hatte ich mich nach solchem Alleinsein und Frieden gesehnt. Nun wurde mir dieser Wunsch gewährt, wenn auch nicht so, wie ich es mir gewünscht hatte. Besucher waren während der ersten Zeit nicht erlaubt. Margaret empfing ihre Patienten jetzt hier im Haus, denn ich konnte nicht lange allein gelassen werden. Abgesehen von den regelmäßigen Kontrollbesuchen Margarets und der Gemeindeschwester war ich allein. Ich hatte alle Zeit der Welt. Was für ein Ereignis war es, wenn ein Karren den Weg entlangfuhr oder ein Traktor nach einem langen Arbeitstag an meinem Fenster vorbei nach Hause tuckerte!

Einmal beobachtete ich einen hüpfenden Hasen, der aus irgendeinem Grund sehr in Eile zu sein schien. Der weiße Hase aus *Alice im Wunderland* fiel mir ein, der vor sich hin murmelt: „Ich bin zu spät, ich bin zu spät", und ich mußte lächeln.

Der Weg, den der Hase nahm, kam mir merkwürdig vor, denn er schoß von einer Seite des Feldes zur anderen. Sein Lauf schien einem Muster zu folgen und dauerte etwa eine dreiviertel Stunde. Dann verließ der Hase das Feld. Ich war überrascht zu sehen, daß dies regelmäßig jeden Tag passierte, und erzählte es der Gemeindeschwester. Geborene Landfrau, die sie war, antwortete sie: „Kennen Sie das Verhalten der Hasen nicht? Sie füttern ihre Jungen, die wohlüberlegt über das ganze Feld verteilt sind. Das soll den Fuchs davon abhalten, sie alle zu finden." Weiter erklärte sie, daß die kleinen Häschen im Gegensatz zu ihrer Mutter nur einen schwachen Geruch haben. Das Muttertier kann in ein anderes Feld rennen und Feinde ablenken. So bekam ich meine erste Lektion über das Leben der wilden Tiere.

Ich machte viele Beobachtungen, und die Bedeutung einiger Begebenheiten war mir nicht klar. Aber welche Freude, ihr

Zeit zum Stehen und Staunen

Zeuge zu sein. Die Felder, die ich einst nur für schön und still gehalten hatte, waren lebendig geworden, und ich betrat eine neue, faszinierende Welt.

Endlich erschienen die Osterglocken. Sie kündigten mit ihren heiteren gelben Trompeten die warmen Frühlingstage an, und ich kämpfte mich langsam und mühsam in den Strom des Lebens zurück.

Um die Kraft in den verbliebenen gesunden Herzmuskeln wieder aufzubauen, riet man mir, mich langsam auf einen täglichen Dreimeilengang zu trainieren. In der ersten Woche ging ich triumphierend die Straße hinauf bis zum ersten Baum, nicht mehr als hundert Meter weit. Ich hatte kaum Kontrolle über meine Beine. Die Knie neigten dazu, ohne Vorwarnung einzuknicken. Es war eine große Erleichterung, den Baum endlich zu erreichen. Ich stützte mich an seinen breiten Stamm und ruhte eine Weile. Nach vielen Monaten konnte ich endlich wieder einen Baum umarmen. Dann kehrte ich um und arbeitete mich zurück. Langsam, Baum für Baum, machte ich Fortschritte. Ich trieb mich selbst an. Schließlich erreichte ich nach Mühen voller „Blut, Schweiß und Tränen" (die mir während meines ganzen Lebens bekannt waren) mein Ziel: die Strecke von drei Meilen.

Obwohl die Straße holprig und unwegsam war, war es ein schöner Spaziergang, vorbei an einem einsamen Farmhaus und zwei kleinen Hütten. Kühe mit sanften, glänzendbraunen Augen folgten mir. Ich sprach mit ihnen und gab jeder einen Namen. Manchmal lief eine die ganze Feldlänge meinen Fußspuren nach. Fasane überquerten in Ruhe den Weg, mit allem Vertrauen der Welt. Sie wußten, daß ihre Zeit noch nicht gekommen war. Hier und da hüpften Hasen durch die Felder. Nun konnte ich draußen genießen, was ich monatelang nur von drinnen beobachtet hatte.

Andrew, ein zwölfjähriger Nachbarsjunge, begann, an den Wochenenden mit mir spazierenzugehen. Trotz des großen Altersunterschiedes entwickelte sich eine Freundschaft zwischen

Das Wunder der Farbheilung

uns. Eines Tages streckte er mir ein Stück Papier entgegen. „Habe Ihnen ein Gedicht geschrieben", murmelte er, lief dabei leicht rot an und verschwand eiligst.

Während meiner Genesung hatte ich noch die Absicht, mich wieder voll und ganz meiner Arbeit in der Praxis zu widmen. Ich hatte noch keine Ahnung von dem, was kommen sollte. Das Thema „Farben" und seine Bedeutung war zwischen Margaret und mir noch nie erörtert worden. Außerdem war ich mir meiner wahren Bestimmung noch nicht bewußt und hatte keine Ahnung, welchen Weg ich unvermeidlich beschreiten würde. Ich las das Gedicht. Wie lieb, dachte ich und legte es als kleines, kostbares Andenken in meine Brieftasche.

Viele Jahre später, nachdem Balance schon geboren war, fand ich beim Aufräumen die Mappe und entdeckte dieses Gedicht wieder. Sein prophetischer Bezug und seine Tiefe beeindruckten mich sehr. Ich möchte es gerne mit euch teilen:

Das Leben ist eine Farbe,
ihre Vergangenheit ist ein Regenbogen,
doch Regenbogen sind aus Regen geboren.
Und schaut, ihr Menschen, ihr wißt nichts über
eine Stadt am Ende einer Landstraße.
Weiße Hengste steigen aus einem trüben Meer empor.
Die Frau in den schmutzigen Hosen ist eine Prinzessin.
Prinzessin, willst du nicht mit mir sprechen?
Gläserne Türme können einstürzen,
ihre Kraft braucht nur Luft.
Ketten der Vergangenheit werden morgen zur Rüstung.
Ihr Leben ist ein Buch, kein Gurdjieff,
ich will nicht aufhören, darin zu lesen.

Kindermund ...

* * *

Zeit zum Stehen und Staunen

Der „göttliche Schubs" war eine Warnung gewesen. Aber wie oft mußte man mir noch sagen, daß eine andere Arbeit auf mich wartete? Mir war mitgeteilt worden, daß ich in eine neue Richtung weitergehen sollte. Sechs Monate waren nun seit meinem Herzinfarkt vergangen. Zum ersten Mal in meinem Leben ignorierte ich die Göttliche Führung, weigerte mich, weiterzugehen. Ich näherte mich langsam dem Rentenalter und hatte schon so viele Rückschläge erlebt – auf einen erneuten Wechsel konnte ich mich kaum freuen. Ich sehnte mich danach, in die Praxis zurückzukehren, die sich etabliert und mittlerweile die dritte Generation an Patienten hatte, die ich alle liebte. Selbst wenn ich sämtliche finanziellen Überlegungen beiseite ließ, wollte ich unbedingt wieder in der Praxis arbeiten. Obwohl ich noch ziemlich schwach war, fühlte ich mich bereit, meine Arbeit wieder aufzunehmen. Der Herzinfarkt in Verbindung mit Diabetes hatte mich total erschöpft. Es war ein mühsamer Kampf, doch ich wollte ihn gewinnen.

An einem Sonntagmorgen kurz vor meinem täglichen Spaziergang saß ich in der Küche bei einer Tasse Tee. Müßig beobachtete ich Margaret, die neben dem Abwaschbecken stand und eine große Zwiebel zerhackte. Sie benutzte eines dieser mechanischen Geräte, auf die man oben haut, und unten hackt es. Der scharfe, metallische Klang schien wie Pistolenschüsse mein Trommelfell zu zerschmettern. Der Schmerz war unerträglich und ging wie ein Pfeil durch meinen Kopf und meine Augen. Mit beiden Händen hielt ich meinen Kopf.

„Hör bitte mit dem Krach auf!" rief ich. Aber Margaret, durch den Lärm abgelenkt, hörte mich nicht und fuhr genußvoll mit dem Draufhauen fort. Es dauerte nur ein paar Sekunden, doch für mich war es eine Ewigkeit. Als der Lärm verklungen war, nahm ich die Hände vom Gesicht. Als ich die Augen öffnete und die Sicht durch Blinzeln klären wollte, erschien ein großer roter „Schmetterling" in meinem linken Auge. Ich blinzelte wieder, doch er verschwand nicht. Es schien, als würde er größer und größer. Margaret, die eine Netzhautablösung be-

Das Wunder der Farbheilung

fürchtete, rief sofort den Arzt an. Wir sollten gleich vorbeikommen. Nach der Untersuchung wurde ich unverzüglich mit
einem Brief ins Krankenhaus geschickt.

Es war keine Netzhautablösung, sondern ein großes Blut-
gerinnsel, das die Sehkraft des Auges unterband.

„Zeit ist die einzige Medizin", sagte der Arzt. Das Blutge-
rinnsel löste sich schließlich bis zu einem gewissen Grad auf,
aber die Sehkraft dieses Auges kehrte nie zurück.

In Aufruhr verließ ich das Krankenhaus. Vielleicht lag es an
meiner Schwäche, vielleicht daran, daß mein Leben schon immer ein Kampf gewesen war, ich fühlte mich am Boden zerstört. Glaubte ich, durch meine Genesung über die Widrig-
keiten gesiegt zu haben, wurde ich jetzt, auf der Höhe meiner
Rekonvaleszenz, wieder ins Nichts zurückgeworfen. Es schien
zu grausam, mehr, als ich ertragen konnte. Als wir zu Hause
ankamen, ließ ich Margaret zurück und lief los. Es hatte zu regnen begonnen, und die Tropfen mischten sich mit meinen Tränen. Ich lief und lief und achtete nicht darauf, wohin. Margaret verstand meine Qual. Sie ließ mich eine Weile allein, dann
kam sie mit dem Wagen nach. Ich kämpfte mit mir. Zum ersten
Mal war ich nahe daran, aufzugeben.

Später erfuhr ich, daß diese Episode ihren Sinn hatte. Sie
sollte mir Zeit geben, meine Angelegenheiten in Ordnung zu
bringen und mich an die Tatsache zu gewöhnen, daß ich nicht
länger in der Praxis arbeiten konnte.

Ich kaufte ein großes amerikanisches Vergrößerungsglas und
fuhr mit seiner Hilfe in meiner Arbeit fort. Selbst als ich noch
über meine ganze Sehfähigkeit verfügte, hatte ich mit Gefühl
und aus innerem Wissen heraus gearbeitet. Schon immer waren meine Finger auch meine Augen gewesen, was jetzt von
Vorteil war. Gott war gut.

Die Warnung des Arztes klang mir noch in den Ohren, daß
sich das andere Auge auch verschlechtern könne. So begann
ich mein „Blindentraining". Wohlüberlegt schloß ich das
rechte Auge, während ich verschiedene alltägliche Dinge er-

Zeit zum Stehen und Staunen

ledigte, oder ich machte mit geschlossenen Augen einen kurzen Gang. So lernte ich, mich mehr und mehr auf meine innere Sensitivität zu verlassen und nicht nur auf die meiner Hände. Ich bereitete mich vor und wurde vorbereitet – obwohl ich es nicht ganz verstand – auf eine künftige Notwendigkeit, indem ich mich mit meinem eigenen Raum vertraut machte.

Zehn lange Jahre später sagte uns ein Arzt, daß nach einem Herzinfarkt für längere Zeit eine gewisse Brüchigkeit in den Blutgefäßen bestehe und übermäßiger Lärm genau das verursachen könne, was mir passiert war. Besonders, wenn schon eine allgemeine Schwäche vorliege. Ich erwähne dies, damit auch andere Menschen es erfahren und sich entsprechend verhalten können.

Wie auch immer, von dem, was kommen sollte, wurde ich in vollem Maß entschädigt. Ein Wechsel vollzog sich in mir. Mit der Verminderung meines physischen Sehvermögens floß mir bis zur Schmerzgrenze eine neue Dimension aurischer Wahrnehmung zu. Sie begann Vorrang vor allen anderen Sinneswahrnehmungen zu bekommen, und gleichzeitig schärften sich meine inneren Sinne.

Obwohl ich seit meiner Kindheit die Fähigkeit hatte, Auren zu sehen, was auch die Gabe meiner Vorfahren war, hatte ich doch nie deren volle Bedeutung verstanden. Tatsächlich war die Auraschau (seit jener Begebenheit im Alter von acht Jahren, als meine Schulkameraden mich verhöhnten) ein Geheimnis, das mir damals in geheimer Umarmung anvertraut worden war. Das Sehen einer Aura trat immer ohne Warnung auf, zu jeder Gelegenheit, etwa inmitten einer Unterhaltung. Stets wies ich es geringschätzig und ängstlich zurück. Aber diese Gabe war mir immer zustatten gekommen; sie hatte mir Scharfblick verliehen in Situationen, in denen ich mit Unaufrichtigkeit konfrontiert wurde.

Jetzt, zurückgeworfen auf die Gabe der Auraschau, gab es im Kontakt zu anderen Menschen keine verdunkelnden Vorurteile mehr. Worte, Kleidung, Erscheinung waren nicht mehr von

Das Wunder der Farbheilung

Bedeutung; nichts konnte mich vom wahren Wesen einer Person ablenken. Wenn die Aura gesehen wird, steht der Millionär auf einer Stufe mit dem Straßenkehrer. Beide sind bar jeder äußerlichen Darstellung. Irdische Maßstäbe verschwanden aus meinem Vokabular. Vorher sah ich Menschen „wie Bäume, die wandeln", aber jetzt sah ich „alle Menschen klar" (Markus 8, 24 bis 25).

Es war nun eine ganz neue Erfahrung, Leute anzuschauen oder mit ihnen zu sprechen. Ich war mir all ihrer Emotionen und ihres Denkens voll bewußt. Ich erkannte den Menschen ohne Arglist und sah die Tücke in den Augen des Unaufrichtigen. Ich fing an, ihre geheimen Gedanken zu erkennen, und ihre Bedürfnisse standen immer klar vor mir. Manchmal, während einer beiläufigen Unterhaltung, erschaute ich meinen Gesprächspartner plötzlich weit zurück in vergangenen Zeiten, sah das Gewand und wer oder was die Person gewesen war. Es dauerte nur einen Moment lang, so wie das Flackern einer Kerze. Gelegentlich nahm ich eine ganze Szene wahr, was sehr störend sein konnte. Ein eingehendes Gespräch mit jemandem enthüllte manchmal, daß der Ursprung seines heutigen Problems in der Vergangenheit lag, die ich bereits als Szene wahrgenommen hatte. So war es mir möglich, den früheren Schriftgelehrten, den ich in einer Vision für einen Moment lang gesehen hatte, mit dem gegenwärtigen Liebhaber von Worten in Verbindung zu bringen, der mir in diesem Moment fast ausdrucksunfähig vorkam, der aber noch seine eigenen Gedanken durch die Kraft des geschriebenen Wortes auszudrücken hatte.

Dies vor allem: deinem wahren Selbst sei treu.
Shakespeare, Hamlet

Die Straße nach Damaskus

Es war Anfang des Jahres 1979. Der kleine Hafen von Andraitx auf Mallorca war für mich niemals schöner gewesen als in diesem Moment. Die Sonne stand schräg über dem Meer, und das Licht brach sich in Myriaden von Farben. Am Kai bahnte ich mir vorsichtig meinen Weg vorbei an den lächelnden Fischern mit den mahagonifarbenen Gesichtern, die im Schneidersitz die umherliegenden Netze flickten. Einer war damit beschäftigt, für sein Mittagsmahl Kartoffeln über einem Eimer zu schälen. Ich war ihnen wohlvertraut und sie mir auch, denn Margaret und ich machten einen Monat lang Urlaub. Während meiner täglichen Drei-Meilen-Spaziergänge an der Promenade entlang hatten sich ihre Blicke von natürlicher Neugierde in freundliche Anerkennung gewandelt. Ich war schon ein gutes Stück gelaufen, als Margaret sich still dazugesellte, wie es unsere tägliche Gewohnheit war. Sie machte zuerst die Einkäufe und begleitete mich dann auf dem letzten Stück nach Hause. Plötzlich berührte sie meinen Arm und zeigte auf etwas. Dort, vor uns im Wasser, war plötzlich eine Spirale kleiner, silbriger Körper zu sehen: Kleine Fische sprangen hoch in die Luft, als würden sie von einem größeren Fisch gejagt. Für einen kurzen Moment sah es so aus, als hätte jemand eine Hand zum Gruß oder zum Lebewohl gehoben. Wir standen am Geländer, lachten amüsiert, und im nächsten Moment war alles verschwunden. Ohne Eile gingen wir weiter. Wir liefen so nah am Wasser entlang, wie wir es wagen konnten, und beobachteten die Seeleute in den Booten bei ihrer Arbeit. Jeder Moment war

Das Wunder der Farbheilung

uns kostbar, denn es waren nur noch zwei Tage bis zu unserer Heimkehr.

Abrupt blieb ich stehen. Meine Hände legten sich schnell über meine Augen – es war wie in einem Auto, wenn ein Lastwagen vorbeifuhr und Schmutz auf die Windschutzscheibe flog, der einem die Sicht nahm. Margaret schaute mich an.

„Ich kann nicht sehen", sagte ich ruhig, mit kontrollierter Stimme.

„Du hast etwas im Auge", sagte Margaret.

Ich gab keine Antwort und dachte, es würde gleich vorbeigehen. Doch es ging nicht vorbei. Spinnweben von Dunkelheit drangen in meine Augen. Ich legte meine Hand in Margarets Arm, was ziemlich ungewöhnlich für mich war, denn normalerweise zog ich es vor, mit schwingenden Armen zu laufen. Wir waren uns sehr nahe, und ich spürte Margarets Verwirrung.

„Ich kann nicht sehen", wiederholte ich, „ich kann nicht sehen."

Wie betäubt kehrten wir schweigend in unsere Wohnung zurück. Doch diesmal gingen wir den Fischern mit ihren Netzen aus dem Weg, da sie nun eine Gefahr für mich darstellten. Es war das letzte Mal, daß ich Andraitx sah.

Wir beschlossen, daß wir nicht versuchen würden, früher nach Hause zu fliegen, denn unsere Heimreise war ja schon für den übernächsten Tag gebucht. Beide hofften wir insgeheim, daß das Übel von selbst verschwinden würde. Dies war aber nicht der Fall. Später zeigte sich für kurze Zeit eine leichte Besserung, und eine periphere Sicht blieb mir erhalten. Trotzdem bedeutete dieser letzte Stoß die Trennung von der Praxis und meiner Arbeit als Fußpflegerin.

Gott hatte für weitere Vorbereitungen die Tür hinter mir zugeworfen.

Gold Hill

Meine Sehprobleme, in Verbindung mit meinen anderen gesundheitlichen Einschränkungen, machten Margaret und mir deutlich, daß wir nicht länger in Kings Ransom wohnen konnten. Ich konnte nicht mehr fahren, und es war schwierig, eine Haushaltshilfe zu finden. Widerwillig entschlossen wir uns, in den vorgezogenen Ruhestand zu treten. Wir begannen mit der Suche nach einem passenden Bungalow, der klein genug wäre, um damit zurechtzukommen, und in dessen Nähe es Einkaufsmöglichkeiten gab. Mein von Gott geschenktes Kings Ransom sollte nun weitergegeben werden. Den Käufer wählten wir sorgfältig aus, und niemals war es für uns ein Thema des höchsten Geldgebotes. Wir verkauften das Haus an einen Patienten, von dem wir wußten, daß er seinen Mittelpunkt in Gott hatte und das Haus liebte.

Wir mochten das „blättrige Bucks" (Buckinghamshire; d. Übers.) und beabsichtigten nicht, weit weg zu ziehen. Es ergab sich, daß Phyllis, meine frühere Haushälterin und seit über dreißig Jahren eine treue Freundin, ebenfalls kurz vor dem Ruhestand war. Sie zog sich aus ihrem kleinen Laden zurück, der in Chalfont St. Peter lag, oben auf dem Gold Hill Common. Die Wohnung über dem Laden war geräumig und hatte eine schöne Aussicht über die ganze Gemarkung. Das viele Grün erinnerte uns an das Farmland rund um Kings Ransom, das wir so liebten. Die Wohnung stand schon einige Zeit leer und benötigte Reparaturen, die uns einen ganzen Batzen Geld kosteten. Doch sie hatte eine wunderbare Atmosphäre von Frieden und Andacht. Es schien uns, als würde sie genau unse-

Das Wunder der Farbheilung

ren Bedürfnissen entsprechen. Das einzige wirkliche Hindernis, die Treppe, lösten wir mit der Installierung eines Treppenlifts. Phyllis war begeistert; wir sollten wieder zusammen sein. Alles wurde sorgfältig geplant. Eine Tür wurde in das Schlafzimmer eingepaßt, die auf ein Flachdach führte, auf dem wir eine begrünte Terrasse einrichteten. Hier konnte ich im Sommer bei geöffneter Tür im Bett liegen und mir vorstellen, ich sei in dem Garten, den ich einst liebte.

Margaret beeilte sich mit dem Planen und Pflanzen. Wicken, Geißblatt, Clematis und Glyzinien, alle fanden Platz in dem kleinen Dachgarten. Bald würde er zu einer wahren Farbenpracht erblühen. Wir bereiteten uns auf einen ruhigen Lebensabend vor und entschieden, unser Kapital, die Ersparnisse unseres ganzen Lebens, bei einem Freund zu investieren. Leben wollten wir von den Zinsen, denn unsere Ansprüche waren nicht sehr hoch.

Unsere morgendlichen Meditationen hielten wir in unserem kleinen Garten ab, der eine richtige „Sonnenfalle" war und in dem Geist und Seele sich leicht erheben konnten.

Meine Spaziergänge machte ich nun nicht mehr durch das Farmland, sondern auf Gehsteigen, die an Wäldern vorbeiführten. Diese Spaziergänge waren eine Art geistiges Umherwandern, ein Mittel, um ein höheres Bewußtsein zu erreichen. Eine schöne Allee lag auf meinem Weg. Ich segnete die Bäume, wenn ich vorüberging, und wurde von ihnen gesegnet.

Jeder Tag wurde nun auf Rentnerart mit dem Ausfüllen von Zeit verbracht. Doch dann kam die „göttliche Unzufriedenheit". Meine körperlichen Einschränkungen verringerten keineswegs mein starkes Verlangen nach tieferem geistigem Wissen. Da hörten wir von einer spirituellen Gruppe, die sich regelmäßig auf einem Hof ganz in unserer Nähe traf. Sie hießen alle Religionen gleichermaßen willkommen, und wir beschlossen hinzugehen, um die Leute kennenzulernen.

Die Auren in der Gruppe waren unterschiedlich, doch alle sehr schön. Eine Aura nahm mir mit ihrer wunderschönen

Gold Hill

Seelenspirale fast den Atem – Laura. Sie stand lächelnd an der Tür. Wir erkannten uns sofort, denn im ewigen Kreislauf waren wir uns schon längst vertraut. Unsere Seelen machten zum Gruß zwei Schritte nach vorn. Margaret und ich beschlossen, Mitglieder der Gruppe zu werden.

Das von ihnen gemietete Farmhaus lag eingebettet in einer wunderschönen Landschaft. Wie die meisten Zentren war es immer zu knapp bei Kasse, um richtig unterhalten werden zu können. Ich wünschte mir sehr, einen Beitrag zu leisten und bot an, Cremes und Lotionen bereitzustellen, die ich nun schon seit vierzig Jahren produzierte. Durch meine mangelhafte Sehkraft war das Abfüllen schwierig für mich, deshalb fragte ich in der Gruppe nach einem Helfer. Es herrschte Stille. Ich sah die Auren der Anwesenden auf verschiedene Weise flimmern.

Laura fragte sanft: „Warum brauchst du einen Helfer?"

„Um die Flaschen zu füllen", sagte ich nüchtern.

„Oh", sagte Laura und brach in Lachen aus. Dann, während des allgemeinen Gelächters, erklärte sie mir, daß mit dem Begriff „Helfer" in Subud* ein erfahrenes Mitglied der Gruppe gemeint sei, das in der Lage ist, anderen in Schwierigkeiten zu helfen. Immer praktisch zupackend, sagte Laura: „Ich helfe dir, Vicky." Und so fing alles an.

Die Creme wurde für die Praxis immer in Weiß hergestellt.

„Könnten wir sie auch farbig haben, um sie von der in der Praxis zu unterscheiden?" fragte Laura.

„In jeder Farbe, die du willst", antwortete ich. „Ich mache dir eine ganze Kollektion, damit du auswählen kannst."

Bald war ich glücklich mit den Farben beschäftigt, was mir viel Freude bereitete. Sieben verschiedene erschienen unter

---

* Name der spirituellen Gemeinschaft, die von dem Indonesier Bapak als konfessionsübergreifende Organisation geistig suchender Menschen gegründet wurde.

Das Wunder der Farbheilung

meiner Hand, und voller Stolz präsentierte ich sie, bogenförmig aufgestellt.

„Ein perfekter Regenbogen", sagte Laura. „Können wir sie alle haben?" Dies war der Beginn der regenbogenfarbigen Cremes und Lotionen. Wir machten unser erstes Dutzend, das sich schnell unter den Mitgliedern der Gruppe verkaufte. Dann schlug Laura vor, ein kleines Unternehmen zu gründen. Diese Idee wurde von Bapak, dem Subud-Führer, unterstützt, der Initiative und Unternehmungsgeist unter den Mitgliedern förderte.

Aus heiterem Himmel bekam Laura das Angebot, einen Stand auf dem Subud-Weltkongreß 1983 in Windsor zu gestalten, während dessen auch ein spektakulärer Gebäudekomplex von Bapak eröffnet werden sollte. Zwei Wochen sollte der Kongreß dauern, und mindestens zweitausend Mitglieder aus aller Welt wurden erwartet. Das war etwas ganz anderes als die wenigen Flaschen, die wir auf der Farm verkauften. Jetzt sprachen wir von einigen tausend Flaschen, die hergestellt werden müßten.

Lincoln Fraser, Lauras Ehemann, der von uns allen Mick genannt wurde, entschloß sich, bei uns mitzumachen. Wir vier nannten unser Wagnis „Lincoln Fraser Products". Obwohl mir klar war, daß sehr viel Arbeit mit der Sache verbunden war, nahm ich die Herausforderung ohne Zögern an. Die Gelegenheit, noch einmal mein uraltes intuitives Wissen durch das Medium meiner Cremes, Lotionen und Essenzen anzuwenden, war etwas, das ich nicht außer acht lassen konnte. Ich erinnerte mich der Tage in dem alten Labor, wo die Cremes, die sich als so wertvoll herausstellten, entstanden waren. Ich war voller Freude und Erwartung. Untätiges Rentnerleben war mir unmöglich, und meine Blindheit hielt mich nicht zurück. Etwas, das tief in mir lag, wollte sich ausdrücken. Ich fühlte, daß ich wieder in den Strom des Lebens gestoßen wurde. Doch von der Größe des göttlichen Plans hatte ich noch keine Ahnung. Ich wußte nicht, daß dies der Höhepunkt meiner Lebensaufgabe

Gold Hill

werden sollte, das, wofür ich seit Anbeginn der Zeit bestimmt und geschult worden war. Balance, mir noch unbekannt, stand kurz vor seiner Geburt.

Der Eröffnungstag des Kongresses zeichnete sich ab. Die Zeit war knapp, und es war eine Mammutaufgabe, alles zu organisieren. Mick hatte mit seiner Arbeit zu tun, Laura war nicht bei bester Gesundheit und mußte ins Krankenhaus, und Margaret ging es auch nicht gut. Ich machte alle Cremes und Lotionen von Hand. Die Rezepturen waren nur mir bekannt, und ich hatte viele tausend Flaschen herzustellen. Ohne mein Sehvermögen lag die Arbeit des Abfüllens und Etikettierens in anderen Händen. So mußten wir uns von jedem helfen lassen, den wir bekommen konnten.

Des ganzen Trubels ungeachtet entschied die Große Autorität, daß die geheimisvollen Öle geboren werden sollten; ihre Zeit war gekommen. Ich erinnere mich an ein Zitat Omraam Mikhael Aivanhovs*, das in uralten Abhandlungen über Alchemie gefunden wurde:

... ein Öl, das geheimnisvolle Bestandteile enthält und nicht nur Krankheiten heilen kann, sondern einem auch Kraft, Weisheit und Schönheit gibt. Dieses Öl ist aus den feinsten Elementen gemacht, welche in den Sonnenstrahlen enthalten sind. Vielerlei Namen wurden ihm gegeben – Prana, das Elixier des Ewigen Lebens, Magnetismus ... In der Zukunft wird es Teil einer ganzen Wissenschaft sein, die studiert werden wird.

---

* 1900-1986; bulgarischer Theosoph und Weisheitslehrer. Sein in französischer Sprache verfaßtes Gesamtwerk umfaßt alle Themen der Esoterik.

Die Nacht, in der „Balance" geboren wurde

Liebes Kind, wo kommst du her?
Aus dem Nirgendwo, ins Hier!
George MacDonald

Inmitten einer Woche der Krise, konfrontiert mit unvorhergesehener Anspannung und großem Termindruck, suchte ich in der Meditation Frieden und Erholung. In dieser Nacht war meine Meditation irgendwie unheimlich, jedoch wunderbar. Nachdem ich mich vom Irdischen gelöst hatte, fand ich mich in wunderschöne Kaskaden von Farben eingehüllt, die sich wie Ebbe und Flut ausdehnten und zurückwichen und dabei sanft summten. Als sie rhythmisch auf mich zukamen, sehnte ich mich, darin bleiben zu können. Mein ganzes Wesen wurde von vibrierender neuer Energie überströmt. Der Friede, der jenseits allen Verstehens liegt, durchflutete mich. Mein Drittes Auge war voll geöffnet und die Welt mit all ihren Geboten und Ansprüchen weit weg von mir. Dann hörte ich die stille, sanfte Stimme, die schon so oft zu mir gesprochen und der ich schon so oft gehorcht hatte. Sie klang, als käme sie aus der Tiefe einer Höhle.

„Teile die Wasser, mein Kind."

Teile die Wasser? Mit einem Schlag war ich wieder auf der Erde. Welche Wasser? Ich nahm an, daß mir meine Einbildungskraft einen Streich gespielt hatte. Vielleicht war ich zu hoch aufgestiegen.

In der zweiten Nacht wiederholte sich alles.

Das Wunder der Farbheilung

„Teile die Wasser." Wieder kam ich ziemlich schnell und voller Verwunderung aus der Meditation. In der dritten Nacht fühlte ich mich wie Salomo im Tempel, ich konnte diese Stimme nicht länger ignorieren, obwohl mein gesunder Menschenverstand sagte: Was soll das nur, ich bin nicht Moses! Ich bin blind, und mein Herz arbeitet nur noch zu vierzig Prozent. Außerdem bin ich gut über sechzig. Wen sollte ich wohl in welches Gelobte Land führen?
Doch ich mußte gehorchen und verließ mein Bett.
Ich kann mich weder an die nächsten Stunden erinnern noch daran, wie Balance eigentlich geboren wurde. Alles, was ich weiß, ist, daß andere Hände die meinen geführt haben.

Am nächsten Morgen fragte Margaret: „Warum bist du letzte Nacht bloß aufgestanden? Und wofür sind all diese schönen Flaschen gut?"
„Ich weiß es nicht", sagte ich.
„Warum hast du sie dann gemacht?" fragte sie mit ihrer üblichen Sachlichkeit. „Sie müssen doch einen Sinn haben!"
Der Frühstückstisch ist nicht unbedingt ein Ort, an dem man in Details gehen will, die einem selbst noch unheimlich und unerklärlich erscheinen, obwohl ich wußte, daß Margaret verstanden hätte. Wir aßen still weiter. Meine geistigen Spaziergänge führten mich gelegentlich recht tief in die Nacht hinein, so daß ich zuerst einmal richtig essen und mich erden mußte, bevor ich etwas diskutieren konnte. Außerdem verstand ich es selbst nicht. Ich brauchte meinen morgendlichen Spaziergang, um nachzudenken und zu mir selbst zu finden. Ich wußte, daß mir alles offenbart werden würde, wenn die Zeit dafür reif wäre. Daß es eine Botschaft und einen Sinn gab, bezweifelte ich nicht.

Wie hineingezogen betrat ich wieder das kleine Zimmer, in dem die „Geburt" stattgefunden hatte. Die Flaschen und ich schauten uns an. Sie schimmerten und leuchteten im Sonnen-

74

Die Nacht, in der „Balance" geboren wurde

licht. Es war eine besondere Klarheit um sie, und eine Kraft schien von ihnen auszugehen. Die beiden Flüssigkeiten in jeder Flasche lagen in zwei Schichten sanft übereinander und waren exakt voneinander getrennt. Die obere Lage hatte meistens eine andere Farbe als die untere. War es nur Einbildung, oder durchflossen mich wirklich sonderbare Wahrnehmungen? Es schien, als fände ein Austausch zwischen uns statt; irgend etwas in mir schwang mit. Plötzlich fühlte ich mich aufgeladen und glücklich. Die körperliche Müdigkeit, die ich gefühlt hatte, war wie durch Zauberei weggeblasen. So, als wäre er mir zugeflüstert worden, kam mir der Name „Balance" in den Sinn.

Balance war geboren und war wunderschön. Doch Margarets Frage „Für was soll es gut sein?" schien noch keine Antwort zu finden. Auch was aus Balance werden sollte, war noch ein Geheimnis.

Dies ist mir oft passiert, und ich glaube, daß es eine göttliche Testmethode ist. Zuerst erhalte ich Anweisungen, doch die Bedeutung enthüllt sich erst später, nachdem ich gehorcht habe.

Kaum hatte ich begonnen, meine farbigen „Juwelen" zusammenzustellen, fühlte ich mich angetrieben, noch mehr Variationen herzustellen. Jede schien ihre eigenen Schwingungen zu haben. Es war, als arbeitete ich unter einem starken Zwang. Verschiedene Kombinationen entstanden unter meinen Händen. Ich verlor mich ganz in ihnen.

Die Zeit war jedoch nicht auf meiner Seite. Der Kongreß sollte schon in zwei Wochen sein. Literatur mußte noch erstellt, Etiketten mußten beschriftet werden. Einer Sache zumindest war ich mir sicher, da ich um die natürlichen Bestandteile wußte: Es mußte sich um ein perfektes kosmetisches Öl im Stil von Kleopatras Eselsmilch handeln – eine ausgewogene Rezeptur von feuchtigkeitsspendenden Ölen und Pflanzenextrakten, ich glaube, das erste seiner Art in dieser Epoche.

Ich habe nicht den geringsten Zweifel, daß es ein Wiederhervortreten von etwas war, wovon ich in ferner Vergangenheit schon Kenntnis hatte. Allmählich enthüllte sich die volle Be-

Das Wunder der Farbheilung

deutung von selbst. Es war eine Weiterführung; alles war mir so vertraut und floß in mein Bewußtsein. Der alte Wein erschien in neuen Flaschen, in einer neuen Form, speziell für das Neue Zeitalter.

Wenn ich gefragt werde – und ich wurde wiederholt gefragt, besonders von Menschen, die alles messen und bewerten müssen –, wie lange die Forschung gedauert habe, ist meine Antwort: „Es wurde sehr lange erforscht, seit Anbeginn der Zeit; erforscht und endlich wiedererinnert."

So erschienen die inspirierten Öle, die später so viele bezaubern und erstaunen sollten. Ich tauchte in uraltes Wissen ein; zwar verstand ich nicht alles, doch ich ließ es fließen und geschehen.

Der Kongreß

Der Morgen dämmerte heiter und schön. Es war der erste Tag des Subud-Weltkongresses. Der Stand, den man uns zugewiesen hatte, lag in einem großen Zelt, das in der Nähe eines der Haupteingänge stand. Ich bedankte mich still, denn der Zelteingang war zurückgebunden, und ich hatte schon immer Angst davor gehabt, eingeschlossen zu sein; zweifellos ein Überbleibsel vergangener Erfahrungen. Es war August, und das Sonnenlicht strömte durch die Öffnung.

Wir bauten den Stand so gut auf, wie wir konnten, wenn auch ohne die Sachkenntnis und die Requisiten der Profis um uns herum. Tatsächlich bestand unsere ganze Ausrüstung aus einer Tischplatte auf Holzböcken, über die ich die weiße, nun schon über hundert Jahre alte Leinendecke meiner Mutter gelegt hatte. Aus dem Laden einer Freundin hatte ich eine lange Glasscheibe stibitzt, auf die wir die Flaschen stellten, um ihnen Höhe zu geben. Das war unsere ganze Präsentation. Lauras Schwiegersohn hatte ein Bild nach unseren Visionen gemalt, das an der Rückwand des Standes hing. An welchem Schauplatz wir später auch waren, dieses Bild hat uns seither begleitet und immer Bewunderung und Aufmerksamkeit erregt.

Die Profis um uns herum übertrafen sich selbst. Dekorationsstoffe, Plakate, Broschüren; alle Kniffe, über die die großen Firmen verfügen konnten, waren im Einsatz. Inmitten dieser Großartigkeit ähnelte unser Stand dem von ortsansässigen Freiwilligen, die man meist samstags an der Hauptstraße sehen kann, wie sie hausgemachte Marmelade und Plätzchen verkaufen.

Das Wunder der Farbheilung

Laura und Mick, die vorher schon den Großteil des Abfüllens und Etikettierens erledigt hatten, wollten später nachkommen. So blieb aufgrund meines mangelnden Sehvermögens die Hauptarbeit des Aufbaus Margaret überlassen. Da wir keine Ständer mehr hatten, schlug ich vor, die Glasplatte auf solche Balance-Flaschen zu legen, die wir wegen ihrer Trübheit aussortiert hatten. Diese waren das Ergebnis eines Versuchs, die erste inspirierte Partie nachzumachen. Doch obwohl ich, wie ich dachte, Farben und Bestandteile genau kopiert hatte, war das Ergebnis enttäuschend geworden.

Zwei oder drei Leute kamen herein. Eine Frau blieb an unserem Stand stehen. Das Sonnenlicht war wie ein natürlicher Scheinwerfer, fiel von hinten auf unseren Stand und erleuchtete die Balance-Flaschen. Sie glänzten im Sonnenschein und schienen zu vibrieren. Die Farben waren brillant und wunderschön. Die Frau schien fasziniert zu sein. Sie kauft, dachte ich. Aber nein, sie ging langsam weiter und verschwand durch den Ausgang. Zu meiner Überraschung stand sie ein paar Minuten später wieder neben mir.

„Ich habe mir die hinteren Flaschen angeschaut. Ich weiß nicht warum, doch ich fühle mich von ihnen angezogen."

Sie fragte nicht, wofür sie gut seien. Am Stand gab es nichts, was darauf hätte deuten können, denn Balance war ja, wie vorher beschrieben, gerade erst vor dem Kongreß erschienen.

„Kann ich diese haben?" fragte sie und zeigte auf eine der trüben Flaschen, die die Glasplatte stützten. Ihr Gegenstück stand wunderbar klar und hell auf der Scheibe. Ich vermutete, daß sie diese Flasche gar nicht bemerkt hatte. Da meine Ausbildung mir nicht erlaubte, etwas zu verkaufen, von dem ich glaubte, daß es keine gute Qualität habe, wies ich sie auf die klare Flasche hin. „Halten Sie sie ins Licht", sagte ich und war sicher, daß diese Flasche außer Konkurrenz wäre, wenn die Sonne hindurchschien. Doch entschuldigend sagte sie: „Wenn es Ihnen nichts ausmacht, würde ich lieber die andere nehmen."

Der Kongreß

Der Aufbau der Flaschen auf der Scheibe, die auf den trüben Flaschen lag, war für Margaret ziemlich riskant und zeitaufwendig gewesen, denn das Zelt stand auf einer leichten Neigung; die Beine unseres Tisches standen nicht sehr stabil auf dem Rasen. Ich kämpfte mit einem aufsteigenden Gefühl von Ärger, doch dies war unsere erste Kundin. Ich lächelte in mich hinein. Typisch Frau, dachte ich, denkt immer, die Ware unten im Regal sei die beste. Ich schaute zu Margaret hinüber; ihr Gesicht war ausdruckslos. Sorgfältig entfernte sie alle Flaschen und nahm die Glasplatte ab.

„Vielen Dank", sagte die Frau, „ich hatte das Gefühl, daß ich genau diese hier haben mußte; es ist, als hätte sie zu mir gesprochen."

Da es noch keinen Ansturm von Kunden gab, begleitete ich sie zum Ausgang. Ich fragte sie, ob ihr der Kongreß gefiele. Sie sah mich an. „Nun, ich hoffe." Ihre Stimme klang müde, als sie fortfuhr: „Ich gab mir alle Mühe herzukommen; ich erhole mich gerade erst von einem Zusammenbruch."

Voller Sympathie klopfte ich ihr auf die Schulter, und sie verschwand aus meinem Blickfeld.

Margaret baute den Stand wieder auf. Sechsmal an diesem Tag fragten Leute nach den trüben Flaschen und bestanden darauf, eine zu kaufen. Ich war verwirrt. Die Kunden kauften auch die Cremes und Lotionen, wie ich vermutet hatte. Aber einige schienen unwiderstehlich von den trüben Balance-Flaschen angezogen zu sein. Wenn ich gefragt wurde, wofür sie gut seien, konnte ich nur antworten, es sei ein Schönheitsöl. Das war zu dieser Zeit alles, was ich wußte. Wie ich schon sagte: Ich habe gelernt, erst zu gehorchen, und wußte, daß die Antwort sicher folgen würde. Zwar weiß ich nicht, ob wir das beurteilen können, doch ich glaube, daß Gott Sinn für Humor hat.

Anfangs gab es wenig Kundschaft, denn viele Leute kamen wohl gerade erst vom Flughafen und schauten nur kurz ins Zelt hinein. Ich wollte selbst ein wenig Sonnenschein genießen und

Das Wunder der Farbheilung

begleitete unsere Kunden zum Ausgang. Ich stellte die übliche Frage: „Gefällt Ihnen der Kongreß?"

Ich bekam folgendes heraus: Jene sechs Leute, die die trüben Flaschen gekauft hatten, waren gerade durch eine Depression oder eine emotionale Krise gegangen. So schloß ich, daß die Flaschen vielleicht auf irgendeine geheimnisvolle Weise damit in Verbindung standen oder für die Bedürfnisse der Menschen wichtig waren. Diese Vermutung erwähnte ich Margaret gegenüber, und mit ihrem praktischen Verstand antwortete sie: „Vielleicht sollten wir das alles aufschreiben. Es muß irgendeine Bedeutung haben." Am Ende dieses Tages war der kleine Vorrat an trüben Flaschen ausverkauft. Aber da immer noch Leute danach fragten, die in Hotels am Ort wohnten, boten wir an, weitere mit herzubringen.

Während der vierzehn Tage des Kongresses verkauften wir alle einhundertvierzig trüben Flaschen. So regelmäßig war die Nachfrage, daß wir den Mut bekamen, die Käufer zu fragen: „Hatten Sie in letzter Zeit emotionale Schwierigkeiten irgendwelcher Art?" Mit unfehlbarer Regelmäßigkeit war dem auch so. Na ja, dachte ich, Gott weiß, wer es am meisten braucht.

Am letzten Tag kam ein aufgeweckter junger Mann an unseren Stand. Es war gerade ein richtiges Gedrängel, denn viele kleine Wunder hatten sich gezeigt. Vier von uns bedienten pausenlos die Leute. Der junge Mann suchte sich zwei Flaschen aus, während er in der Schlange stand. Zu meiner Überraschung hatte er die letzte trübe Flasche genommen, die hundertvierzigste, sowie ihr klares Gegenstück. Er nahm sie hoch und stellte sie wieder hin. Dann ging er und schaute besorgt aus dem Zelteingang hinaus, als ob er etwas kontrolliere. Er kam zurück und war wieder unfähig, sich zu entscheiden; nahm zuerst die eine Flasche, dann die andere.

„Ich weiß nicht, eigentlich fühle ich mich zu dieser Flasche hingezogen", sagte er und zeigte auf die klare Flasche, „aber es kommt mir vor, als würde mir diese Flasche (die trübe) mehr entsprechen." Er entschied sich für die letztere.

Der Kongreß

Margaret fragte ihn freundlich: „Wie gefällt Ihnen der Kongreß?" Obwohl er so heiter wirkte, erwartete sie wohl die übliche Antwort.

„Oh, gut", sagte er, „ich finde es großartig. Ich habe mich in meinem Leben noch nie so ruhig, glücklich und erfüllt gefühlt. Ich kann endlich die Arbeit machen, nach der ich mich schon immer gesehnt habe, und sie befriedigt mich sehr."

Margaret und ich schauten uns an. „Da geht unsere Theorie dahin", sagte ich leise. Doch Margaret blieb standhaft.

„Was für eine Arbeit machen Sie?"

Der junge Mann reckte den Hals und schaute wieder hinaus, wo ein kleiner Junge geduldig wartete. „Oh, es ist alles in Ordnung, er ist noch da", murmelte er und sagte zu uns: „Ich arbeite mit geistig zurückgebliebenen Kindern."

Die Flaschen hatten gesprochen.

* * *

Der Kongreß lief nun auf vollen Touren. Die täglich zweitausend Besucher ergaben einen wirklich kosmopolitischen Querschnitt durch die Gesellschaft. Einige Gruppen wurden von Übersetzern begleitet, denn viele Besucher sprachen kaum ein Wort Englisch. Unnötig zu erwähnen, daß dies zu einigen Verständigungsproblemen führte.

Unser Stand war meistens von Frauen umringt, die von den Farben und der Schönheit der Flaschen angelockt wurden. Ich nahm eine große Gestalt wahr (die Größe vermutete ich aufgrund der Aurafarben, die weit über den anderen schimmerten). Ich spürte Konzentration und daß es ein Mann war. Er blieb einige Minuten stehen und schaute sich irgend etwas an. Dann verschwand er durch den Zelteingang. Bald kam er zur gleichen Stelle zurück und versank in Gedanken. Dieses kleine Schauspiel beobachtete ich noch mindestens dreimal vor der Mittagszeit.

Die Mittagspause kam, und wir teilten uns auf. Da der Stand

Das Wunder der Farbheilung

nicht unbeaufsichtigt bleiben konnte, blieb ich erst einmal da. Plötzlich türmte sich eine große Gestalt neben mir auf. Die Aura war mir bekannt. Es war wieder jener Mann.

„Ich hätte gerne diese Flasche dort, die blaue", sagte er. „Wieviel macht das?"

Ich antwortete, er bezahlte und steckte die Flasche in seine Jackentasche. Ich war verblüfft und verwirrt, denn er stellte keine weiteren Fragen. Deshalb fragte ich: „Möchten Sie, daß ich Ihnen sage, wie man das Öl benutzt?"

„Nicht nötig", sagte er, „ich weiß genau, was ich damit tun werde."

Er machte Anstalten zu gehen. Aber jetzt war ich nicht nur verwirrt, sondern auch ein wenig eingeschnappt. Er hatte schließlich mein wunderschönes „Baby" gekauft, und ich wollte doch wissen, was damit geschehen sollte. Er sah wohl meinen Gesichtsausdruck und lachte laut heraus. Alle Menschen, denen ich bisher auf dem Kongreß begegnet war, waren reizend gewesen, und auch dieser Mann war keine Ausnahme. Später erfuhr ich, daß er Vertreter für eine große Versicherungsfirma war, die ihren Stand am anderen Ende des Zeltes hatte.

„In Ordnung, ich erzähle es Ihnen", sagte er. „Den ganzen Vormittag hatte ich mit schwierigen Fragen zu tun, mit Übersetzern und dergleichen. Ich merkte, daß ich eine Pause machen mußte, wenn mir der Kopf nicht explodieren sollte. Als ich an Ihrem Stand und den schnatternden Frauen vorbeiging, zog etwas im Hintergrund des Standes meinen Blick auf sich (er meinte die blaue Balance-Flasche). Ich fühlte mich beinahe persönlich davon angesprochen. Verrückt, was? Aber als ich so da stand, kam ein friedvolles Gefühl über mich. Dann ging ich hinaus. Als ich zurückkam, passierte das gleiche wieder. Ich ging zu meinem Stand zurück und war wieder in derselben Situation wie vorher, aber ich war etwas ruhiger. Ich machte eine Beratung und konnte ein Geschäft abschließen. Doch der Friede hielt nicht lange an, und bald spürte ich wieder die Be-

Der Kongreß

lastung. Ich floh hierher – dieselbe Flasche, dieselbe Faszination, dieselbe Wirkung. Nach der dritten Runde dachte ich: Wenn diese Frauen weg sind, gehe ich die Flasche kaufen. Und wissen Sie, was ich damit machen werde? Ich stelle sie auf meinen Tisch am Stand und schaue sie einfach an. Dann nehme ich sie mit nach Hause nach Kanada, wo sie auf meinem Schreibtisch einen Platz bekommen wird."

Das war das erste ausgesprochene Zeugnis über die visuelltherapeutischen Eigenschaften der blauen Balance-Flasche, die später als „Friedens"-Flasche bekannt werden sollte.

Das Kongreßgelände war ein gutes Stück vom Stadtzentrum entfernt, was es den Leuten schwermachte, Geschäfte zu besuchen. Deshalb nahmen sie alles in Anspruch, was auf dem Kongreß angeboten wurde, und unser kleiner Stand war keine Ausnahme. Empfehlungen hatten sich herumgesprochen; wir wurden zum Mittelpunkt für Hilfesuchende. Diese Menschen waren alle sehr spirituell, viele auf hoher Ebene, und sie glaubten an natürliches Heilen.

Eine Frau, die hinter mir stand, sandte Signale von Erregung und Liebe aus, die wie Strahlen in meinen Nacken drangen. Ich drehte mich um und sah sie an. Sie nahm meine Hand und hielt sie, als ob sie sie niemals wieder loslassen wollte. Mit aufrichtiger Stimme sagte sie: „Ich bin so dankbar für Ihre Hilfe!"

Ich fragte mich, was wohl als nächstes kommen würde. „Vielen Dank, daß Sie mich geheilt haben."

Sie hatte schon seit einiger Zeit eine Zyste an einem Auge gehabt. Langsam war sie weiter gewachsen, bis sie das Öffnen des Lides behinderte. Wegen der Position am Auge hatte die Frau Angst, sich operieren zu lassen. Sie erzählte, daß sie das „Rescue"*-Öl (das zu dieser Zeit noch ohne Namen war) erworben und es lediglich als Hautpflege benutzt hatte, so wie es in der Broschüre stand. Am vierten Tag war die Zyste aufge-

---

* Engl. „to rescue" (ausgesprochen „reskju"), retten, d.h. Rettungs- oder Notfallflasche.

Das Wunder der Farbheilung

heimnisvolle Weise verschwunden. Ich war nicht sicher, ob sie diese Heilung mir zuschrieb, dem Öl oder uns beiden. Aber natürlich habe ich mich sehr für sie gefreut. Für den Rest der beiden Wochen besuchte sie uns oft und bestand darauf zu helfen, wo sie nur konnte. Ihre Dankbarkeit hatte keine Grenzen. Ein Mann fragte mich: „Können Sie mir etwas gegen Impotenz empfehlen?" Er fühlte sich sehr zu dem rot-goldenen Öl hingezogen. Am Ende ging er mit dreißig Flaschen weg, die ihm wohl viel Freude bereitet haben.

Meine nächste Besucherin kam mit einem anderen Problem. Sie hatte einen schlimmen Abszeß von der Größe eines Golfballs am Po. Zu Margarets Amüsement mußte ich mit ihr in den hinteren Teil des Zeltes gehen und „einen Blick" auf den Abszeß werfen (leicht gesagt bei meiner physischen Sehschwäche). Aber die Leute waren mittlerweile überzeugt, daß ich eine innere Schau besäße, und das war es, was sie suchten. Aus orthodoxer medizinischer Sicht hätte der Abszeß nach Größe und Wärmeausstrahlung sofort aufgestochen und mit Antibiotika behandelt werden müssen. Die Frau war krank und fiebrig. Während ich sie einsalbte, fühlte ich mich zur blau-violetten Rescue-Flasche hingezogen. Sanft rieb ich das Öl in den Abszeß ein und hielt meine Hände ein wenig darauf, damit es einziehen konnte. Ich gab ihr die Flasche. „Tragen Sie später noch etwas Öl auf", sagte ich und dachte, daß es etwas lindern würde, bis sie ärztliche Hilfe bekäme. Diese Flasche habe ich nicht berechnet, ich schenkte sie ihr mit Liebe.

Am nächsten Tag kam ein Mädchen und dankte mir für das Wunder bei ihrer Mutter. „Der Abszeß brach letzte Nacht auf. Wir spülten und reinigten die Wunde und gaben ihr heilendes Öl darauf. Meine Mutter ist so dankbar." Dann fügte sie hinzu: „Können Sie mich heilen?"

Ich fragte mich allmählich, worum es wohl ging. Schrieb man mir all diese Vorfälle zu oder dem Öl? Ich war nicht sicher. Aber als dann Leute das Rescue-Öl später von anderen

84

Der Kongreß

kauften und die Wunder sich fortsetzten, lösten sich meine Zweifel.

Von da an waren wir überströmt von Menschen, die zurückkamen, um uns zu danken. Unverlangt erhielten wir ihre Berichte. Migräne verschwand, nachdem das Rescue-Öl aufgetragen wurde; Hexenschuß wurde gelindert, und Rücken, die sich monatelang in Schmerzen gekrümmt hatten, richteten sich wieder auf, nachdem das Gold-Gold-Öl benutzt wurde. Meine liebe Laura war schwer gestürzt und für kurze Zeit bewußtlos. Alles, woran wir denken konnten, war die Gelb-über-Gold-Balance-Flasche, die auch bewundernswert half. Das goldene Öl hatte einen doppelten Vorteil: Einige Besucher aus Übersee litten aufgrund der Nahrungsumstellung an Verdauungsproblemen, die ebenfalls beseitigt wurden. Die Liste wurde jeden Tag länger und erstaunlicher.

Margaret und ich sprachen darüber. Wir waren verblüfft und konnten kaum glauben, was wir hörten. Ich war sozusagen ausgegangen, um eine Lampe anzuzünden, und hatte dabei ganz London erhellt. Das wahre Wunder ist meiner Meinung nach, daß ich niemals ein Buch über Farbtherapie gelesen noch die Regeln der Farbkomposition studiert hatte. Alles war geschehen, als hätten andere Hände die meinen geführt. Für die Medien und die Menschen, die „messen" müssen*, wäre es leichter zu akzeptieren, wenn ich behaupten könnte, Jahre der Forschung hinter mir zu haben. Aber tatsächlich wurde ich an den Punkt zurückgeführt, an dem Gott sagte: „Es werde Licht"; und es ward Licht; und Licht war die Lebenskraft und der Ursprung der Lebensenergien; und dort forschte ich und betrat, mich erinnernd, die geheimnisvolle, magische Welt der Farben in Gottes großem Garten.

---

* Engl.: „One who must measure" ist einer von Vickys Lieblingsausdrücken, der Menschen bezeichnet, die besonders stark von rationalem Denken beeinflußt sind.

Operation „Senkrechtstart"

Das Unternehmen „Lincoln Fraser Products" hatte seinen Zweck erfüllt. Es war die Ouvertüre zum Hauptthema „Aura-Soma-Balance" und seiner Heilungsmission gewesen.

Der Name „Aura-Soma" hatte sich mir in einer Meditation offenbart. „Aura" kommt aus dem Altgriechischen und steht für Aurora, die Göttin der Morgenröte. „Soma" heißt im Griechischen „Wesen" und im Sanskrit „lebendige Energien". Aura-Soma bedeutet also „das Licht, in lebendigen Energien manifestiert".

Angebote für finanzielle Unterstützung trafen ein. Werbeagenturen kamen auf uns zu. Selbst ein weltbekannter Kosmetikhersteller zeigte Interesse, uns zu unterstützen. Ich lehnte alle Angebote ab. „Nein, danke", sagte ich, „Gott ist mein Bankier!" und war sicher, daß Gott lächelte. Der große Test begann.

Als uns klar wurde, daß wir mit Balance ein Potential besaßen, das wir nie erträumt hatten, sprachen wir vier eingehend darüber. Meine visionäre Laura und ich wußten sehr wohl, daß das uns Gegebene kein Zufall war und eine Tiefe besaß, die weit über unser menschliches Begriffsvermögen hinausging. Laura und ich waren nicht in Gefahr, der Versuchung finanzieller Angebote zu erliegen. Ich war unerbittlich. Blind hatte ich der göttlichen Hand gehorcht, die mich inspirierte und in der Zeit zurückführte. Sie sollte mich nun buchstäblich im Glauben vorwärts geleiten. Es war gleichbedeutend mit einer Mission. Nichts hätte mich veranlassen können, Balance zu einer bloßen Kosmetik zu machen. Die reine Schönheit der Öle war nur ein sichtbares Anziehungsmittel, das „Schau-

Das Wunder der Farbheilung

fenster Gottes", und alle, die hineinsahen, würden einen Spiegel ihres eigenen Selbst und seiner Bedürfnisse auf vielen Ebenen finden.

Anfragen nach Konzessionen kamen aus aller Welt und wurden abgelehnt. Eine Frau, die sich von den vor ihr ausgebreiteten farbigen „Juwelen" angezogen fühlte, kam auf mich zu.

„Sie müssen das auf den Markt bringen!" rief sie. „Es ist das erste seiner Art. Man muß nur richtig inserieren. Ich würde das gern für Sie machen." Ihr Gesicht war von einer Ausstrahlung belebt, die die funkelnden Farben, die sie anschaute, zu reflektieren schien. Sie war mir sympathisch.

„Werbung ist mein Geschäft", fuhr sie fort, „aber ich fühle mich persönlich hiervon angezogen."

Zwar war ich von dem Wort „Geschäft" etwas irritiert, doch bemerkte ich die offensichtliche Freude der Frau. Wir waren mitten im Abbau des Standes und hatten keine Zeit mehr für weitere Gespräche. Kurz vor unserer Abfahrt kam sie noch einmal vorbei und fragte: „Können wir darüber sprechen?"

Ich bejahte, und Margaret vereinbarte einen Termin mit ihr.

Wir hatten uns über die Zukunft noch keine Gedanken gemacht. Alles war so rasch gekommen, so unerwartet. Aber eines war mir klar: Bevor mir Gott nicht die wahre Bestimmung dieser geheimnisvollen, magischen Öle offenbart hatte, würde ein Verkauf aus kommerziellem Interesse nicht stattfinden. Margaret und ich hatten unser Kapital (aus dem Verkauf von Kings Ransom und unsere Lebensersparnisse) bei einem Freund investiert und uns so, wie wir glaubten, Zinsen gesichert, von denen wir gut leben konnten. Wir hatten weder das Verlangen noch den Ehrgeiz, in die Welt des Handels einzutreten. Zur Förderung dieses kleinen Wunders schien der finanzielle Aspekt keinerlei Bedeutung zu haben, außer daß er vielleicht den wahren Zweck von Balance erfüllen helfen konnte. Sicher in diesem Wissen, waren wir bereit, Balance fortzuführen, mit was immer sich bieten würde.

Operation „Senkrechtstart"

Nach wie vor kamen Berichte von Heilungen auf körperlicher, mentaler und seelischer Ebene. Merkwürdige Dinge geschahen in mir. Während meines ganzen Lebens war ich mir bewußt gewesen, daß ich innere Schau, Vorauswissen, gepaart mit Intuition und unerklärlichen Gefühlen, besaß. Es hatte auch ungewollte Spontanheilungen gegeben. Aber all das verstärkte sich jetzt tausendfach. Farben, Klänge, Wahrnehmungen erschienen mir jetzt mit messerscharfer Klarheit, jenseits normaler Wahrnehmung. Es war, als beinhalte Balance einen Auslösemechanismus, der die strömenden Lebensenergien aus sich selbst heraus umwandeln, übertragen und auf eine höhere Ebene des Bewußtseins bringen würde.

„Gott ist mein Bankier." Im Geiste hörte ich noch das Echo meiner Worte. Ich schaute Margaret an. Gerade hatten wir erfahren, daß unser Kapital verloren war; nicht auf einen Penny konnten wir hoffen. Blind, im Ruhestand und Mitte Sechzig, fühlte ich mich fern von jeglichem Optimismus. Gott sei Dank waren wir schon in die Wohnung meiner treuen Phyllis gezogen. Zumindest waren wir nicht obdachlos. Vor dem Zusammenbruch hatten wir freigebig Geld für Komfort und Einrichtung ausgegeben. Gott nahm mich offensichtlich beim Wort und prüfte meinen Glauben. In dieser Nacht fragte ich in der Meditation: „Wohin gehen wir jetzt?" Das Kind meiner Inspiration war geboren und wurde zum Retter so vieler Menschen, und wir konnten uns nicht einmal mehr seine Windeln leisten.

Am nächsten Tag kam die Werbefrau. Ich schaute in ihr leuchtendes Gesicht. Die Begeisterung war immer noch da. „Ich habe es benutzt", sagte sie, „es ist wunderbar. Ich fühle mich inspiriert und zentriert, als hätte ich eine neue Richtung gefunden. Ich habe darüber nachgedacht, na, eigentlich davon geträumt." Sie lachte. „Nun weiß ich, in welche Magazine, zumindest in eines oder zwei, ich es hineinbringen könnte." Sie machte eine Pause. „Ich weiß zwar, daß es mehr kosten wird, aber es muß in Farbe sein."

Das Wunder der Farbheilung

Das Wort „kosten" schmerzte. Für kurze Zeit hatte ich gedacht, diese Frau und ihr Angebot wären Gottes Antwort auf meine in Meditation gestellte Bitte um Hilfe. „Kosten" hatte ich aber nicht erwähnt. Da wir niemals in kaufmännischer Weise darüber nachgedacht hatten, war mir auch nicht in den Sinn gekommen, daß Anzeigen Geld kosten. Den kürzlichen finanziellen Schock im Sinn, rüttelte mich das Gespräch über Geld auf. Irgendwo in meinem Kopf flackerte ein Gedanke auf. Vielleicht konnten wir mit dem Verkauf privater Besitztümer einige hundert Pfund zusammenbringen. Die Wichtigkeit von Inseraten war uns wohl bewußt. Der biblische Ruf: „Woher sollen sie es wissen, wenn es ihnen keiner sagt?" war in mein Bewußtsein geprägt. Es war unsere Mission. Sie mußte erfüllt werden.

„Über wieviel Geld sprechen wir?" fragte ich leise. „Wird es sehr kostspielig werden?"

„O nein", sagte sie, „siebentausend Pfund sollten reichen." Sie nippte glücklich an ihrem Tee. Ich würgte an meinem.

„Na, Liebes", sagte ich, „wir haben noch nicht einmal siebentausend Pence, deshalb fürchte ich, wir müssen im Moment darauf verzichten. Vielleicht ein anderes Mal."

Mit ihrem Abschied am späten Nachmittag verschwand auch das Leuchten aus unserem Haus. Ich muß zugeben, daß mir Gottes Sinn für Humor nicht mehr ganz klar war. Inserate mußten wir wohl vergessen.

Auf Rat eines Freundes luden wir Simon Martin vom *Journal für Alternative Medizin* ein, um zu sehen, ob wir sein Interesse an den heilenden Eigenschaften von Balance wecken könnten. Ich war fest entschlossen, daß diese nicht verlorengehen, daß Balance nicht als einfache Kosmetik enden sollte. Das Telefon klingelte, Simon war am Apparat. Ja, er würde gerne kommen, hätte aber erst am Sonntag Zeit. „In Ordnung", sagten wir erfreut. War dies die Antwort auf unser Gebet?

Am Sonntagvormittag gaben wir unser Bestes und bereiteten den Essenstisch vor. Ein gemütliches Feuer brannte im Kamin. Es war Anfang Januar. Ein schneidender Ostwind blies über

Operation „Senkrechtstart"

Gold Hill hinweg. Das Telefon klingelte, es war wieder Simon. Ob er eine Freundin mitbringen dürfe? Natürlich! Schnell deckten wir noch einen Platz.

Als es endlich an der Tür klingelte, pochte mein Herz. „Bitte, lieber Gott, laß alles gut werden und gib uns Inspiration. Es bedeutet so viel!" Als Margaret die Tür öffnete, blies der Wind die beiden Londoner fast in den Flur. Sie waren die Kälte auf dem Land nicht gewohnt und zitterten.

Oben war es warm, der Tisch einladend, aber ich spürte intuitiv, daß ich in keinem der beiden eine Resonanz wecken konnte. Mein Herz sank. Worte, Worte, alle schienen leer zu sein; wir erreichten nichts. Unten im Gartenzimmer, wo Balance geboren worden war, standen die Flaschen in ihrer ganzen Schönheit und warteten. Diesen Raum zu erreichen bedeutete, noch einmal durch die Kälte gehen zu müssen. Als die Besucher eintraten, zitterten sie wieder. Ich war am Verzweifeln. Es würde reine Zeitverschwendung sein.

Plötzlich fühlte ich eine Veränderung in Simons Freundin. Sie berührte die Flaschen, als wäre sie gegen ihren Willen von ihnen angezogen, und schien unfähig, den Blick von ihnen abzuwenden. Es war, als sei sie von einem unwiderstehlichen Impuls bewegt. Ihre Fragen waren abrupt und eindringlich. Ich fing an, mit ihr zu sprechen. Wir unterhielten uns nun über mein „geliebtes Kind". Die Informationen strömten aus mir heraus. Es war reine Liebe, die sprach. Daß sie nur eine interessierte Beobachterin war, beeinträchtigte meinen Enthusiasmus und meine Mitteilungsfreude nicht im geringsten. Simon schien nicht berührt zu sein.

Wir begleiteten sie zur Tür. Simon bemerkte unsere Enttäuschung. Cheryl, seine Freundin, drehte sich plötzlich um und küßte uns. Diese Wärme überraschte mich, obgleich ich von einer Beziehung zwischen uns in einem früheren Leben wußte. Mein Herz hob sich. Das hatte jedoch nichts mit dem Grund ihres Kommens zu tun, es war die Freude am zwischenmenschlichen Kontakt.

Das Wunder der Farbheilung

Unsere Begegnung schien ohne Resultat zu bleiben. Nach Simons Reaktionen hatten Margaret und ich wenig Hoffnung auf einen kostenlosen Bericht.

Ein paar Tage später war Margaret dabei, die Vormittagspost zu lesen. Der letzte Brief im Stapel ließ uns aufrecht sitzen. Es war ein warmer Dankesbrief, der sich nicht nur auf die Gastfreundschaft bezog, sondern auch auf die Schönheit der Information, die wir mitgeteilt hätten.

„Ich würde gern einen Artikel über Sie und Balance für *Here's Health* schreiben. Wäre es möglich, einen Fotografen vorbeizuschicken, der Farbfotos macht?" Der Brief war unterzeichnet mit Cheryl Isaacson. Unsere Herzen sangen; wir hatten in der Tat Engel zu Gast gehabt und es nicht bemerkt.

Der Fotograf kam pünktlich. Es war ein professioneller junger Mann, der zu unserem großen Interesse Ausrüstungsgegenstände herbeizauberte wie Taschentücher aus einem Zylinder. Helle Schirme kamen hervor, merkwürdige Apparate hingen hier und da, einige, um Licht abzuhalten, andere, um Licht zu spenden. Es war eine komplizierte Angelegenheit. Meine schönen Balance-Flaschen winkten und blinkten dem Fotografen nur so zu, als er sie aufnahm.

Ein weiterer Brief erreichte uns. Der Artikel würde in drei Monaten veröffentlicht werden. Das schien uns eine sehr lange Zeit zu sein.

Unmittelbar nach Cheryl und ihrem Artikel in *Here's Health* kam wieder ein Anruf. Es war die brillante Journalistin und Autorin Leslie Kenton von *Harpers and Queen*. Ob sie uns am Sonntag besuchen dürfe. Sage noch einmal jemand „Sonntags nie"! Es schien, als würde bei uns alles sonntags passieren.

Ich antwortete: „Wir wären hocherfreut!" Ob es uns etwas ausmache, wenn sie einen Freund und ihren kleinen Sohn mitbrächte. Das Programm war vorgezeichnet: ein Abendessen und ein Feuer zum Willkommen. Ich betete still, daß auch ein anderes Feuer entfacht würde.

Operation „Senkrechtstart"

Nachdem wir unser Mahl beendet hatten, gingen wir hinunter ins Gartenzimmer. Vom Moment unseres Eintretens an existierte kein Widerstand mehr. Fasziniert und angezogen durch inneres Wissen aus früherem Bewußtsein, wählte sie ihre Flaschen und bestätigte mir, was ich längst in ihr gesehen hatte. Sie war bereit, sich auf einen Artikel über die Auseinandersetzung mit Farben einzulassen, obwohl dies für sie ein völlig fremdes Thema war.

Balance war wirklich das erste seiner Art, erstaunlich schön und, wie Leslie sagte, den Juwelen in Märchen ähnlich. Ihr Sohn Aaron, der sehr intelligent war, schien genauso von ihnen angezogen zu sein. Sicher war er ein Junge, der später viel Farbe in das Leben anderer bringen würde.

Meine aurische Vision wanderte hinüber zu Leslies Freund im Hintergrund. Ich hatte seine Aura sofort erkannt, und Erinnerungen aus der Vergangenheit blitzten auf. Er war in der Tat eine große Seele. Ich kam zurück in die gegenwärtige Situation. Als Leslie ging, nahm sie einige der „Juwelen" mit sich nach Hause.

Leslie schrieb uns, daß sie einen Artikel über uns verfassen wolle. Er sollte auch in drei Monaten veröffentlicht werden. Margaret und ich sahen uns an. Heia-ho, dachte ich, dies ist wahrlich ein Senkrechtstart.

Der Fotograf von *Here's Health*, der uns so viel Freude bereitet hatte, kam manchmal vorbei, wenn er bei einem Klienten in der Nähe zu tun hatte. Wir hatten ihn eingeladen, jederzeit auf eine Tasse Tee hereinzuschauen. Als wir uns nach unserer Angelegenheit erkundigten, sagte er: „Ich glaube, Cheryl erweist Ihnen eine große Ehre. Sie bekommen eine volle Doppelseite, ganz in Farbe." Er grinste. „Eine Anzeige in dieser Größe hätte Sie ganz schön etwas gekostet."

„Oh, wieviel glauben Sie?" fragte ich.

„Etwa siebentausend Pfund", antwortete er.

Ich holte tief Luft und schaute zu Margaret hinüber. Derselbe Gedanke kam uns in den Sinn – siebentausend Pfund, der

Das Wunder der Farbheilung

unerreichbare Betrag, den uns die Werbefachfrau genannt hatte. Und zudem hatten wir noch einen Extrabonus bekommen: einen Artikel in *Harpers and Queen*. Gott war wirklich großzügig!

Olympia

Die „Body, Mind and Spirit"-Ausstellung im Sommer 1984 im Olympia-Center in London war die erste wirklich große Messe, auf der wir einen Stand hatten.

Die Flaschen leuchteten unter den Lampen und strahlten ihre Botschaft der Zukunftsverheißung aus. Plötzlich war ich von so vielen Leuten umringt, daß sie mich fast einengten. Im stillen schaute ich in die Gesichter sehr alter Seelen und Freunde. Seelen, die ich während verschiedener Inkarnationen begleitet hatte, die ich gelehrt und von denen ich gelernt hatte. Ich reiste durch die Zeit zurück in die Zeitlosigkeit, als Gott am Anfang sagte: „Es werde Licht." Und es ward Licht, und mit dem Licht kam das Leben. Durch das Prisma des Lebens offenbarte sich das Spektrum der Farben. Jede Facette mit ihrer eigenen spezifischen Wellenlänge, Schwingung und Heileigenschaft.

So viele von uns kannten die Peitsche auf dem Rücken, die Flammen unter den Fußsohlen und das Schwert an der Kehle. Seit meinem achten Geburtstag, dem Tag voll Hohn und Spott, an dem ich begann, mein Geheimnis zu verbergen, hatte ich mich dagegen gewehrt, über solche Dinge zu sprechen. Das war nun sechzig Jahre her. Die Worte meines Vaters klangen mir in den Ohren: „Der Tag wird kommen, an dem es dir möglich sein wird, aufzustehen und über diese Gabe zu sprechen." Es war nicht nur eine Zeit der Öffnung, des Erklärens und Wiedererkennens, sondern auch der vollen Bewußtheit über den wahren Zweck der inspirierten farbigen Öle. Mit dem Verlust des physischen Sehvermögens war ein gewaltiges Ein-

Das Wunder der Farbheilung

strömen innerer Schau einhergegangen. Die Auren, die ich ja schon immer sehen konnte, sah ich jetzt mit einer Klarheit, die es mir ermöglichte, durch die „Fenster" der Seele zu schauen, indem ich die Schleier des Bewußtseins beiseite schob, um alle Aspekte eines Menschen sowie all seine Bedürfnisse zu erfassen. Es war eigenartig, aufregend und störend. Ich war nun vollkommen Dienerin des Höheren Selbst, das mich führte und durch mich arbeitete. Mein Niederes Selbst war völlig leer.

Meine liebe Laura mit ihrer tiefen inneren Schau hatte damals, ganz am Anfang, gesagt: „Es gibt einen Sinn weit über unserem Verständnis, der ganz anders ist als das, was wir im Moment wahrnehmen." In vielerlei Hinsicht könnte man sagen, daß sie das Instrument eines „göttlichen Impulses" gewesen war. Alle ihre Vorhersagen hatten sich als wahr erwiesen, und ihre Unterstützung, ihr Glaube und Ansporn sowie ihr neidloses Naturell waren eine wahre Kraftquelle für mich.

Viele Seelen pulsierten und vibrierten an unserem Stand. Es war wahrhaftig eine Zeit der Neugeburt. Mir kam in den Sinn, daß ein großer Lehrer einmal gesagt hatte: „Bevor ein Mensch nicht wiedergeboren wurde, kann er nicht in das Himmelreich eingehen."

Tränen der Erleichterung und des Wiederfindens wurden an meinem kleinen Tisch vergossen. Aus allen vier Ecken der Welt kamen die Menschen; nicht zufällig, sondern gerufen. Eine mächtige Armee, gesandt und bevollmächtigt, das Neue Zeitalter zu bringen; in der Vergangenheit vorbereitet für die Gegenwart.

Eine kleine Windstille an meinem Tisch, da hörte ich die Stimme einer jungen Frau: „Ich komme von ... (einer Zeitschrift). Sprechen Sie über Farben und deren Wirkung auf Menschen?"

„Das tue ich."

Sie fuhr fort: „Ich habe nur noch wenig Band übrig, würden Sie bitte so knapp wie möglich antworten?"

Olympia

Mit Interesse beobachtete ich die Aura vor mir, ihr Flackern und das tiefe Braun an ihrem Rand. Ich konnte ihren Unglauben sehen.

Die schneidende Stimme fuhr fort: „Sie sagen, daß Farben eine Wirkung auf Menschen haben. Ich trage Blau, was tut es für mich?" Sie hielt ihr Mikrofon direkt vor mein Gesicht. Nicht viel, dachte ich und war versucht, es auszusprechen. „Es sollte Ihnen den Frieden geben, den Sie offensichtlich so dringend brauchen", sagte ich. „Ohne Zweifel machen Ihr Beruf und das Tempo, in dem Sie arbeiten, das sehr schwierig."

Offenbar war das nicht die Antwort, die sie hören wollte. Die Stimme beeilte sich weiter: „Na gut, angenommen, ich trage Grün, was dann?"

„Grün", antwortete ich und unterdrückte einen Seufzer, „hilft, Entscheidungen zu fällen, gleicht aus, gibt einer Person die Möglichkeit, den Raum zu finden, den sie braucht. Ich nenne sie meine ‚Umarme-einen-Baum'-Farbe."

Das Mikrofon wurde schnell weggezogen. „Vielen Dank", sagte sie und ging weiter. Niemals habe ich irgend etwas von diesem Interview gehört, noch hätte ich es mir gewünscht. Ich zog aus der Tasche meinen „Pomander", die Essenz von Aura-Soma (S. 205ff), und mit Armbewegungen, die mittlerweile international bekannt sind, reinigte ich die Luft um mich. Ich fügte noch zwei weitere Tropfen auf meine Handflächen hinzu und streckte sie zum Geschenk an das Sichtbare und Unsichtbare aus, reinigte die Schwingungen um mich herum und schützte meine Aura vor Energieverlust durch falsche Elemente.

Der Taschen-Pomander sollte von allen, die sich dem Neuen Zeitalter und der Heilung von Menschen verschrieben haben, noch sehr geliebt werden. Er erwies sich auf der Ausstellung als unschätzbar. Wir waren sehr froh, als wir hörten, daß die Atmosphäre in der Ausstellungshalle in diesem Jahr sehr viel heller gewesen sei.

Während des Mittagessens kam eine lächelnde Laura auf mich zu. Es war seit dem Morgen die erste Gelegenheit für uns,

Das Wunder der Farbheilung

miteinander zu sprechen. Von der Presse oder von Leuten, die um ein persönliches Gespräch gebeten hatten, war ich die ganze Zeit an meinem Tisch festgehalten worden. So war es mir noch nicht möglich gewesen, unseren Stand, an dem Margaret, Laura und andere Leute arbeiteten, zu besuchen und zu schauen, was dort so vor sich ging.

„Vicky, ich muß dir etwas erzählen; es wird dich interessieren", sagte Laura. „Vor der Stelle, an der wir die Flaschen im Regenbogen-Spektrum aufgestellt haben, bemerkte ich einen Mann. Er hielt ihnen ein paar Sekunden lang seine Hände entgegen. Ich ging nicht auf ihn zu, und er entfernte sich. Das geschah ein paarmal, und ich wurde neugierig. Ich dachte, daß er sich vielleicht für unsere Informationen interessierte, aber nicht fragen wollte. So sprach ich ihn vorsichtig an und fragte, ob ich helfen könne. ‚Nein danke, meine Liebe', sagte er, ‚ich regeneriere mich hier nur, wenn ich es nötig habe.'"

Laura fügte hinzu: „Er ist einer der Geistheiler vom Nachbarstand. Sie fördern zwar nicht unseren Verkauf, aber sie leisten wundervolle Arbeit. Ich freue mich sehr, daß wir eine Rolle bei ihren Heilungen spielen."

Langsam dämmerte uns, daß die visuell sichtbaren Farben und andere Vibrationen, die von den Flaschen ausgingen, eine erholsame, wiederherstellende Kraft hatten. Tatsächlich haben Freunde, die mich schon seit Jahren kennen, meine „Verjüngung" bemerkt, die ich seit dem Umgang mit Aura-Soma erfuhr.

Ich hörte eine andere Stimme zu mir sprechen. Sie war geistig lebendig, warm, aufgeregt und mit einem Akzent, den ich schwer einordnen konnte. Die Augen, Fenster der Seele, waren leuchtend und verrieten mir eine tiefe innere Wahrnehmung.

„Würden Sie mir bitte die volle Bedeutung dessen, was Sie hier machen, erklären und mir sagen, worum es geht?"

Diesmal kein knappes Tonband! Hier war eine verwandte Seele, und ungeachtet der Menschenmenge um uns nahm ich

Olympia

mir Zeit für sie. Eifrig wurde jedes Wort aufgenommen und hier und da eine angemessene Frage gestellt. Es war reine Freude. Wir waren erst eine halbe Stunde später fertig. Der junge Mann bat um Erlaubnis, ein Farbfoto von den Ölen machen zu dürfen. Diesmal hatte er jedoch nur einen Schwarzweißfilm dabei. Aber am nächsten Tag kam er wieder, und wir arrangierten den Stand so, daß wir den juwelengleichen Flaschen gerecht wurden.

Die Farbfotos sahen wir sechs Monate später in dem dänischen Magazin *Nyt Aspekt*. Steen, der junge Mann, der mich interviewte, hatte sie wirklich wunderschön und sensibel gemacht. Der Artikel war natürlich in Dänisch, und es quälte uns sehr, daß wir ihn nicht verstanden. Wir mußten warten, bis er uns übersetzt wurde. Bevor Steen den Stand verließ, lud er uns ein, im nächsten Jahr in Kopenhagen auszustellen.

Zwei Wochen nach „Olympia" errichteten wir unseren Stand auf der „Ausstellung für Alternative Medizin" in Kensington. Dies war ein noch weitläufigeres Feld. Therapeuten aller Richtungen umringten uns bald. Sie wurden angezogen, als würde vom Aura-Soma-Stand eine magnetische Kraft ausgehen. Es waren hingebungsvolle „Arbeiter des Neuen Zeitalters", die völlig in der ganzheitlichen Art der uralten Heilkünste aufgingen. Hypnotherapeuten, Akupunkteure, Radionik-Experten, Reflexzonen- und Aromatherapeuten und viele andere mehr. Gelegentlich gab es auch Nachfragen von Schulmedizinern oder interessierten Krankenschwestern.

Dieses Mal waren die gestellten Fragen weitreichender und tiefer. Diese Menschen interessierte die Struktur von Aura-Soma, seine Wirkung auf das Physische sowie auf das Mentale und Geistige. Ich sprach plötzlich über eine Theorie, die bisher nur in meinem Bewußtsein enthalten war. Langsam fügte sich alles zusammen, und ich empfing ein vollständiges Konzept. Die Schleusentore der Erinnerung hatten sich geöffnet, und die Worte begannen zu fließen. Wieder einmal war ich Lehrerin, lebte diese Rolle neu, erinnerte mich wieder. Notizen

Das Wunder der Farbheilung

wurden gemacht, Fragen gestellt. Alle Anwesenden reagierten auf etwas, das keine Alternative war zu dem, womit sie arbeiteten, sondern eine aufregende Ergänzung, die ihnen eine Erweiterung ihres eigenen Gebietes ermöglichte. Es wurde ihnen klar, daß es sich bei Aura-Soma nicht einfach um eine Farbtherapie handelt, die von den heilenden Schwingungen der Farben abhängig ist, sondern ein kraftvolles, wieder zum Leben erwecktes altes Konzept, das die uralte Alchemie der Arzneimittelkunde enthält, in dem die Geheimnisse der Felder und Wälder stecken – die Kräuter, die Blumen und die Harze.

Ein großer, dunkelhaariger junger Mann fragte: „Ich möchte gern mehr über Aura-Soma wissen. Wann halten Sie ein Seminar?" Da wurde mir bewußt, daß umfassenderes Lehren notwendig war. Darüber gab es keinen Zweifel. Am Ende der Ausstellung waren wir überschwemmt mit Namen und Anschriften aus dem ganzen Land.

Die auf dieser Ausstellung geborenen Seminare wurden später über Großbritannien hinaus in Europa und in der Neuen Welt gehalten.

Kopenhagen

Nach vielen weiteren Ausstellungen fuhren wir im November 1985 nach Kopenhagen, wo die „Body, Mind and Spirit"-Ausstellung diesmal stattfand. Dies war unsere erste große Unternehmung im Ausland, und es galt viele Hindernisse zu überwinden. Da war der Zoll mit den endlosen Auflistungen und dem Ausfüllen von Formularen. Der Transport der Öle und des Ausstellungsstandes über Land und See mußte arrangiert werden. Margaret und ich nahmen ein Flugzeug, da eine Seereise für mich nicht in Frage kam. Es war schwierig, die Zeit für die Organisation der Reise zu erübrigen, denn wir waren auch sonst sehr in Anspruch genommen. Ich fragte mich, ob wir die Probleme jemals bewältigen und ob wir jemals dort ankommen würden. Doch die Richtung war uns gewiesen. In Meditation wurde mir gesagt, was ich zu tun hatte.

Margaret und ich landeten bei strömendem Regen in Kopenhagen, was uns an England erinnerte. Eine Person kam eilig auf uns zu. Ich trat vor, um sie zu begrüßen, denn die Schwingung ihrer Aura sagte mir, daß dies unsere Gastgeberin sei. Wir umarmten uns, und meine Seele beruhigte sich sofort. Ulla ist wirklich ein wunderbarer Mensch. Sie und ihr Mann Erik waren perfekte Gastgeber. Zusammen mit ihrer reizenden Tochter Anna, einer Chiropraktikerin von gutem Ruf, und ihrem Sohn, den ich später traf, bildeten sie eine liebevolle, seelisch vereinte Familie. Ihr Heim wurde zu unserem Heim, genau wie für Mike Booth und seine Frau Claudia, die mit uns gekommen waren, um zu helfen. Sie waren mit dem Auto angereist und brachten alle Aura-Soma-Produkte sowie die Standausrüstung

Das Wunder der Farbheilung

mit. Ich hatte die beiden 1984 auf einer Ausstellung in Malvern kennengelernt. Sie luden mich damals ein, in ihrem Haus in der Nähe von Glastonbury ein Seminar abzuhalten. Im darauffolgenden Jahr entschloß sich Michael, ganz für mich zu arbeiten. Er und Claudia, beide große Heiler in vollkommener Harmonie, sind meine geistigen Kinder.

Am ersten Tag der Ausstellung waren wir gerade mit dem Aufbau des Standes fertig geworden, als das Licht eingeschaltet wurde. Der Zauber begann sofort. Ich stand da und fühlte die gleiche Wärme, die vielleicht eine Mutter inmitten ihrer Familie fühlt, in der jeder seine eigene Persönlichkeit hat und seinen eigenen Beitrag zum Kreis der Liebe leistet.

Plötzlich erschien ein starkes, helles Licht. Eine große Gestalt türmte sich vor mir auf.

„Würden Sie mit mir sprechen?"

„Sprechen Sie Englisch?" fragte ich.

Ich fühlte sein Lächeln, und dann kam seine nette Antwort: „Sprechen Sie Dänisch?" Ich liebte ihn sofort und bemerkte plötzlich die Arroganz meiner Frage.

„Ich muß gestehen, nein", sagte ich.

Wir lächelten uns an. Es folgten einige der üblichen Fragen, und dann kam die unvermeidliche persönliche Frage: „Können Sie meine Aura sehen?"

„Ja", sagte ich und hielt die gelb-rote Flasche hoch. Dies war die Reflektion seiner Chakras (sein Bedarf, der die Farben kennzeichnete, die er für die Erfordernisse seines Lebensstiles brauchte) und nicht die Farbe seiner Aura. Das Rot für Energie und das Gelb für die Weisheit, diese Energie positiv zu kanalisieren. Seine wahre Aurafarbe war ein reines Blau. Ich fand das sehr interessant, denn eines Tages würde dieser Mann, der anscheinend ein verborgenes geistiges Streben hatte, sich dessen bewußt werden. Ich schüttelte die Flasche, und vor mir loderte der Sonnenaufgang. Das Licht vergessend, ganz versunken in die Schwingung der Farbe, flüsterte ich: „Ist es nicht wunderschön?"

Kopenhagen

„Ja, wirklich." Er schaute aufmerksam auf die Farben. Ich hatte mich daran gewöhnt, daß Kameras den Stand fotografierten, aber wie man mir später mitteilte, wurde diese kleine Episode für das Fernsehen gefilmt und in einer Sendung am Wochenende gezeigt.

Die Ausstellung lief nun auf vollen Touren. Der Stand war nicht nur hell erleuchtet, ich konnte auch die Kräfte um mich herum spüren. Ich wußte, warum ich nach Kopenhagen gekommen war. Die Stadt war dabei, spirituell zu erwachen. Diejenigen, die unseren Stand besuchten, waren einem Ruf gefolgt. Es waren Menschen des Neuen Zeitalters. Atlanter, Menschen mit Innenschau und tief nach innen gerichteten Augen, die schon so viel gesehen hatten. Sie hatten leise Stimmen und sprachen wenig, denn es war schwer für sie, zu der Welt und den Menschen um sie herum eine Beziehung zu finden. Ihre Chakra- und Aurafarben zeigten klar ihre Bedürfnisse, nämlich das Bedürfnis nach dem Element Wasser (dem Meer) und danach, ganz darin einzutauchen. Viele von ihnen litten an Mineral- und Flüssigkeitsmangel und reagierten sofort auf mein „Seetang-Mineral-Bad" mit den Meeresbestandteilen, die sie so dringend brauchten. Es war, als sei es für sie eine natürliche Sache, es zu berühren. Nach einigen Tagen berichteten uns viele Atlanter von der völligen Wiederherstellung ihrer Energie, nachdem sie das Seetang-Bad verwendet hatten.

Interessant fand ich, daß die am häufigsten auftretende Aurafarbe unter den Atlantern Türkis war, die Kombination von Blau und Grün. Sie wurde auch immer als Balance-Flasche ausgewählt. Mir wurde bewußt, daß hier ein Gipfel von Atlantis war und daß diese Atlanter der Strömung des Ozeans gefolgt waren. Nach der Ausstellung wurde mir klar, daß dies die größte Ansammlung von Atlantern war, der ich jemals begegnen durfte. Sie waren wieder als kraftvolle Heiler gekommen und hatten sofort einen Bezug zu der Blau-Tiefmagenta-Balance-Flasche gefunden, die mittlerweile auf der ganzen Welt von Heilern geliebt und benutzt wird.

Das Wunder der Farbheilung

So, als würden sie erwarten, daß ihre volle Kraft nun über sie käme, hielten einige Leute ihre Hände auf, um die Essenz von Aura-Soma, den kostbaren Pomander, zu empfangen.

Ich sah eine ausgestreckte Hand vor mir und war mir sofort bewußt, daß hier jemand vor mir stand, der mit dem Meister selbst gewandert war. Sie sagte mir, daß sie die Vision einer solchen Erfahrung gehabt habe. Seit diesem Moment der Erkenntnis ihres wahren Selbst geht sie mit voller Kraft vorwärts. Und noch einer schaute mich mit suchenden Augen an. Er stammte von einem anderen Planeten, war ein Heiler aus dem Weltraum, dessen Aura in einer Kombination von Tiefviolett und Gold erschien, mit einer Peripherie fast in Sternenform. Ich sagte ihm, was ich über ihn wußte. Während wir miteinander sprachen, so wie wir es schon in der fernen Vergangenheit getan hatten, flackerte seine Aura und wurde im Zentrum von Grün durchdrungen. Er war gerade dabei, eine Beziehung zur gegenwärtigen Zeit, dem Hier und Jetzt, dem Neuen Zeitalter auf Erden zu finden.

Eine andere, ganz besondere Aura schimmerte vor mir. Unsere Hände und unsere Seelen berührten sich. Wir hatten uns wiedererkannt. Sie war den ganzen Weg von Italien hierher gereist, ohne wirklich zu wissen warum. Sie war nach Dänemark gekommen, um ein Seminar zu besuchen, damit sie einen Spiegel und ein Schaufenster erwarb, in dem die Menschen die Reflektionen ihres eigenen Selbst und des eigenen Potentials sehen konnten.

Viele Tränen wurden an unserem kleinen Stand vergossen. Viele Seelen erkannten einander wieder. Es war so aufregend, so amüsant. Ich wußte nun, warum es wichtig gewesen war, nach Kopenhagen zu kommen. Mir war auch klar, daß ich wiederkommen mußte.

Bevor wir abreisten, bekamen wir von allen Seiten Angebote, und viele Häuser standen uns offen. Die Menschen hungerten und dürsteten nach Wissen.

Ich nahm die Einladung zu einem Seminar im darauffolgen-

Kopenhagen

den April an, das dann im Heim von Annemaria Jeppensen in Roskilde oft wiederholt wurde. Sie war Tanzlehrerin und eine wunderbare Gastgeberin. Annemaria wurde zu einer der ersten Repräsentantinnen einer meiner Visionen: dem Tanz der Chakren.

Letztes Jahr wurde ich eingeladen, zwei Vorträge auf dem Friedens-Weltkongreß der Heiler in Elsinore zu halten. Das Fernsehen war anwesend, und ich bekam eine zweistündige Radiosendung. Die Reaktionen waren überwältigend.

Wenn es mir mit meiner „geborgten" Zeit erlaubt ist, werde ich wieder nach Kopenhagen zurückkehren. In diese prächtige Stadt mit der Seejungfrau und der Verheißung einer Zukunft des Neuen Zeitalters.

Farbenzauber

Farbtherapie ist eine der ältesten Therapien überhaupt. Ihre Wurzeln liegen in den Nebeln der Zeit. Während aller Jahrhunderte haben Forscher den großen Einfluß von Farben auf das körperliche, geistige und seelische Wohlbefinden des Menschen erkannt. Jede Farbkomponente des Lichtes hat ihre eigene Wellenlänge und spezifische Energiequalitäten, die imstande sind, die ganze Skala menschlicher Emotionen zu beeinflussen. So gibt zum Beispiel Blau Frieden; Gelb hebt die Stimmung; Rot verwandelt Unvermögen in positive Handlungsfähigkeit; Grün zentriert und stabilisiert eine Person und erhöht die Selbstachtung. Auch die Wirkung der Farben auf die menschliche Gesundheit ist schon lange bekannt. Der frühe Mensch wußte um die Anwendung und Bedeutung des direkten Auftragens von Farben. Er verstand diese Kräfte, die auf seelischer, mentaler und körperlicher Ebene heilen. Zeugnis davon geben die farbigen Malereien in uralten Höhlen, die die erste geistige und physische Ausdrucksform des frühen Menschen waren.

Der römische Arzt Celsus, der im ersten Jahrhundert lebte, benutzte farbige Hautpflaster, um die Heilung zu fördern. In unserer Zeit fanden japanische Forscher heraus, daß Blau die Wundheilung bei Tieren beschleunigt. Im Mittelalter wurden für verschiedene Leiden verschiedenfarbige Zimmer benutzt. Selbst heute noch führen viele Krankenhäuser und Kinderheime diese Praxis fort.

Indianer, die Kriegsbemalung auftrugen, taten dies zu einem bestimmten Zweck. Jede Farbe hatte ihre Bedeutung und sollte

Das Wunder der Farbheilung

den Feinden hauptsächlich die Illusion von Wildheit und Unerschrockenheit im Kampf signalisieren und so ihren Widerstand schwächen. Gelb wurde benutzt, um Kraft und Mut zu fördern, Blau und Grün, um die Unterstützung der Ahnen zu haben. Erinnert das nicht an heutige Tage, in denen die Damen „Kriegsbemalung" auftragen? Rote Lippen sollen das Leben einladen. Blaue oder violette Augenlider machen einen geheimnisvollen Eindruck. Jedoch ist Schönheit nichts rein Äußerliches, sondern hängt vom harmonischen Zusammenspiel aller Aspekte des Körpers (Soma) ab. Von Emotionen und körperlichen Voraussetzungen beeinflußt, ist Schönheit das „Schaufenster" des wahren inneren Selbst.

Im Ersten Weltkrieg wurde Farbe zur Behandlung von Granaten-Schocks benutzt. Auch in der Medizin finden wir Farbe in Desinfektions- und Heilmitteln – zum Beispiel Gentianviolett, Magenta*, Kristallgrün und Acriflavin (Gelb).

Wissenschaftlich gesehen arbeiten wir mit Aura-Soma-Balance vermittels der Farb-Wellenlänge. Die Strahlen von Ultraviolett und Infrarot werden von der orthodoxen Schulmedizin benutzt. Es ist immer ratsam, Schutzmaßnahmen anzuwenden, wenn Ultraviolett zum Einsatz kommt, denn die hohe Frequenz dieser Strahlen kann schädigen. Infrarot-Frequenzen haben eine langsamere Schwingung als rote Farbe und manifestieren sich durch ausstrahlende Hitze. Indem wir Farben durch das Medium Balance benutzen, synchronisieren wir ihre Wellenlänge auf die elektromagnetische Ausstrahlung des Körpers. Es ist eine absolut sichere Therapie. Deshalb können diese wertvollen Schwingungen in die Hände von Laien gegeben werden.

Die menschliche Aura ist ein elektromagnetisches Feld, das von Hellsichtigen als eine von der Wirbelsäule ausgehende farbige Strahlung gesehen wird. Russische Wissenschaftler haben

---

* in Deutschland „Fuchsin" genannt

Farbenzauber

entdeckt, daß es eine vorhersehbare physiologische Reaktion gibt, wenn einer blinden Person Farben aufgetragen werden. Es wird auch immer festgestellt, daß, wenn ein Wahrnehmungssinn wie zum Beispiel die Sehkraft verlorengeht, ein anderer Sinn sich stärker als normal entwickelt. Mit einem dieser Sinne kann jeder seine eigenen Farben bestimmen, sei es durch eine Schwingung oder irgendeine andere Form der Wahrnehmung.

Heutzutage sind Auren durch atmosphärische Verschmutzung angegriffen, was körperliche oder mentale Auswirkungen hat. Besonders begabte Menschen können dies sehen.

Wie auch immer, jede Person fühlt sich instinktiv zu ihrer eigenen Aurafarbe hingezogen (einer oder mehreren) und kann so ihre Bedürfnisse erkennen. Aura-Soma-Balance wurde zu diesem Zweck entwickelt.

Balance scheint seinen eigenen Zauber zu besitzen. Es steht mit den persönlichen Bedürfnissen eines Individuums in Verbindung. Für einige Menschen liegt seine Kraft in der visuellen Wahrnehmung. Für andere ist Balance ein persönliches Barometer, das wie ein Spiegel die Stimmungen, die Umstände und die körperlichen Bedürfnisse des Augenblicks reflektiert. Wenn ein Bedarf besteht, spürt man lebendige Energien davon ausströmen. Die chamäleonhaften Eigenschaften von Balance haben schon viele Menschen erstaunt.

Einmal war ich selbst verblüfft, als eine frühere Patientin und enthusiastische Anwenderin meiner Cremes und Lotionen mich anrief und sagte: „Miss Wall, ich bin verwirrt. Ich nahm mein Gelb-über-Gold-Öl mit in den Urlaub, so wie ich das immer tue. Als ich in Italien angekommen war, nahm ich die Flasche heraus, und zu meinem Erstaunen hatte sie sich in Grün verwandelt."

„Ich vermute, Sie haben Raum für sich selbst gebraucht", kommentierte ich.

Sie antwortete prompt: „Nun, ich brauchte wohl Raum. Es war an dem Tag, als die Gefühle sich heftig gegen England rich-

Das Wunder der Farbheilung

teten. Unsere Busse wurden mit Steinen beworfen und waren in Gefahr, umgekippt zu werden."

Solche Begebenheiten widersetzen sich rationaler Erklärung. Aber Tatsache ist, daß derartige Veränderungen stattfinden, wenn bestimmte Situationen eintreten.

Hier ein weiteres Beispiel, das vom Standpunkt des gesunden Menschenverstandes wie Unsinn erscheint. Es war Mittagszeit, als das Telefon klingelte. Eine Aura-Soma-Enthusiastin rief von ihrem Arbeitsplatz aus an. Sie liebte ihre „Juwelen" so sehr, daß sie sie täglich polierte. „Irgend etwas ist mit meinen Flaschen passiert, Vicky. Vor einer halben Stunde waren sie noch in Ordnung. Nun werfen sie alle wie verrückt Blasen. Ich habe sie noch nicht einmal berührt. Was bedeutet das?"

Ich zögerte, denn ich war leicht besorgt, wollte meine Bekannte aber nicht beunruhigen. Deshalb spielte ich es herunter. „Klingt, als gäbe es irgendwo etwas Aufruhr. Nur ein Tag, an dem man ein wenig aufpassen sollte."

Sie schien mit dieser Erklärung zufrieden, und ich kehrte zu meinem Mittagessen zurück. Zwei Stunden später rief sie wieder an. „Ich dachte, ich sollte es dir erzählen. Die Polizei rief vorhin an, um mir zu sagen, daß in unser Haus eingebrochen wurde. Ein Nachbar bemerkte es, doch es war zu spät, die Täter waren schon verschwunden. Als ich heimkam, sah ich, daß sie alle unsere Wertsachen mitgenommen hatten."

Es ist noch interessant anzumerken, daß die Flaschen sich nicht beruhigten, bis die Täter – einige junge Leute, denen sie einmal behilflich gewesen war – gefaßt waren.

Margaret, die mit beiden Beinen auf der Erde steht und eine medizinische Ausbildung hat, fand es schwierig, die Bedeutung solcher Phänomene anzuerkennen. So ging es mir anfangs auch. Aber dann beobachtete Margaret eine deutliche Veränderung in ihren eigenen Flaschen, wann immer sie unter Streß stand oder gegen eine Entzündung ankämpfte. Wenn sie sie schüttelte, wurden die Öle wolkig und zu einer dicken,

Farbenzauber

stockenden Masse, ohne die sonst üblichen brillanten Energiebläschen. Sobald die Infektion oder der Streß vorbei war, normalisierten sich die Flaschen wieder. Margaret ist nun überzeugt, daß die Veränderung von einem Schwingungswiderhall aus ihr selbst herrührt.

Die farbigen Öle mit ihren Pflanzenessenzen und -extrakten in den kristallartigen Flaschen wirken manchmal wie ein Rutengänger. Sie haben so viele erstaunliche Facetten – faszinierend, geheimnisvoll und unerklärlich. Der Umgang mit Balance weckt oft den fast zwingenden Wunsch, noch mehr darüber zu erfahren. Viele Aura-Soma-Therapeuten benutzen Balance, um tiefgründige Studien zu treiben. Ihr inneres Bewußtsein kann durch Balance arbeiten und sich ausdrücken. Es ist eine Diagnosemethode, die auf völlig ganzheitlicher Ebene arbeitet, die Körper, Verstand und Geist umfaßt. Ich habe das Gefühl, daß es eine der Aufgaben von Balance ist, als eine Art Warnsystem zu dienen, das seinen Anwender veranlaßt, Vorsichtsmaßnahmen in Betracht zu ziehen.

Anwender, die auf höhere Schwingungen eingestimmt sind, entdeckten, daß es eine Traumsymbolik gibt, die mit Hilfe der Aura-Soma-„Juwelen" gedeutet werden kann. Seit Urzeiten wurden Träume auch als Quelle der Weissagung angesehen, und die Deutung von Träumen wurde in biblischen Zeiten für sehr wichtig erachtet. Das Rätsel ist nur: Wann wird ein Traum zu einer Vision?

Eine Frage, die ich wiederholt stelle: „Träumen Sie in Schwarzweiß oder in Farbe?" Alpträume sind manchmal ein Sprung zurück in der Zeit und bringen alte Ängste in die Gegenwart – sie sind praktisch immer in Schwarzweiß wie das Negativ eines Fotos. Farbige Träume betreffen gewöhnlich die Gegenwart oder die Zukunft. Sich an die schwarzweißen Träume zu erinnern könnte sehr wohl eine psychologische Hilfe sein, um die Ängste und Komplexe, die in unser „Hier und Jetzt" eindringen, besser zu verstehen und ein tieferes Wissen über uns selbst zu erlangen. Selbstverwirklichung heißt,

Das Wunder der Farbheilung

seiner selbst wahrhaftig bewußt zu sein, von dem Zeitpunkt an, da die Seele ihre Spiralreise antrat.

Visionen, Prophezeiungen, Vorauswissen jeglicher Art scheinen in farbigen Träumen zu kommen. Einige Äußerungen in der Bibel, die sich auf Farben beziehen, könnten sehr wohl eine tiefere Bedeutung haben, als es zunächst scheint. Zum Beispiel spricht das Alte Testament vom „Mantel mit den vielen Farben", den Jakob seinem Sohn Josef gab. Eine Tat von solcher Wichtigkeit, daß sie mörderischen Neid und Haß unter Josefs Brüdern auslöste. War das Farbspektrum des Mantels ein Zeichen für eine besondere geistige Gabe? Es war derselbe Josef, der später den Traum des Pharaos von den sieben Garben goldenen Korns so deutete, daß Getreidespeicher in Ägypten angelegt werden müßten für die kommenden mageren Jahre.

Wie man Balance benutzt

Aura-Soma-Balance ist einfach in der Anwendung. Es wirkt auf allen Ebenen des Seins. Auf der physischen Ebene durch die Chakren, die Energieräder, welche Hellsichtigen und Yogis bekannt sind. Wenn ein Chakra überbeansprucht oder geschwächt ist, treten körperliche, emotionale und manchmal auch seelische Störungen auf. Jedem Chakra ist eine Balance-Flasche zugeordnet, die auf die Organe, Muskeln und Drüsen abgestimmt ist, die von diesem Chakra gesteuert werden. Diese Flasche hilft, den Energiefluß wiederherzustellen. Detailliert spreche ich darüber im nächsten Kapitel. Das Balance-System ist nicht nur ein Barometer körperlicher und emotionaler Zustände, sondern es informiert auch über vergangene, gegenwärtige und zukünftige Ereignisse. Vor allem aber ist Balance ein Spiegel der Seele, der uns das Wissen um unser wahres Selbst schenkt. Wenn dieses wahre Selbst erst einmal erkannt und verstanden ist, kann es geheilt werden. Ich drücke es gerne so aus: Wahrheit ist das, was einem Menschen offenbart wird, wenn das Licht des Scheinwerfers (des Bewußtseins) darauf fällt.

Und ihr werdet die Wahrheit erkennen,
und die Wahrheit wird euch befreien.
Johannes 8, 32

Bevor ich detailliert beschreibe, wie Balance in Diagnose und Therapie angewandt wird, möchte ich gern erzählen, was geschah, als ich in Israel zu einer Gruppe sprach. Wie gewöhn-

Das Wunder der Farbheilung

lich hatten die Öle größtes Interesse geweckt. Die Menschen folgten uns bis in unser Hotel. Margaret und ich hatten immer einen Vorrat an Balance-Flaschen bei uns, denn wir wußten, daß wir, wo immer wir hingingen, um Hilfe gebeten wurden. Der Magnet des Heilens zog viele an.

Eines Tages folgten wir einer Einladung und trafen eine Gruppe interessierter Menschen im Hause unseres Gastgebers. Es waren freundliche, gesellige Leute, und einige von ihnen hatten die Öle schon angewendet. Unvermeidbar war, daß in solch einem Querschnitt durch die Gesellschaft auch jemand anwesend war, der „messen" mußte. Dieser Mann, ein Wissenschaftler, fühlte sich zum blau/grünen Öl hingezogen. Nachdem er sich meine Ausführungen angehört hatte, stellte er die mir vertraute Frage: „Sagen Sie mir bitte, worin der Zauber liegt. Ich weiß, daß es funktioniert, aber warum? Wie ist die Zusammensetzung?"

Es lag ein Hauch von Überlegenheit in seiner Stimme. Ich bemerkte einen Braunton in seiner Aura, der gewöhnlich die Bemühung anzeigt, etwas nur mit dem Intellekt verstehen zu wollen. Ich nenne das „etwas in Braun studieren". Sein Denken war buchstäblich davon gefärbt, doch ich merkte, daß er ernsthaft versuchte zu verstehen. Besonders bei sensitiven Menschen habe ich oft gesehen, daß eine innere Blockade vorhanden ist, die den Weg zur vollkommenen Verwirklichung versperrt. Sie stehen am Übergang, schwanken und sind nicht fähig, den Sprung zu wagen. Sie finden, daß ihre Sicherheit im Intellekt liegt und nicht in ihrer Intuition. Wie befriedigend ist es dann schließlich, wenn die Blockade beseitigt ist und man eine kraftvolle Seele in vollem Fluß hervorkommen sieht.

„Ich kann Ihnen die Zusammensetzung sagen."

Sofort merkte ich, wie die „geistigen Notizblöcke" hervorgeholt wurden. Ich lächelte innerlich. Eine solche Aussage wurde bei Versammlungen dieser Art immer erwartet. Die Aussicht, etwas zu erfahren, das vielleicht kommerziell nutzbar war, erweckte stets großes Interesse.

Wie man Balance benutzt

„Ich kann Ihnen die Zusammensetzung sagen", wiederholte ich. „Sie ist sehr einfach."

Für einen Moment lenkte ich meine Aufmerksamkeit auf meine innere Wahrnehmung und betrachtete den Fragesteller voller Liebe, erkannte in ihm den wahren Sucher. Seine Frau, seine Tochter und sein Sohn waren bei ihm, eine innig verbundene, liebende Familie. Seine Hand ruhte zärtlich auf der Schulter seiner Frau. Sie waren liebevoll miteinander und mit den zu ihren Seiten sitzenden Kindern verbunden. Die Aura der Frau war bis auf eine weibliche Variation identisch mit seiner; sie waren wahrhaftige Seelengefährten. Ich lehnte mich zu ihnen vor und lächelte.

„Aber bevor ich Ihnen das sage, soll ich Ihnen von Ihrer eigenen Zusammensetzung erzählen? Wenn wir über Sie oder über Ihre Frau, Ihren Sohn, Ihre Tochter, Ihre Freunde sprechen würden, so haben sie alle die gleiche physische Zusammensetzung, die weder magisch noch erstaunlich ist. So viel Wasser, Blut, Knochen, Fasern, Salze und so weiter. Das ist die Zusammensetzung von jedem in diesem Raum. Aber in was haben Sie sich denn als junger Mann verliebt? In Wasser und Knochen? Nein, Sie haben sich in die ‚wahre Aura' Ihrer Partnerin verliebt, in ihre Seele, in die Essenz dessen, was Sie wahrgenommen haben und was in Ihnen eine Resonanz hervorrief. Und haben Sie nicht gegenseitig Farbe in Ihr Leben gebracht? Der Körper und seine Zusammensetzung ist lediglich der Tempel, in dem das ewige Selbst wohnt. Er ist die Umhüllung für die wahre Harmonie der Seele."

Er nickte langsam, aber zustimmend.

Ich fuhr fort: „Was den Zauber ausmacht, ist das, was über die Zusammensetzung hinausgeht. Auf dieser Ebene offenbart sich, wie beim Heilen ersichtlich wird, der Spiegel der Liebe. Und Sie selbst sind es, Ihre Seele, das wahre Licht, welches das Wunder erschafft." Nun konnten er und die anderen mir folgen.

Die Fähigkeit, die Farben im Innern der Menschen als ein

Das Wunder der Farbheilung

Bild ihres wahren Wesens zu sehen, besaß ich schon seit meiner Kindheit, doch niemals hatte ich mit Margaret oder mit jemand anderem darüber gesprochen. Margaret hatte meine Fähigkeit, bei einem ersten Treffen die wahre Person hinter der sich darstellenden zu erkennen, immer für eine Gabe des Scharfblicks gehalten, so wie es in der Bibel von Paulus gesagt wird. Diese Fähigkeit war uns eine große Hilfe, wenn wir Leute einstellten, und Margaret hatte gelernt, meinem instinktiven Urteil zu vertrauen.

Durch Beobachtung der Menschen, die während der ersten Ausstellungen an unseren Stand kamen, entdeckte ich, daß die Aurafarbe, die ich intuitiv mit meinem „inneren Auge" sah, beinahe in jedem Fall die Farbe der Balance-Flasche war, die zuerst ausgewählt wurde. Es schien, daß jeder, der vor dem Set der Aura-Soma-Balance-Flaschen (den „Spiegeln") steht, sich seine eigene, wahre Reflektion aussucht. Das zeigt deutlich, daß die Aurasicht in jedem Menschen latent verborgen liegt, und das ist eigentlich nicht überraschend. Wir sind „mit uns selbst" seit Anbeginn der Zeit und wissen auf überbewußter Ebene mehr über uns als irgend jemand sonst. Instinktiv wählen wir die Farbe unserer Aura, und intuitiv wissen wir, was unser Körper braucht.

Sogar ein schwer geistig behindertes Kind kann seine Aurafarbe auswählen. Es ist für mich wirklich wunderbar, daß solch ein Wesen, das noch nicht einmal seinen Namen aussprechen kann, seine Identität im Wunderland der Farben und des Lichtes erkennt, aus dem es ursprünglich kam. Irgendwo in diesem behinderten Kind liegt das Licht der Erinnerung, das sich seit Beginn der Zeit nicht verändert hat und das die Möglichkeit bietet, mit ihm in Kontakt zu kommen.

Ich bemerkte, daß in harmonischen Partnerschaften ein Partner die gleiche Farbe oder eine der anderen Farben seines Partners auswählt. Das gilt auch für Kinder. Zwillinge wählten immer die gleiche Farbe, obwohl keiner der beiden von der Wahl des anderen wußte.

Wie man Balance benutzt

Zu Beginn einer Beratung wird der Klient gebeten, vier Balance-Flaschen ohne große Überlegung auszuwählen. Die Wahl der Flaschen zeigt die Geschichte des Menschen, das Muster, die Struktur, nach der sie sich entwickelt hat.

Die erste Balance-Flasche repräsentiert die Seele, soweit der Mensch sie mit seinem gegenwärtigen Bewußtsein wahrnehmen kann. Sie zeigt das Potential, die Bestimmung, die zentrale Lektion des Lebens, die wahre Aura.

Die *zweite* Flasche zeigt den Entwicklungsprozeß der Seele und die Probleme, die sie überwinden mußte.

Die *dritte* Flasche ist das „Hier und Jetzt" in Beziehung zum Seelenpotential.

Die *vierte* Flasche zeigt uns wieder die gegenwärtige Situation, jedoch in Beziehung zu den Energien, die aus der Zukunft auf uns zukommen.

Die zweite und dritte Flasche beziehen sich im allgemeinen auf den körperlichen und mentalen Zustand des Menschen. Die vierte Flasche bezieht sich auf wahrscheinlich auftretende Tendenzen. Sie sollte eine Farbe der ersten Flasche enthalten, zumindest aber eine Variation oder Abwandlung. Gibt es keinen Bezug zwischen der ersten und vierten Flasche, so zeigt dies einen Widerstand an. Die vierte Flasche ist der Schlüssel, der das Tor zur vollen Erkenntnis und Heilung eines Menschen aufschließt; der Schlüssel, der die Vergangenheit mit der Gegenwart in Verbindung bringt. Wenn wir die Farben und ihre Interpretation mit dem Klienten besprochen haben, werden wir einige der geistigen und emotionalen Ebenen geöffnet haben, die die Symbolik der Farben enthüllte.

Jetzt sollte der Klient die Flaschen ziemlich kräftig schütteln. Dann beobachtet der Therapeut, ob die sich bildenden Blasen klein und aktiv sind und die Lebhaftigkeit so lange anhält, bis man bis sechs gezählt hat, bevor sich beide Lagen wieder trennen. Falls ja, zeigt es ein gutes Energieniveau an, sofern nicht die Blasen eine Masse bilden, was eine Stockung der Energie, ein aufgestautes Gefühl bedeuten würde.

Das Wunder der Farbheilung

Geschehen ist folgendes: Die Schwingungen des Energiefeldes des Klienten sind in die Öle eingedrungen. Die Öle sind ein höchst sensitives Medium; man könnte sagen, daß sie lebendig sind. Sie reflektieren den Zustand der Lebenskräfte wie ein Spiegel. Ein gesunder Mensch produziert Blasen, die sich rasch, jedoch nicht zu rasch, auflösen, um wieder beide Lagen zu bilden. Eine kränkliche Person oder eine, der es an Harmonie mangelt, produziert einen nebligen Effekt, der einige Zeit braucht, um sich wieder zu klären.

Wenn die Blasen, die nach dem Schütteln bleiben, größer sind und aneinander haften, bestehen Aufgewühltsein und Unruhe, eine „Schließen Sie Ihre Sicherheitsgurte"-Situation. Wenn du dies vorfindest, lieber Leser, brauchst du Frieden. Das ganz blaue Balance-Öl, die „Friedens"-Flasche, könnte ihn bringen (siehe Seite 139ff).

Bei Beratungen wird auf drei Ebenen gearbeitet:

Die erste Ebene ist die Seelen- oder Geistesebene.
- Die *erste* Flasche repräsentiert den Ursprung, die wahre Aura des Klienten, sein volles Potential und die Lebensbestimmung.
- Die *zweite* Flasche zeigt den Fortschritt, den die Seele seit Anbeginn der Zeit gemacht hat – die „Halbzeit" der Evolution der Seele hin zur Gegenwart.
- Die *dritte* Flasche zeigt den gegenwärtigen Entwicklungsstand der Seele in Richtung ihrer Bestimmung.
- Die *vierte* Flasche zeigt die Energien, die aus der Zukunft auf die Seele zukommen, um die Erfüllung ihres Potentials zu ermöglichen.

Die zweite Ebene ist die Mental- und Gefühlsebene.
- Die *erste* Flasche steht nun für das Unterbewußtsein in der unteren Flaschenhälfte und für den bewußten Verstand in der oberen Hälfte.

Wie man Balance benutzt

- Die *zweite* Flasche zeigt die hauptsächlichen emotionalen und mentalen Probleme auf, die zwischen dem bestehen, was wir mit in die Welt gebracht haben, und dem, was wir in der Gegenwart zu tun haben.
- Die *dritte* Flasche zeigt die gegenwärtige emotionale Situation in der oberen Hälfte und die vergangene emotionale Situation in der unteren Hälfte.
- Die *vierte* Flasche bezieht sich auf das wahrscheinliche emotionale/mentale Ergebnis der gegenwärtigen Situation und auf die Energien, die auf den Klienten zukommen.

Die dritte Ebene ist die körperliche Ebene.

Schaue nun jede der vier Flaschen als einen Körper an. Die untere Hälfte repräsentiert den unteren Torso und die Beine, die obere Hälfte den Oberkörper, die Arme und den Kopf. Der Klient nimmt nun die zweite Flasche in seine linke Hand, wobei er den Kopf der Flasche zwischen Zeige- und Mittelfinger nimmt und mit dem Daumen den Boden. Dann schüttelt er sie sechsmal gut und gibt sie dem Therapeuten zurück. Das Schütteln ermöglicht den Schwingungen des Klienten, in die Flüssigkeiten einzudringen und so dem Therapeuten durch die Bläschen, Bogen und Streifen Informationen zu übermitteln. Zusätzlich zu den verursachenden Faktoren, die schon aus den seelischen und mental-emotionalen Ebenen aufgenommen wurden, versetzt das den Therapeuten in die Lage, den körperlichen Zustand zu interpretieren.

Jede der vier Flaschen kann geschüttelt werden, doch die zweite wird gewöhnlich dafür ausgewählt. Sie zeigt die ursächlichen Faktoren, die in die Gegenwart führen, und gibt deshalb mehr Einsicht und Tiefe als die dritte Flasche, die für die Gegenwart selbst steht. Die erste Flasche zeigt körperliche Krankheiten in jungen Jahren und die vierte körperliche Tendenzen in der Zukunft.

So liegt in den Variationen und Kombinationen der gewähl-

Das Wunder der Farbheilung

ten Flaschen ein vollständiges Bild dessen, was in dir ist. Bei der Interpretation muß deine Intuition* dein Führer sein. Laß uns für einen Moment zur vierten Flasche zurückkehren, die als „Schlüssel" bezeichnet wurde. So viele Menschen kommen, die Hilfe suchen und sich nach Heilung und Befreiung sehnen. Doch in ihnen liegt eine verborgene Stelle, eine Blockade, die sie weder anschauen noch berühren wollen. Dieser Bereich ist es, in dem der „Schlüssel" die entscheidende Rolle spielt. Wenn er umgedreht werden kann, wird der ganzheitliche Heilungsprozeß in Bewegung gesetzt. Dies hat für gewöhnlich die befreiende „Therapie" der Tränen zur Folge. In solchen Momenten können wir sicher sein, daß Heilung begonnen hat.

Während eines meiner Aufenthalte in Dänemark leitete ich eine Sitzung mit einem Kreis von Heilern im Hause unserer Gastgeberin Annemaria. Sie gab jedem Gast eine kleine weiße Kerze. Eine Kerze wurde angezündet, in einen Halter gesteckt und mir gegeben. Ich stand in der Mitte des Kreises. Einer nach dem anderen kamen sie still zu mir, um die eigene Kerze an meiner anzuzünden, und setzten sich dann wieder hin. Die Zimmerbeleuchtung war ausgeschaltet. Der Kreis wurde nur vom sanften Schein der Kerzen erhellt. Man konnte fast den Flügelschlag der Engel hören.

Zahlreiche Leute waren da. Einige, um zu heilen, viele, um geheilt zu werden. Auch eine im Rollstuhl sitzende Dame hielt eine Kerze in der Hand, und mehrere Kinder standen da, deren kleine Gesichter buchstäblich glühten im sanften Schein des Kerzenlichtes. In ihrer Mitte stehend, erinnerte ich mich plötzlich an die Worte „Lasset die Kindlein zu mir kommen". An

---

* Im englischen Text heißt es „inner tuition" und macht dem Leser so den sprachlichen Ursprung und die eigentliche Bedeutung des Wortes „Intuition" klar, nämlich: „innere Belehrung" oder „innerer Unterricht". Dies verdeutlicht, was Intuition ist: das in jedem vorhandene innere Wissen um das eigene höhere Wohl.

Wie man Balance benutzt

diesem Abend fand eine Familie wieder in Liebe zusammen, in der vorher Bitterkeit und fast Haß geherrscht hatte. Mutter und Tochter lagen sich nun weinend in den Armen. Ich küßte die Tränen auf ihren Wangen und hatte teil an ihrer Heilung. Als ich das Salz auf meinen Lippen schmeckte, wußte ich auf einmal, warum Tränen salzig sind. Sie sind Gottes ureigene Reiniger, die aus dem Herzen und aus der Seele kommen; das reine Salz der Reue und der wiedererwachten Liebe, das Heilung und Erneuerung bringt, wenn die Tränen sich ergießen. Das Tor zu aller Heilung ist Hingabe, und der Schlüssel, der dieses Tor öffnet, ist Liebe.

Eine Möglichkeit, wie Balance benutzt werden kann, um herauszufinden, wo der Körper des Klienten krank ist, ist die folgende: Der Therapeut nimmt die zweite Flasche und schüttelt sie über verschiedenen Körperstellen des Klienten, innerhalb seiner Aura. Indem er beobachtet, ob die beiden Lagen sich rasch zurückbilden oder ob die Öle eher trübe bleiben, erhält er Informationen über die darunterliegenden Organe.

Ein Arzt, der Diagnosen stellen, aber keine Heilmittel anbieten kann, ist nutzlos. Hier, wo der Therapeut nun eine ganze Reihe diagnostischer Anhaltspunkte hat und das Problem identifizieren kann, gebraucht er seine Intuition, die in jedem latent vorhanden ist, und gibt seinen Rat, wie das Gleichgewicht wiederhergestellt und ganzheitlich geheilt werden kann. Die Behandlung, die er dem Klienten vorschlägt, enthält sehr wahrscheinlich die regelmäßige Aufnahme der Lebensenergien der Farben seiner ausgewählten Balance-Flaschen. Die Öle können auf die Haut der beeinträchtigten Körperregionen aufgetragen werden. Vor dem Einreiben wird die Flasche geschüttelt, damit die beiden Lagen sich vermischen. Die Balance-Öle werden ihre therapeutische Wirkung auch zeigen, wenn der Klient sie betrachtet oder gar nur in ihrer Nähe ist.

Das Anschauen von Farbkarten, angestrichenen Wänden oder irgendeines anderen unbelebten Objektes wird keine annähernd so gute Wirkung erzielen. Die Farben müssen lebendig

Das Wunder der Farbheilung

sein. Das Licht transportiert die Farbe, und das geschieht über das in ihr enthaltene Licht. Die Wellenlängen stehen in Beziehung zueinander.

Die Balance-Kombinationen, die üblicherweise für bestimmte Leiden oder Zustände benutzt werden, beschreibe ich detailliert in den nächsten beiden Kapiteln. Um dieses Kapitel zu beenden, möchte ich etwas erzählen, was mir passiert ist und den energetisierenden Effekt von Balance verdeutlicht.

Einmal an Weihnachten fühlte ich mich wie der „aufgewärmte Tod". Das Wetter war so schlecht, daß ich meinen gewohnten Spaziergang nicht machen konnte. Statt dessen fuhr ich zur Übung auf meinem Trainingsfahrrad, das in jenem Zimmer steht, in dem auch die Balance-Flaschen aufgestellt sind. Ich trat in die Pedale wie eine Verrückte und war völig erschöpft. Dann schaltete ich das Licht ein, und wissen Sie, was passierte? Meine Energien kehrten zu mir zurück, und ich konnte weiter radeln.

Ich dachte: Wie seltsam! Was hat mir nur die Energie gegeben? Dann wurde es mir bewußt: Du Närrin, deine eigenen Flaschen! Sie leiten die Energien zu dir zurück.

Die Chakren

Der menschliche Körper wird manchmal mit einer kleinen Fabrik und ihren Lagerhäusern verglichen. Die Zellen unseres Körpers sind Produktionseinheiten, die Materialien liefern, die für Harmonie und Gesundheit gebraucht werden. Sie sind auch Reinigungsposten, die für die Beseitigung von Abfall und anderen unerwünschten Substanzen eingesetzt werden. Der Schöpfer hat unseren Körper als einen sich selbst erneuernden und heilenden Organismus entworfen. Doch die Teile müssen gewartet werden, wie die eines Wagens. Wenn ein Organ überbeansprucht wird, hat das Lagerhaus kein Material mehr zum Nachfüllen und kann der Überbelastung nicht mehr standhalten. An diesem Punkt hilft die Aura-Soma-Farbtherapie. Ist das Lagerhaus erschöpft, muß es wieder aufgefüllt werden.

Aura-Soma-Arbeit beschränkt sich aber nicht hierauf. Obwohl wir auch die Leser zufriedenstellen möchten, die „messen müssen"*, dürfen wir die seelischen und mentalen Aspekte nicht vergessen und auch nicht außer acht lassen, daß wir es bei Aura-Soma mit lebendigen Energien zu tun haben.

Im Yoga und in anderen östlichen Lehren ist überliefert, daß es im menschlichen Körper eine mächtige Säule fließender Energien gibt, die sich durch drei Hauptkanäle zwischen dem Scheitel und der Basis der Wirbelsäule bewegen. Dort, wo diese Kanäle sich überschneiden, bilden sich Energiezentren, die Chakren genannt werden. Das Sanskritwort „Chakra" bedeutet

---

* Siehe Anmerkung auf Seite 85.

Das Wunder der Farbheilung

„Rad" oder „Kreis". Stell dir nun sieben lebendige Chakren vor, die vor der Wirbelsäule liegen. Sie sind der innerste Kern der Aura. Um sicherzustellen, daß die Energien harmonisch fließen und das ganze Wesen (Körper, Verstand, Geist) im Einklang ist, sollte jedes Chakra ganz geöffnet und im Gleichgewicht sein. Hier setzt die Arbeit von Aura-Soma ein. Es ist so einfach, daß es einfach erstaunlich ist. Aura-Soma arbeitet nach demselben Prinzip wie die Feineinstellung eines Radios oder Fernsehers. Jedes Chakra ist für eine bestimmte Körperregion verantwortlich. Durch das Auftragen der Farbe, deren Wellenlänge der Schlüssel zu dem bedürftigen Chakra ist, wird die geschwächte Wellenlänge gestärkt. So helfen wir, den Regenerations- und Heilungsprozeß in den Zellen selbst in Gang zu setzen. Es ist lediglich eine Sache von Angebot und Nachfrage und ein Wieder-ins-Gleichgewicht-Bringen des Körpers. *Gesund sein heißt im Gleichgewicht sein.*

Farbe	Chakra und Körperregion	Einflüsse und Wirkungen
Violett	Kronen-Chakra/ Scheitel, Krone des Kopfes	spirituelle Ruhe; entzündungshemmend
Indigo	Stirn-Chakra (Drittes Auge)/ Augenbrauen, Zirbeldrüse	Inspiration und Intuition; entzündungshemmend
Blau	Hals-Chakra/ Kehle, Basis des Schädels	Kommunikation (körperlich und geistig); gibt Frieden; entzündungshemmend

Die Chakren

Farbe	Chakra und Körperregion	Einflüsse und Wirkungen
Grün	Herz-Chakra/ Herz, Lungen	gibt Raum; spendet Harmonie; Entscheidungshelfer; Herzprobleme (physische und emotionale); Lungenprobleme
Gelb	Solarplexus-Chakra/ Sonnengeflecht, Magen, Leber, Gallenblase, Verdauungstrakt, Milz	Weisheitsstrahl; stärkt Hormon- und Nervensystem; entspannt Muskeln
Orange	Nabel- oder Sakral-Chakra/ Nieren, Unterleib, unterer Rücken	löst vergangene und gegenwärtige Schocks auf; stärkt den ätherischen Körper; reinigt die Aura; hilft bei unteraktiven Zuständen im Unterleib
Rot	Basis-Chakra/ Basis der Wirbelsäule, Fortpflanzungsorgane	spirituelle Erdung; verleiht Vitalität; stimuliert alle Unterfunktionen: z.B. trägen Kreislauf, schwache Muskeln; hilfreich bei Darmträgheit, Impotenz, Frigidität.

Diese Aufstellung und die Aura-Soma-Chakren-Skala (Abb. 6) zeigen die Farben, die Schlüssel zu den verschiedenen Chakren sind. Wir haben herausgefunden, daß in der Aura-Soma-Therapie normalerweise nicht die einfarbigen Balance-Öle die effektivsten sind, sondern diejenigen, die eine zweite, in der

Das Wunder der Farbheilung

Farbsequenz nahe liegende Farbe als Kombination enthalten. Zum Beispiel wird anstelle des ganz roten Balance-Öls eher das Gelb-über-Rot-Öl empfohlen. Ein Chakra-Set von Balance-Flaschen setzt sich folgendermaßen zusammen:

Gelb/Rot	Erstes oder Basis-Chakra
Orange/Orange	Zweites oder Sakral-Chakra
Gelb/Gold	Drittes oder Solarplexus-Chakra
Blau/Grün	Viertes oder Herz-Chakra
Blau/Blau	Fünftes oder Hals-Chakra
Blau/Tiefmagenta	Kopf-Chakren*
Blau/Rosa	Rettungsflasche für Kinder – eine feinere Version der Blau-Tiefmagenta-Flasche, zum Schutz gegen emotionales Trauma **

Das Rot-über-Rot- und das Grün-über-Grün-Balance-Öl sind unter bestimmten Umständen ebenfalls die richtige Wahl und deshalb auch in dieses Kapitel integriert.

Die Wellenlänge jeder Farbe des Spektrums wurde von Wissenschaftlern bestimmt. Überraschenderweise fanden sie heraus, daß die Farbe Rot, die der größte Energetisierer im Farbspektrum ist, die langsamste Schwingungsrate aller Farben hat.

Rot wird dem Basis-Chakra und den Geschlechtsorganen zugeordnet. Es ist die Energie der Erde. In der Bibel wird das Blut als das Leben einer Person bezeichnet, was es natürlich auch ist. Rot ist eine Basisfarbe, die mit grundlegenden Emotionen in Verbindung steht: Liebe – rote Rose; Ärger – rot sehen;

---

* Vicky Wall ordnete diese Kombination zwar in erster Linie dem Kronen-Chakra zu, doch in ihrem Unterricht wies sie immer wieder darauf hin, daß dieses Öl erstens durch die enthaltenen Farben und zweitens durch die bestehende Verbindung zwischen der Zirbeldrüse und der Hypophyse auch dem sechsten Chakra, dem Dritten Auge, dient.

** Das Schlüsselwort zu dieser Flasche ist: „Heilung für das innere Kind", wodurch sie einen festen Platz im Chakra-Set für Erwachsene hat.

Die Chakren

Männlichkeit – dies alles sind triebbestimmte Emotionen. Rot ist die „Steh auf und tu etwas"-Farbe. Es ist sehr wichtig, einen guten Vorrat an dieser Energie zu haben, um überhaupt handlungsfähig zu sein. Führer in allen Lebensbereichen sind sehr stark mit der roten Energiequalität ausgestattet. Ich glaube, daß einige Astrologen diese Farbe Mars und Venus zuordnen.

Geschwächte Energien erkennt man fast immer als Mangel an roten Schwingungen eines Menschen. Es könnte auf einen Mangel an Eisen und bestimmten Spurenelementen hinweisen.

Rot wurde immer als Warnsignal erkannt und kennzeichnet Notsituationen. Für sofortigen Energiebedarf empfehle ich daher das ganz rote Balance-Öl, das nur auf die Füße aufgetragen wird. Auf geistiger Ebene sollte Rot stets nach Yoga, Meditation und Heilungssitzungen zur Erdung angewendet werden. Hier möchte ich wieder meinen lieben Vater zitieren: „Hüte dich davor, so himmlisch zu werden, daß du auf Erden nutzlos bist." Erdung ist unentbehrlich für alle, die ihre Schwingungen durch spirituelle Methoden erhöhen. Umgangssprachlich gesagt: „Bleib mit den Füßen auf dem Boden."

Die rote Balance-Flasche muß mit großem Respekt behandelt werden. Wir raten, sie nicht oberhalb der Taille anzuwenden. Sie kann Liebe bringen, aber seid vorsichtig, es könnte nur die körperliche Ausdrucksform sein. Gelb wird oft zur Ausbalancierung gebraucht.

Rot-über-Rot (B 6) ist nützlich bei:
- perniziöser Anämie (bösartige Blutarmut)
- Impotenz

- Frostbeulen
- Muskelkrämpfen
- Mangel an Energie/Wärme

---

* * *

Der Leser wird feststellen, daß ich auf der Aura-Soma-Chakren-Übersicht (Abb. 6) in der Region der Genitalien innerhalb des roten Bereichs einen rosafarbenen eingezeichnet habe. Rot

Das Wunder der Farbheilung

steht in Verbindung mit Leidenschaft. Wenn die Leidenschaft verraucht ist, kann sich Mitgefühl in die Situation hinein entfalten. Rosa ist die Farbe der bedingungslosen Liebe, die die Welt – Pflanzen, Tiere und Menschen – am allernötigsten braucht. Das Motto lautet deshalb: „Denke rosa!"* Wenn wir bedingungslos lieben, wird alles Grobe in etwas weitaus Tieferes, Größeres umgewandelt. Wir stellen fest, daß Rosa für den Heilungsprozeß sehr wichtig ist und seinen Ursprung buchstäblich in der Gebärmutter hat. Daher hilft es ausgezeichnet bei allen Gebärmutterproblemen und Frauenleiden. Im aufgelockerten Klima der heutigen Zeit ist es Männern möglich, die Dualität ihrer Natur zuzulassen. Sie müssen sich nicht mehr einem völlig männlichen Image anpassen. Die Farbe Rosa kann das Bekenntnis dazu sein, daß sie nicht nur männlich sind, sondern auch einen weiblichen Teil in sich tragen.

Als Folge unausgedrückter Frustrationen nimmt Gewalt heutzutage überhand. Rosa kann eine wichtige Rolle dabei spielen, dem entgegenzuwirken. Ein Schweizer Professor, der an einem meiner Seminare in Dänemark teilnahm, erzählte mir, daß rosafarbenes Licht jede Aggression beruhigt. Tatsächlich werden im berüchtigten Gefängnis von St. Quentin in den USA große rosafarbene Scheinwerfer eingeschaltet, wenn die Männer aggressiv und unruhig werden. Sie beruhigen sich dann in kurzer Zeit. Ich habe neulich gehört, daß im Hull-Gefängnis in Humberside eine Zelle zu Versuchszwecken rosafarben gestrichen wurde. Gefangene, die für ihre Gewalttätigkeit bekannt waren, wurden in diese Zelle gebracht und beruhigten sich innerhalb weniger Minuten. Vollzugsbeamte berichteten von einem abgebrühten Insassen, der sich sogar entschuldigte, was noch nie vorgekommen war. Dieses Experiment war so erfolg-

---

* Engl.: „Think pink", Schlüsselwort in der Aura-Soma-Philosophie; steht für „Denke liebevoll" oder „Denke positiv".

Die Chakren

reich, daß andere Gefängnisse diese Methode ebenfalls anwenden wollen.

Die Gelb-über-Rot-Kombination ist sorgsam ausbalanciert. Sie gibt Weisheit und Energie, zügelt den Sexualtrieb und bringt die Qualität der Liebe mit ein. Sie wirkt auch, wenn das „Steh auf und tu etwas" schon „vertan" ist, ein Gefühl, das viele aus eigener Erfahrung kennen. Diese Kombination kann ohne weiteres bis zur Höhe der Taille angewendet werden. Tatsächlich hilft sie durch ihre stimulierende Wirkung bei allen unteraktiven Zuständen, so zum Beispiel bei Verstopfung, Impotenz und schwachem Kreislauf. Wir nennen diese Flasche auch die „Sonnenaufgang"-Flasche.

Auf einer unserer Ausstellungen geschah in Zusammenhang mit diesem Öl etwas Amüsantes. Während ich einer Gruppe seinen Zweck und sein Potential erläuterte, erwähnte ich auch seine stimulierende Wirkung und den aphrodisierenden Effekt der Ylang-Ylang-Essenz, die darin enthalten ist. Ein Mann schlängelte sich still zu mir durch.

„Ich möchte eine kaufen", sagte er und hielt mir das Geld entgegen. Ich reichte ihm die Flasche. In diesem Augenblick kam seine Frau, die am gegenüberliegenden Stand gewesen war. Sie sah die Flasche, die ihr Mann an sich drückte. Da sie meine vorangegangenen Erklärungen nur teilweise mitbekommen hatte, sagte sie scharf: „Alf, du wirst diese Flasche doch wohl nicht kaufen wollen!"

Alf hielt die Flasche noch fester. Ein kleiner Wortwechsel folgte. Die Frau wandte sich mir zu. „Was sagten Sie, meine Liebe, wofür es gut sei?"

Lächelnd sagte ich: „Sie gibt Männlichkeit."

„Oh", sagte sie erleichtert. „Es ist in Ordnung, Alf, du kannst die Flasche haben. Ich dachte, sie hätte ‚Fruchtbarkeit' gesagt."*

---

* Die Frau hatte anstatt „virility" (Männlichkeit) „fertility" (Fruchtbarkeit) verstanden.

Das Wunder der Farbheilung

Die Umstehenden lachten. Alf lief ein wenig rot an, ging jedoch glücklich mit seiner kostbaren Flasche davon.

Das Folgende wurde von der Aura-Soma-Therapeutin und Zahnärztin Anne Cannock geschrieben:

Vicky sagte: „Schau in die Flasche und laß sie zu dir sprechen." So tat ich es auch. Das gelb/rote Öl, die „Sonnenaufgang"-Flasche. Weisheit für die Erde.
Es ist das Gelbgold der spirituellen Weisheit, die zum Gebrauch auf der Erde bestimmt ist. Weisheit, die auf der Solarplexus-Ebene wirkt, dort, wo Körper, Verstand und Geist zusammenkommen, um Energie, Leben und Kraft ins Hier und Jetzt zu bringen.
Es ist die „Sonnenaufgang"-Flasche des Neuen Zeitalters und des „Neuen Du", das in aller Herrlichkeit in das Bewußtsein deines wahren Seins aufsteigt.
Eine Zuversichts-Flasche kraftvoller Energie, die durch innere Weisheit geleitet wird. Sie hilft, dein verborgenes Potential zu verwirklichen, und läßt dein wahres Selbst hervortreten.
Wie auch das ganz rote Öl wirkt diese Kombination regenerierend. Sie bringt neue Energie und ermöglicht den Ausdruck von Liebe, dies jedoch nicht nur auf der physischen Ebene, da sie durch das Gelb ausgeglichen ist.
Es ist die „Ich bin"-Flasche für jemanden, der Energie und Weisheit braucht, um die eigene, wahre Identität zu finden. Diese Flasche hilft auch den Menschen, die ihrem bewußten Verstand erlauben, ihre Intuition zu beherrschen. Sie könnte nützlich sein für Menschen, die auch die ganz grüne Flasche oder die blaue „Friedens"-Flasche brauchen.

Die Chakren

ICH BIN

Ich bin alles, was ich bin,
eins mit dem universalen Geiste
eins mit der Quelle allen Lebens.
Ich bin eins mit allen Lebensformen,
und sie sind eins mit mir.
Ich bin Liebe, ich bin Leben, ich bin Frieden ...
Ich bin.

Gelb-über-Rot (B 5) ist gut bei Fehlfunktionen
und Schmerzen in folgenden Bereichen:
* Füße
* Beine
* Geschlechtsorgane

* Blase
* Därme
* jeder unteraktive Körperteil

Es hilft bei:
* Impotenz
* schmerzhafter
  Menstruation

* unteraktiver Menstruation
* Unfruchtbarkeit
* Verstopfung

---

* * *

Eine weitere Chakra-Kombination ist das ganz orangefarbene Öl. Es bezieht sich auf den Magen- und Darmbereich. Das orangefarbene Öl dient im Aura-Soma-System als Auflöser von Schocks. Phobien und Ängste wie zum Beispiel Platzangst, Angst vor geschlossenen Räumen und tiefe psychologische Störungen, die vielleicht in den Nischen unserer Erinnerung wurzeln, sprechen alle auf dieses schöne Öl an. Das Herz mag auch durch den Schock oder die Phobie angegriffen sein, doch in den Eingeweiden drückt sich die Reaktion körperlich aus. Das englische Sprichwort, daß ein mutiger Mann „Eingeweide" hat (engl. „having guts"; d. Übers.), kommt natürlich daher.

Orange arbeitet auf der Adrenalin-Ebene. So ist leicht zu verstehen, daß nach Operationen, schweren Unfällen, Nerven-

Das Wunder der Farbheilung

zusammenbrüchen oder in Fällen von Schock diese Farbe sehr hilfreich sein kann. Sportler halten viel von Orange, ist doch ihr Bedarf an Adrenalin sehr hoch.

Alle Balance-Öle sollten wie ein Gürtel um den Körper herum aufgetragen werden. Orange gehört zu dem Bereich zwischen Bauchnabel und Geschlechtsorganen.

Aus spiritueller Sicht habe ich diese Farbe schon oft als „Humpty Dumpty"-Flasche bezeichnet. Auf Seite 243ff spreche ich über die ätherische Lücke, die bei Schockzuständen auftritt. Immer wieder habe ich die Bewegung der „wahren Aura" zur Peripherie des Körpers hin beobachtet, in die „Ausweichspur" des Lebens, die vom ätherischen Energiefeld unseres Körpers gebildet wird und in der sich der Göttliche Funke ausruhen kann, bis Hilfe kommt und Heilung stattgefunden hat. Diese ätherische Lücke ist oft die Ursache von Energieverlust. Der Laie spricht unbewußt genau davon, wenn er sagt, seit ihm dies und das geschah, habe er die Orientierung verloren und sei körperlich und mental unfähig, „es wieder zusammenzubekommen" – wirklich eine „Humpty Dumpty"-Situation:

> *Humpty Dumpty saß auf 'nem Wall,*
> *Humpty Dumpty kam zu Fall.*
> *Die Pferde des Königs und all seine Mannen*
> *brachten Humpty nicht wieder zusammen.**

Solch ein Zustand kann durch die Zeitlosigkeit hindurch bestehen. Die tiefen inneren Störungen verursachen dann körperliche Symptome und „unerklärliche" Erkrankungen. Viele

---

* Diesen Vers kennt in den englischsprachigen Ländern jedes Kind:
Humpty Dumpty sat on a wall
Humpty Dumpty had a great fall.
All the king's horses and all the king's men
Could not put Humpty together again.

Die Chakren

Therapeuten stellten fest, daß die orangefarbene Kombination äußerst wirksam ist, wenn sie auf die Seite des Körpers aufgetragen wird. Es ist immer sehr befriedigend, wenn „Humpty Dumpty" es wieder zusammenbekommt.

Orange-über-Orange (B 26) ist sehr hilfreich vor und nach Operationen. Außerdem für Folgendes:
- nervöse Erschöpfung
- unterdrückte Ängste
- ätherischer Schock
- Desorientierung
- Schilddrüsenprobleme und sonstiges hormonelles Ungleichgewicht
- Unfälle
- Muskelverspannungen
- Aggressionen
- Hautprobleme
- Verdauungsbeschwerden

---

* * *

Nun gehen wir ein Stück höher zum Solarplexus-Chakra, der „Spaghetti-Kreuzung" des autonomen Nervensystems. Hier kommt die Kombination Gelb-über-Gold ins Spiel. Da dieses Öl körperlich jenem Nervenzentrum sowie den Verdauungsorganen zugeordnet ist, leistet es sehr gute Dienste bei Magen- oder Darmverstimmungen und bei Beschwerden, deren Ursachen anscheinend im Streß oder auf nervlicher Ebene zu suchen sind wie Verdauungsstörungen, Magersucht und Bulimie. Es scheint alle benachbarten Verdauungsorgane zu reharmonisieren und ihnen zu helfen, effektiver zu arbeiten.

Viele Hautleiden haben ihre Ursache auf nervlicher Ebene und reagieren gut auf die Gelb-über-Gold-Flasche, die wir die „Sonnenlicht"-Flasche nennen.

Aus mentaler Sicht bringt uns die „Sonnenlicht"-Flasche eine psychologische Stimmungsaufhellung. Sie schenkt uns die Verheißung des Frühlings, eine Erneuerung des Lebens, einen Neuanfang – das Sonnenlicht, das wir nach einem erschöpfenden Winter, in der Rekonvaleszenz oder bei nervlicher Entkräftung so dringend brauchen. Im Frühling liegt eine natür-

Das Wunder der Farbheilung

liche Sehnsucht nach Sonnenlicht und dem Wiedereinsetzen der Lichtenergien. Die Menschen eifern plötzlich dem Weiß des Lichtes und dem Gelb und Gold der Sonne in ihrer Sommerkleidung nach.

Eine der ersten Rückmeldungen erhielten wir von einer Frau, die das Gelb-über-Gold-Öl gegen Verdauungsbeschwerden angewandt hatte. Erfreut teilte sie uns mit, daß das Öl nicht nur hier geholfen habe; auch ihre unangenehmen klimakterischen Hitzewallungen hätten deutlich nachgelassen. Dieser Bericht und auch andere legen nahe, daß das Gelb-über-Gold-Öl hormonelles Ungleichgewicht behebt.

Es ist eine kraftvolle Kombination, die nicht nur bei Hormon-, Verdauungs- und Hautkrankheiten eingesetzt werden kann, sondern auch bei Muskelproblemen. Seine entspannende Wirkung auf Muskeln wird verständlich, wenn man an die automatischen Körperreaktionen bei Angst und Nervosität denkt. In solchen Situationen findet eine bemerkenswerte Anspannung der Muskulatur statt. Lippen spannen sich, Kiefer beißen aufeinander; der ganze Körper versteift sich in dem Bemühen, die Kontrolle über die innere Nervosität zu behalten. Wie die frühen Menschen sind wir auf Kampf oder Flucht programmiert. Wir gehen nun davon aus, daß durch die Linderung der nervösen Spannung der Körper zu seinem normalen Muskeltonus zurückkehren kann. Physiotherapeuten finden dieses Öl vorzüglich für Körpermassagen und besonders hilfreich bei chronischen Fällen. Sportler benutzen es gerne als Muskelöl vor und nach ihren Aktivitäten.

Auf der geistigen Ebene kann um die „wahre Aura" manchmal ein diffuses Gold gesehen werden. Dies deutet auf eine alte, hochentwickelte Seele hin, einen geistigen Führer, einen lehrenden Meister. Die höchste Stufe der spirituellen Entwicklung wurde in der religiösen Kunst als goldener (Heiligen-)Schein dargestellt, der einfach das ätherische Echo einer gänzlich goldenen Aura ist. Dasselbe Gold, jedoch vermischt mit Blau, ist zu sehen, wenn der „Flug der Aura" beginnt, wenn die Seele

Die Chakren

sich auf den Weg zur anderen Seite des Lebens begibt (siehe Seite 241ff).

Gelb-über-Gold (B 4) ist nützlich bei:
- Verdauungsstörungen/ Magenverstimmung
- Blähungen
- Übelkeit, Brechreiz, Seekrankheit
- Zwerchfellbruch
- Diverticulitis (Entzündung von Ausstülpungen des Dickdarms)

- Diabetes
- klimakterischen Hitzewallungen
- chronischem Rheuma
- Arthritis
- Magersucht
- Legasthenie
- Ängsten und Phobien

---

* * *

Das Herz-Chakra, dem Solarplexus benachbart, ist das emotionale Zentrum unseres Wesens. Als Mittel hierfür empfehlen wir das Blau-über-Grün-Öl. Einzeln betrachtet ist es das Grün des reinen Smaragds, das sich durch Schütteln in das wunderbare Grün chinesischer Jade verwandelt. Grün ist die raumgebende Qualität der Natur, in die sich die Seele ausdehnen kann. Grün polarisiert und zentriert unser Wesen, gibt Bewußtheit über unsere wahren Bedürfnisse und damit auch Entscheidungs- und Handlungsfähigkeit.

Wenn ein Gefühl der Selbstisolation auftaucht, fühlt man sich in einer Falle von Umständen und Unschlüssigkeit gefangen. In solch einer Situation würde mein weiser Vater sagen: „Geh, umarme einen Baum. Finde einen weisen alten Baum, dessen Saft sich gesetzt hat und der seine Äste in ewiger Segnung ausbreitet."

Grün hilft dem Bedürfnis nach Raum.

Eher materiell eingestellte Menschen habe ich sagen gehört, daß Grün auch materiellen Zuwachs begünstige. Auf dieser Ebene gebe ich keinen Kommentar. Doch wäre auch ich der

Das Wunder der Farbheilung

Meinung, daß jemand, der weiß, wohin und mit wem er geht, wer und was er ist, der die wahre Gottheit in sich selbst erkennt, die richtigen Signale aussendet und das anzieht, was notwendig ist.

Die physische Wirkung des blau/grünen Öls auf das Herz-Chakra ist Beruhigung und Ausdehnung. Ich persönlich halte diese Kombination für ausgezeichnet bei Angina pectoris. Eine mögliche Erklärung könnte sein, daß sie, wie oben schon erwähnt, eine Öffnung und Entkrampfung von Situationen ermöglicht.

Im Bereich dieses Chakras liegen auch die Lungen. Asthmatiker und Bronchitiskranke reagieren ebenso auf Entspannung. Das beigefügte Blau hat seine eigene ausgleichende Wirkung. Natürlich ist Blau dem Hals-Chakra zugeordnet; man kann sehr leicht die Verbindung zwischen den Gefühlen des Herzens und den Reaktionen im Hals feststellen, die oft als „Würgen" bezeichnet wird. Zähem Husten wird durch die ableitenden Eigenschaften von Blau/Grün ebenfalls geholfen.

Theorien können immer in Frage gestellt werden, wenn sie vom materialistischen Standpunkt aus betrachtet werden. Doch es gibt eine entscheidende Aussage, auf die ich gern hinweisen möchte. Sie betrifft den blinden Mann, der nach seiner Heilung wiederholt auf die Methode der Heilung angesprochen wurde. „Ich kenne sie nicht", sagte er wieder und wieder und fügte hinzu: „Aber eines weiß ich: Einst war ich blind, und jetzt kann ich sehen."

In Herzensangelegenheiten scheint Blau/Grün sehr gut zu helfen, indem es Raum für die wahren Gefühle schafft und Frieden gibt. Kausaler Depression kann mit dieser Farbkombination geholfen werden. (Bitte nicht mit nervöser Depression verwechseln, die ihre Wurzeln eher in Ängsten als in Tatsachen hat und bei der das Gelb/Gold-Öl am besten wirkt.) Eine bevorstehende Scheidung, zerbrochene Beziehungen, Versagen bei der Arbeit sind oft Gründe für solch eine Depression. Klimakterische Depressionen kommen aus dem plötzlichen Be-

Die Chakren

wußtsein, an einer Weggabelung zu stehen; dem Bewußtsein, daß durch das Hineingeben des Selbst in die Kindererziehung und die Pflege der alten Eltern der Entwicklung des eigenen Potentials keine Zeit gewidmet wurde.

Wie ich schon (auf Seite 103f) erwähnte, sehe ich viel Blau und Grün in den Auren von Atlantern. Ebenso bei Seevögeln, Delphinen und anderen Meeres-Säugetieren. Bei Landvögeln ist es ähnlich, doch geht hier das Blau eher ins Türkis.

Ich will hier eine interessante Beobachtung erzählen, die ich vor Jahren während meiner „Steh und staune"-Phase gemacht habe. Die Stare zwitscherten lebhaft auf dem Rasen. Ich sah, wie sich einer von ihnen etwas entfernt, wie ein stiller Wächter, auf einer Eiche abzeichnete. Der erste Gruß des Winters lag in der Luft. Es war so viel Aufregung unter diesen Hunderten von Vögeln, daß ihre blau/grünen Auren nur so funkelten. Verwundert schaute ich wieder zu dem einsam sitzenden Vogel und bemerkte, daß seine Aura anders war. Sie hatte einen goldenen Streifen in ihrem Zentrum. Solch einen Streifen sah ich bei keinem der anderen Vögel. Wie auf ein Signal flog der Schwarm zu der großen Eiche und umringte den Vogel, den ich vorher bemerkt hatte. Die Zweige waren schwer von ihnen. Das Zwitschern wurde intensiver, ohne Zweifel ein Austausch von Höflichkeiten und letzte Instruktionen für die Jungen. Dann flog mein einsamer Vogel in die Luft, führte den kreisenden Schwarm, und weg waren sie.

Durch sorgfältiges Beobachten habe ich danach bemerkt, daß es immer einen Vogel mit goldgestreifter Aura gibt, der die anderen führt. Neulich saß ich am Fenster und diktierte Ann Whithear dieses Buch, als ich in der Gemarkung einige kleine Auren wahrnahm, die Blau und Grün enthielten. Die klagenden Rufe verrieten Möwen, die es durch Sturm und kaltes Wetter ins Inland getrieben hatte. Ich bemerkte eine Möwe mit einem goldenen Streifen und erzählte es Ann, die fleißig schrieb.

„Diese Möwe dort wird zuerst wegfliegen, und die anderen werden ihr folgen", sagte ich.

Das Wunder der Farbheilung

Ann war von dem, was ich sagte, sofort gefesselt. „Laß es uns aufschreiben", sagte sie, und so haben wir es getan.

Grün-über-Grün (B 10) hilft, die innere Mitte zu finden und Entscheidungen zu treffen. Es gibt Raum, damit die Seele reisen kann. Es stabilisiert den Astralkörper und befreit von Spannungen. Es stimuliert die Hirnanhangdrüse und unterstützt Muskel- und Gewebebildung, bekämpft aber auch übermäßiges Zellwachstum. Grün hilft dem Blut und dem Kreislauf und wirkt antiseptisch. Diese Kombination ist gut bei:
* Schock
* nach Operationen, besonders bei Krebspatienten
* Erschöpfung
* bekämpft maligne (bösartige) Zellen

Blau-über-Grün (B 3) ist gut gegen:
* Hautausschlag auf dem Brustkorb
* Herzsymptome
* Zwerchfell-Schmerzen
* Bindegewebsentzündung
* Asthma
* chronische Bronchitis
* Angina pectoris (infolge von Überanstrengung)
* Epilepsie
* kausale Depression

---

* * *

Laßt uns nun vom Hals-Chakra sprechen, dem das wunderschöne Blau-über-Blau-Öl, die „Friedensflasche", zugeordnet ist. Wir sprechen immer vom Frieden, der „jenseits allen Verstehens" liegt. Visuell gesehen halte ich diese Farbe für eine der kraftvollsten in unserer Kollektion. In der Meditation, beim Yoga, während Heilungsarbeit oder in jeglicher Situation, in der spirituelle Erhebung erhofft wird, sind die Schwingungen, die von dieser Flasche ausgehen, im Einklang mit dem Unendlichen.

Hellsichtige haben diese Farbe als Medium beschrieben, um „durch den Schleier hindurch" Kontakt und Kommunikation herzustellen. Ich zitiere hier eine Begebenheit, die mir von einer Hellsichtigen mitgeteilt wurde. Sie hatte ein Balance-Cha-

Die Chakren

kra-Set gekauft und die Flaschen in ihr Allerheiligstes gestellt, in dem sie auch ihre Heilungsarbeit durchführte. Unter den Flaschen war natürlich auch die wunderbare blaue. Kurz nach dem Kauf rief die Frau mich an und sagte mir, daß diese Flasche völlig verblaßt sei. War das von Bedeutung, da die anderen Farben nicht davon betroffen waren? Dann erzählte sie eine erstaunliche Geschichte.

Ihre Eltern waren bei ihr zu Besuch gewesen. Die Mutter machte zwischendurch eine weite Reise mit der Bahn, um ihren Sohn zu besuchen. Einige Zeit nach ihrer Abfahrt erhielt die Frau Nachricht von ihrem Bruder, daß es einen Unfall gegeben habe und die Mutter in ziemlich kritischem Zustand im Krankenhaus liege. Von Panik befallen, ließ sie alles liegen und eilte mit ihrem Vater zum Krankenhaus. Sie kamen einen Augenblick zu spät, die Mutter hatte ihre „Reise" schon angetreten. Der Vater war so bestürzt, daß es für ihn keinen Trost gab. Er war überzeugt, daß seine Frau in Aufruhr gestorben war und keinen Frieden hatte, zumal er nicht bei ihr gewesen war. Ohne Zweifel war es der Schock einer solch abrupten Trennung, der seine Gefühle färbte. Die Heimkehr minderte seine Verzweiflung nicht. Seine arme Tochter, die selbst unter Schock stand, konnte es fast nicht aushalten mit ihm. Als sie ein paar Tage später nach Hause zurückkehrte, fand sie zu ihrer Überraschung den Vater im Allerheiligsten sitzen. In der Hand hielt er die blaue Balance-Flasche, die mittlerweile völlig farblos war. Von diesem Augenblick an war er beruhigt, als hätte er eine innere Bestätigung erhalten.

Meiner Meinung nach – und die habe ich auch meiner lieben Freundin mitgeteilt – hatte ihre Mutter dieses Kommunikationsmittel gesucht, um den Beraubten zu trösten und ihm dann zu versichern, daß nun Frieden herrsche. Die blaue Balance-Flasche ist natürlich als „Friedensflasche" bekannt. Seitdem habe ich von vielen solcher Begebenheiten gehört.

Meinem Gefühl nach ist Blau die Verbindung zwischen Himmel und Erde und schon lange als spirituelle Farbe bekannt.

Das Wunder der Farbheilung

Es findet sich auf Altären in Kirchen, und es ist bestimmt kein Zufall, daß Künstler Jahrhunderte hindurch die Heilige Mutter Maria in himmlisches Blau gekleidet dargestellt haben. Übrigens war Blau auch die Farbe König Davids und seines Schildes. Der Faden dieser Farbe webt sich seinen Weg nicht nur durch die spirituelle Geschichte, sondern auch durch das Leben selbst – von der Empfängnis bis zur Reise in den Großen Garten.

Es ist erstaunlich festzustellen, daß Schwangere unbewußt zu Blau greifen, als wären sie auf diese Farbe „eingestimmt". Die Empfängnis selbst muß ja für die benötigten Lebensenergien mit Rot geerdet sein. Der instinktive Griff nach dem Blau bringt den irdischen Körper wieder in völliges Gleichgewicht mit der Seele, die diesen Körper bewohnen will. Erklärt dies nicht die Anziehungskraft desselben Blaus für das Kind selbst?

Das blaue Licht, das heutzutage in Krankenhäusern benutzt wird, um gelbsüchtige Babys zu heilen, ist nur ein Beispiel. Sanft und beruhigend, ist es eine wunderschöne Farbe für Kinder, denen Zahnen oder eine Infektion Beschwerden bereiten; auch für alle Unpäßlichkeiten, die die Kleinen zu befallen scheinen und die gerade dann auftauchen, wenn die ganze Familie in Urlaub fahren will.

Visuell hilft Blau im Kinderzimmer, wenn Alpträume auftreten. Oft bedeuten diese nur ein Aufflackern alter Zeiten, alten Karmas und früherer Erlebnisse, die momenthaft noch einmal durchlebt werden. Solche Alpträume können Kinder tief in Mitleidenschaft ziehen, besonders die etwas älteren, wenn sie es nicht über sich bringen, darüber zu sprechen. Bettnässen kann ebenfalls ein Zeichen innerer Störungen sein. Auch in diesem Fall wird im Schlafzimmer des Kindes zweifellos das Gefühl von Frieden und Sicherheit gebraucht.

Wieder werfe ich euch einen Gedanken in den Schoß – das Bedürfnis der Kinder nach Licht in solchen Situationen. Sie haben Angst vor der Dunkelheit. Aber in Wirklichkeit gibt es

Die Chakren

so etwas wie Dunkelheit gar nicht – es gibt nur einen Mangel an Licht.

Halsentzündungen, die ohne Vorwarnung auftauchen und verschwinden, seien sie nun emotional oder anderweitig bedingt, sprechen sehr gut auf das blaue Balance-Öl an. Körperlich gehört es zur Schild- und Thymusdrüse, die beide endokrine Drüsen sind. Die Schilddrüse ist der Thermostat des Körpers und kontrolliert die Stoffwechselrate. Ist das Gleichgewicht hier gestört und der Thermostat zu hoch eingestellt, hilft der beruhigende Effekt von Blau, das Gleichgewicht wiederherzustellen.

Blau-über-Blau (B 2) ist hilfreich für gestreßte Geschäftsleute und für ängstliche werdende Väter. Es hilft außerdem bei:
- Schwangerschaft
- Kinderkrankheiten
- Beschwerden beim Zahnen
- Quetschungen, Blutergüssen
- Infektionen
- überaktiver Schilddrüse
- Problemen mit der Stimme

---

* * *

Und nun zum letzten, aber nicht geringsten Mitglied des Chakra-Sets, dem Blau-über-Tiefmagenta, der wunderschönen Aura-Soma-Rescue*-Flasche. Sie gehört zum obersten Chakra, der Krone des Kopfes, zum Gehirn und zur Zirbeldrüse**. Die Rescue-Flasche ist ein spirituelles und körperliches Heilmittel von großer Kraft. Seine Wirkungsweisen sind vielfältig und geheimnisvoll.

Dieses Öl enthält vier der kraftvollsten Chakrafarben von beiden Enden des Spektrums: Violett und Blau, Magenta und Rot,

---

* Siehe Anmerkung auf Seite 83.
** Das Stirn-Chakra wurde in diesem Kapitel ausgelassen. Die Rescue-Flasche wird beiden Kopf-Chakren, der Hirnanhangdrüse und der Zirbeldrüse, zugeordnet. Siehe auch die Anmerkung auf Seite 126.

Das Wunder der Farbheilung

die durch Schütteln zu einem wunderbaren Indigo emulgieren. Einige haben sie zur „Top of the Pops"* gekürt. Neben den mentalen und spirituellen Aspekten ihrer Wirkungsweise steht die Rescue-Flasche in Einklang mit allen Chakren. Auf einer höheren Ebene bildet sie die Verbindung von der Erde zum Himmel und vom Himmel zur Erde, denn ein wenig Rot ist in ihr enthalten, das man sehen kann, wenn Licht durch die Flasche fällt. Rescue ist bekannt als die „Flasche der Heiler". Viele haben schon von ihrer Fähigkeit berichtet, innere Wahrnehmung zu fördern und das Dritte Auge** zu öffnen. Einige Anwender benutzen es zur Salbung; zweifellos folgen sie dem biblischen Gebot „Salbet euch mit Öl". Diese uralte Sitte hat ihre tiefere heilende und spirituelle Bedeutung. Es ist das Aufnehmen körperlicher und geistiger Hilfe, die für den Menschen so nötig ist, um voll zu funktionieren, um zu einem vollkommenen, ganzheitlichen Geschöpf zu werden. Rescue ist das empfindsamste und spirituell höchststehende Öl. Seine volle Kraft kann in der Meditation erfahren werden. Der Sinn für Tiefe und Verstehen, den es gewährt, ist vielen Menschen bekannt. Es ist die mystischste, aufregendste und zugleich die praktischste Kombination von allen; sie ist ein Ausdehnen in den Raum, ein Herabziehen von konstruktivem Denken und eine Hilfe für die Wahrnehmungsfähigkeit.

Das Blau-über-Tiefmagenta polarisiert die Psyche auf wunderbare Weise. Aufgetragen auf den Bereich des Hinterhauptes, des geistigen Tores am Fuße des Schädels, bringt es die Psyche wieder ins Gleichgewicht, heilt und befreit sie. Gedächtnisverlust und Konzentrationsstörungen sprechen gut auf die Rescue-Flasche an. Aufgrund ihrer Fähigkeit, die Gedanken zu befreien, ist sie übrigens die Lieblingsflasche von Reinkarna-

---

* etwa: „die Beste der Besten"
** Sechstes oder Stirn-Chakra, das in hochentwickeltem Zustand als spirituelles „Organ" u.a. Hellsichtigkeit ermöglicht.

Die Chakren

tionstherapeuten. Die lebendigen Energien in dieser Flasche sind eine unendliche Quelle neuer Entdeckungen.

Diese Balance-Flasche ist buchstäblich ein Schlüssel für die Tore zu allen Chakren. Allein oder gemeinsam mit der jeweiligen Chakrafarbe angewendet, ist sie der natürlichste Schmerzlöser, den die Natur bietet. Viele halten diese Flasche für unentbehrlich in der Küche, im Badezimmer und im Auto, denn es ist ein wunderbares Erste-Hilfe-Öl, wenn es bei Notfällen sofort aufgetragen wird. Quetschungen, Verbrennungen, Verbrühungen, alle Arten von Schmerz, selbst nach Zahnextraktionen, reagieren auf Rescue. Es kann in kurzen Abständen aufgetragen werden, bis der Schmerz oder die Schwellung zurückgeht. Es ist in der Tat ein Gnadenengel. Ich kann mich nicht enthalten, die berühmte Staubsaugerwerbung zu zitieren: „In jedem Haushalt sollte einer sein."

Wir haben viele Rückmeldungen von Leuten erhalten, die Rescue erfolgreich bei Tumoren, Zysten, Warzen und sogar bei der Plage der Schwimmbäder, den Dornwarzen, angewendet haben. Es kann benutzt werden, wann immer das Wachstum von Zellen überaktiv geworden ist. Eine Episode zu diesem Thema möchte ich hier berichten.

Eines Morgens klingelte es zum vierten Mal an der Tür. Ich war mitten in meiner Meditation, und Unterbrechungen waren mir nicht willkommen. Ich wußte, daß Phyllis, meine treue frühere Haushälterin, die Tür öffnen würde, und hoffte, sie käme mit dem Besucher alleine zurecht. Meine Hoffnung wurde zerstört. Phyllis klopfte an das Fenster des Gartenzimmers und sagte leise: „Tut mir leid, aber die Dame sagt, sie sei von weit hergekommen und es sei dringend. Sie muß mit dir sprechen."

(Das Wort „muß" muß immer beachtet werden.) Ich erdete mich und ging, um sie zu begrüßen. Sie schien sehr aufgeregt zu sein. Die Aura, die ich erblickte, war wunderschön, und die Dominanz von Blau zeigte mir, daß trotz aller Aufregung Frieden in ihr war.

Das Wunder der Farbheilung

„Sie werden mich nicht kennen. Mein Name ist Mrs. H.",
sagte sie. Ich lächelte innerlich, hatte ich doch gerade durch
das Fenster ihrer Seele geschaut. Freilich, ich kannte ihren Namen nicht, trotzdem waren wir keine Fremden.

„Ich mußte einfach kommen und Ihnen etwas berichten. Ich
kaufte eine Ihrer Flaschen von Marie Louise (Marie Louise
Lacy, eine weitbekannte Farbexpertin und meinem Herzen sehr
nahe), speziell für meine Krampfadern, und zwar das Öl, das
Sie ,Rescue' nennen. Ich hatte gehört, es sei gut gegen Krampfadern. Nun, das Öl wirkte Wunder."

Ich hörte aufmerksam zu. Sie fuhr fort: „Meine Krampfadern
haben sich etwas gebessert."

Hier fragte ich mich, wo wohl das Wunder war.

„Es tut mir leid, meine Liebe, daß Sie Ihr Wunder nicht bekommen haben."

Sie lachte aufgeregt. „Aber ich habe es doch bekommen, ich
habe es doch!"

Dieser Widerspruch verwirrte mich. Aber als sie weiter-
sprach, wobei die Worte nur so aus ihr herauspurzelten, begann ich zu verstehen. Sie hatte sich kürzlich wegen eines Ge-
wächses an ihrem Hals in der Gegend der Schilddrüse
untersuchen lassen müssen. Es war unmerklich gewachsen
und störte sie nun. Der Test ergab, daß es eine gutartige Geschwulst war, doch die Aussage im Krankenhaus „Wir werden
es beobachten" beruhigte sie natürlich nicht. Auch nicht die
Information, daß die Geschwulst wegen ihrer Lage nahe der
Schilddrüse noch nicht entfernt werden solle und daß es keine
Medikamente dagegen gebe. Das Schwert des Damokles
schwebte über ihrem Kopf.

„Ich war vielleicht wütend. Es war häßlich und beängstigend,
und ich war mit alldem sehr unzufrieden. An diesem Abend
trug ich das Öl wieder auf meine Beine auf; mittlerweile
benutzte ich es seit etwa zwei Wochen. Da noch etwas Öl an
meinen Händen war, rieb ich es auf meinen Hals, um die
Hände zu säubern. Es fühlte sich sehr gut an, deshalb fuhr ich

Abb. 1 *Vicky Wall*

Abb. 2   *Vater und Stiefmutter von Vicky Wall*

Abb. 3   *Der „astrale" Hund (siehe Seite 239f)*

Abb. 4   *Margaret Cockbain, Vicky Wall, Mike Booth*

Abb. 5   *Dev Aura*

Aura-Soma Chakrenübersicht

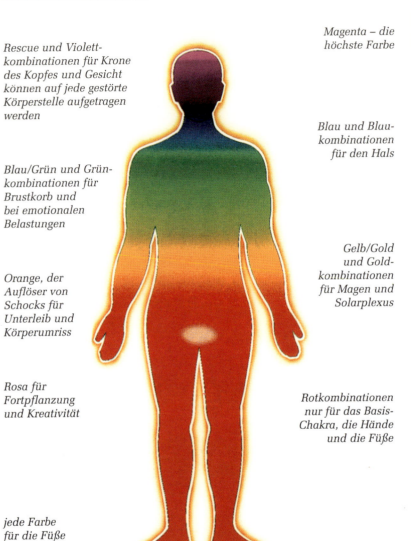

Rescue und Violettkombinationen für Krone des Kopfes und Gesicht können auf jede gestörte Körperstelle aufgetragen werden

Blau/Grün und Grünkombinationen für Brustkorb und bei emotionalen Belastungen

Orange, der Auflöser von Schocks für Unterleib und Körperumriss

Rosa für Fortpflanzung und Kreativität

jede Farbe für die Füße

Magenta – die höchste Farbe

Blau und Blaukombinationen für den Hals

Gelb/Gold und Goldkombinationen für Magen und Solarplexus

Rotkombinationen nur für das Basis-Chakra, die Hände und die Füße

Wenn möglich, um den ganzen Körper herum auftragen, damit die Wirbelsäule eingeschlossen ist.

Abb. 6

Die Chakren

die nächsten drei Abende so fort, rieb zuerst meine Beine und dann meinen Hals ein. Doch am vierten Abend hatte ich einen bösen roten Ausschlag am Hals. Mein Mann war ganz aufgeregt und sagte, ich solle das Öl sofort absetzen, weil ich offenbar allergisch dagegen sei. Es kam keinem von uns in den Sinn, daß ich es schon zwei Wochen lang an den Beinen gut vertragen hatte. Nun, der Ausschlag ging langsam zurück. Drei Tage später legte ich meine Hände darauf, um zu spüren, ob noch etwas zurückgeblieben war. Doch der Ausschlag war weg – und die Geschwulst auch!"

Der Ausschlag war das, was wir eine „Heilkrise" nennen. Sie tritt oft auf, wenn viele Gifte verarbeitet werden müssen. Diese Begebenheit ereignete sich vor zwei Jahren. Die Geschwulst kam nie wieder. Die Frau nahm später an einem meiner Seminare teil.

Das Rot und Gelb/Rot am einen Ende des Farbspektrums, das, wie ich schon sagte, zum Basis-Chakra gehört, wirkt auf unteraktive Zustände. Am anderen Ende des Spektrums und der Chakren-Folge wirkt das Blau/Tiefmagenta auf überaktive Zustände. Stellt sie euch also als gegenüberliegende Enden des Spektrums vor, die dennoch Seite an Seite wirken und ein vollkommenes ganzheitliches Gleichgewicht erschaffen. Vielleicht ist es hilfreich, sich folgende Sachverhalte zu merken, die ich als Beispiele anführen will:

Gelb/Rot bei:	Blau/Tiefmagenta bei:
Verstopfung	Durchfall
Einbehaltung von Urin	Blasenkatarrh
niedrigem Blutdruck	erhöhtem Blutdruck
unteraktiver Schilddrüse	überaktiver Schilddrüse

Der große Vorteil ist, daß beide Öle gleichzeitig angewendet werden können. Wenn jemand zum Beispiel mehr Energie benötigt, ein schlechtes Gedächtnis hat und mentale Anregung

Das Wunder der Farbheilung

braucht, erzeugt das Gelb/Rot-Öl, auf die Füße oder Handflächen aufgetragen, die gewünschte mentale und physische
Stimulation. Um aber zu vermeiden, daß der Verstand überaktiv wird, trägt man das Blau/Tiefmagenta-Öl auf das Kronen-
Chakra auf, wo es beruhigt und bei der Aufnahme der Energien
hilft.

Das Blau/Tiefmagenta-Öl, das Rescue, hat viele Facetten und
Gesichter. In dieser Kombination liegt eine Fülle von „ungesehenen Farben" aus dem Größeren Garten. Vielleicht habt ihr
schon von der „ungesehenen Farbe" des Dichters Goethe gehört – er konnte eine Farbe sehen, die andere nicht sahen. Ich
kann diese Farbe auch sehen und andere, die ich nicht beschreiben kann. Die Rescue-Flasche enthält diese ungesehene
Farbe. Ich kann euch nicht sagen, wie sie aussieht, aber sie umschließt alle irdischen Farben und eine der ungesehenen Farben. Es sind alle Farben des Regenbogen-Spektrums in einer.
Soweit kann ich sie beschreiben. Wir brauchen uns also nicht
zu wundern, daß Rescue in allen Körperbereichen wirkt, überall dort, wo Disharmonie und Schmerzen sind.

Wegen seiner besonderen Kräfte benutze ich das geliebte Rescue regelmäßig als Anschauungsmittel, durch das das wahre
Potential eines Menschen offenbart werden kann.

Trostlos und verzweifelt sitzt vor mir eine ziemlich farblose
Frau mit lieblosem und ungepflegtem Äußeren. Die Signale,
die sie aussendet, sind sehr schwach. Obwohl ihre „wahre
Aura" fast bis zur Unkenntlichkeit verblaßt ist, leuchtet sie,
während ich die Frau anblicke, in meinem Bewußtsein auf. Ich
löse mich von meinem Körper. Beim Rückblick in die Zeit sehe
ich die strahlende, wunderschöne Seele (oder Aura) klar offenbart und durchscheinend. Was für ein großes Potential! Ich
schaue ihr gerade in die Augen, in die Fenster ihrer Seele, und
rolle die Vorhänge zurück. Hier vor mir ist keine eintönige
Aura, sondern eine, deren Reise durch die Seelenspirale von
großem Wert war. Doch die Weiterentwicklung wurde in diesem Leben abgebrochen – die Frau ist ihr eigener Henker. In-

Die Chakren

dem sie eher nach sozialer Anerkennung als nach geistiger Bewußtheit strebte, hat sie sich ihr eigenes Hemmnis geschaffen. Die Signale, die sie aussendet, sind einfach und erdig, und genau das ist es, was sie dadurch anzieht. Das Verlangen in mir wächst, die Blockade in dieser Frau zu beseitigen, habe ich doch eine wichtige Arbeiterin für die Ernte des Neuen Zeitalters erkannt.

Ihre Stimme erreicht wieder mein Ohr.

„Ich bin eine einzige Katastrophe. Alles, was ich anfasse, geht schief."

Ich schaue sie mit Liebe an. Meine Hand greift nach der Rescue-Flasche, die ich vor sie hinstelle.

„Das", sage ich, „repräsentiert Sie, wie Sie sind, wie die Welt Sie sieht und wie Sie sich zu sehen begonnen haben, ohne Liebe für sich selbst. Aber Sie kennen die Zeiten, in denen die Welt um Sie herum still ist, und die Tiefe der Tiefe zuruft, daß dies nicht das wahre Selbst ist. Nun", und jetzt lächle ich, „lassen Sie mich Ihnen Ihr Potential, Ihre Möglichkeiten, Ihr wahres Selbst zeigen!"

Ich hebe die Flasche hoch und halte in der anderen Hand meine Taschenlampe, deren Licht ich benutze, um die Energien in den Farben freizusetzen. Ich zeige noch einmal auf die Flasche.

„So sieht Sie die Welt, wenn sie keine Zeit zum ,Stehen und Staunen' hat. Aber" – und nun lasse ich das Licht der Lampe durch den unteren Teil der Flasche fallen – „wenn das Licht der Liebe, des Selbst-Verstehens und der Liebe eines anderen durch Sie hindurchscheint, wird dies offenbart."

Die Farbe hat sich in ein atemberaubend schönes, glühendes Tiefmagenta verwandelt mit einem Hauch Rot und einer schwachen Reflektion von Blau. Ich schaue mir noch einmal ihre Aura an, und nun ist das Öl nur eine Reflektion dessen, was in ihr ist. Ihre Augen sind übervoll von Tränen.

„Schauen Sie sich an", sage ich. „Schauen Sie Ihr wahres Selbst an. Sind Sie nicht wunderschön? Können Sie die Kraft

Das Wunder der Farbheilung

und das Potential in sich sehen? Erkennen Sie sich selbst, und seien Sie sich treu."

Die Tränen rinnen aus ihren Augen, nun weint sie ohne Scheu. Ich gebe ihr ein Papiertaschentuch (wovon ich aus Erfahrung immer einen Vorrat griffbereit habe).

„Nun gehen Sie hinaus, und tun Sie die Arbeit, für die Sie in Wahrheit bestimmt sind. Hören Sie auf, bei anderen zu suchen, und lernen Sie zu dienen. Sie werden plötzlich feststellen, daß die Signale, die Sie aussenden, sich verändern. Und wenn Sie lernen, sich so zu lieben, wie Sie wirklich sind, werden Sie Ihre eigenen Unfähigkeiten und Fehlschläge nicht länger auf andere projizieren. So wird es Ihnen möglich sein, Ihren Nächsten so zu lieben wie sich selbst. Und so werden Sie lernen, daß Liebe immer zurückfließt."

Blau-über-Tiefmagenta (B 1) (Rescue) lindert:

• schlechtes Gedächtnis	• Kopfschmerzen
• Verbrennungen	• Bluthochdruck
• Quetschungen und Prellungen	• Nebenhöhlenentzündung
• Infektionen	• akute Bronchitis
(besonders Halsentzündungen)	• akuten Blasenkatarrh
• Neuralgie	• Durchfall
• Schlaflosigkeit	• Hexenschuß und Ischias

---

* * *

Wenn bei einem Notfall das Rescue nicht sofort den Schmerz lindert, sollte die persönliche Aurafarbe (die erste Flasche, die gewählt wurde) zusätzlich zur Verstärkung aufgetragen werden. Alternativ dazu kann man auch die Chakra-Flasche von der Farbe nehmen, deren Kräuter und Essenzen auf die betroffene Körperstelle abgestimmt sind. Die Erfahrung hat gezeigt, daß sie durch das Lymphsystem in den Körper eindringen.

Zum Abschluß dieses Kapitels möchte ich noch beschreiben, wie die Chakren durch das „Colourcurium" („Farb-Kurium") ins Gleichgewicht gebracht werden können. Diese schöne

Die Chakren

Heimbehandlung ist jedermann zugänglich. Es wird etwa wie ein Solarium oder eine Sonnenlampe benutzt. Die Flaschen des Balance-Chakra-Sets stehen auf Glasscheiben*, in der Reihenfolge der Chakren: Gelb/Rot ganz unten und Blau/Tiefmagenta ganz oben. Die Flaschen werden entweder von oben oder von unten mit Licht angestrahlt. Sie dienen dann als „Kraftwerk", das wieder Energie verleiht, neu belebt, indem es den Chakren ermöglicht, sich selbst zu balancieren, damit die Lebensenergien ohne Blockade fließen können.

Man kann sich vor das „Colourcurium" stellen oder, wenn man will, sich davorsetzen und lesen. Es gibt keine zeitliche Begrenzung für die Behandlung. Man kann sich nicht verbrennen. Doch man braucht mindestens zwanzig Minuten für den größtmöglichen Nutzen.

Angenommen, ich habe Verdauungsprobleme. Die Chakra-Flasche, die zum Magen gehört, ist die gelb/goldfarbene; also stelle ich sie auf die oberste Scheibe neben die Blau/Tiefmagenta-Flasche und gebe mir eine Behandlung. Wenn mein Herz etwas müde ist, stelle ich die blau/grüne Flasche oben hin und so weiter. Was auch immer Probleme bereitet: Man stellt die Chakra-Flaschen einfach wie beschrieben auf.

Es gibt eine Ausnahme, bei der andere Balance-Flaschen als die zum Chakra-Set gehörenden im „Colourcurium" benutzt werden können. Dies ist der Fall, wenn die zweite und dritte ausgewählte Flasche (siehe Seite 117ff) keine Farbe aus dem Chakra-Set enthält. Dann nimmt man statt dessen die Aurafarbe. Hat zum Beispiel jemand als zweite oder dritte Flasche die ganz grüne ausgewählt, so würde diese anstelle der blau/grünen Chakra-Flasche benutzt werden.

---

* Aura-Soma bietet dafür mittlerweile einen speziellen Plexiglasständer an.

Ein Wort an die Skeptiker

Hier möchte ich eine kleine Pause einlegen und ein Wort an die Skeptiker richten.

Die herkömmliche Wissenschaft befaßt sich nicht mit der Dimension des Geistes. Was ich hier schreibe, stammt aus einer inneren Quelle*. Wo sie ins Spiel kommt, sollte man aufhören, eine rationale Erklärung zu suchen für Phänomene, die das Rationale weit überschreiten.

Übt Nachsicht mit mir. Akzeptiert, was euer Inneres akzeptieren kann. Ich reiche euch eine Schale mit geistiger Nahrung. Das, was ihr nicht genießen oder verdauen könnt, legt sanft zur Seite; eßt und verdaut, was euch möglich ist. Vielleicht habt ihr, liebe Leser, in einiger Zeit Appetit auf die Stücke, die ihr heute beiseite legt. Einfache Menschen ohne große Bildung, die in naher Verbindung zur Erde leben und eher von ihren Instinkten geleitet werden, haben keine Schwierigkeiten, die Idee einer inneren Wahrnehmung anzunehmen.

---

* Siehe Anmerkung auf Seite 120.

Ein Mord an die Slowaken

Feinheiten von Aura-Soma-Balance

Die „wahre Aura", die Seele, das Höhere Bewußtsein, das vom Anbeginn der Zeit bis in die Ewigkeit die Spirale des Werdens durchreist, enthält persönliche Aufzeichnungen, und so wie man mittels Fingerabdrücken eine Person identifizieren kann, so kann man mit Hilfe dieser Aura die Seelenessenz erkennen. Alle Erfahrungen, die seit Anbeginn der Zeit gemacht wurden, haben deutliche Spuren in dieser persönlichen Aura hinterlassen, die nicht mit der körperlichen Aura verwechselt werden darf. Letztere ist ein elektromagnetisches Feld, dessen Farben in Beziehung zu den Chakren stehen, die körperliche Gesundheit und Harmonie regeln.

Die „wahre Aura" erscheint denen, die sie sehen können, als eiförmiger Kern. Sie ist wie eine Landkarte, auf der alles über die wirkliche Persönlichkeit aufgezeichnet ist. Sie übermittelt den ganzen Sinn der Seele und ermöglicht zwischenmenschliches Erkennen auf der Seelenebene. Das Erfassen der „wahren Aura" ermöglicht es einer alten Seele, diejenigen zu erkennen, mit denen sie schon einmal gereist ist. Zwillingsseelen treffen sich so und sind sofort miteinander verbunden – die Seele trifft ihren Seelengefährten.

Die Aura kann verblaßt, fragmentiert und manchmal durchkratert wie der Mond erscheinen, doch die wahre Essenz des Seins verändert sich niemals grundlegend. Trotzdem sind Stimmungen, momentane Angelegenheiten und Erfahrungen klar um den Kern der Aura angezeigt und strahlen bis zur Peripherie. Interessant, doch manchmal auch verwirrend ist es, wenn man sich mit einem Freund oder Bekannten unterhält,

Das Wunder der Farbheilung

der einen schmeichelnden oder lächelnden Gesichtsausdruck hat, und man plötzlich eine Verdunkelung um die Peripherie des Kerns bemerkt. Eine Freundin von mir drückte dies sehr treffend so aus: „Sie reden freundlich und denken schmutzig." Solche Stimmungen sind natürlich nur auf den Augenblick bezogen. Wichtiger und belastend für die Aura ist, was jemand tut, um seine spirituelle Entwicklung zu behindern. Der Betrug des wahren Selbst färbt (ich sollte vielleicht sagen „entfärbt") buchstäblich das eigene Leben. Alles, was den Fortschritt des Selbst behindert, hinterläßt Narben und verursacht eine kranke Aura. Hier liegt fast immer die Wurzel von Krankheit, die, ob nun körperlich, mental oder geistig, äußeres Anzeichen innerer aurischer Störung ist. Es ist von grundlegender Bedeutung, daß die Aura zuerst erkannt und behandelt wird. Die Freisetzung der Selbstheilungskräfte hängt von diesem Reinigungsprozeß ab.

Es ist unbedingt erforderlich, daß der Therapeut daran denkt, zuerst die kranke Aura zu behandeln, bevor er irgend etwas anderes unternimmt. Die Behandlung der Symptome mag das aktuelle Problem lindern, doch sie beseitigt nicht die ihm zugrunde liegenden Ursachen. Sobald die Aura durch Auftragen des Aura-Öls behandelt wird, beginnt die Energie innerhalb der Chakren zu fließen. Erst danach kann die Behandlung der Chakren beginnen, in der die passenden Farb-Wellenlängen verwendet werden.

In welcher Weise die Balance-Flaschen zu den Chakren in Beziehung stehen und welche körperlichen, mentalen und geistigen Zustände sie lindern können, wurde im vorigen Kapitel dargestellt. Zu den schon beschriebenen gibt es noch viele weitere, fein abgestimmte Balance-Farbkombinationen, denen dieses Kapitel gewidmet ist. Eine vollständige Liste des Aura-Soma-Balance-Sortiments befindet sich im Anhang.

Feinheiten von Aura-Soma-Balance

Gelb-über-Grün (B 7)

Der Symbolgehalt dieser Kombination steht in Verbindung zum Beginn der spirituellen Entwicklung der Seele. Die Seele sucht nach ihrem rechten Raum und dem ihr gemäßen Ort äußerer Entfaltung, was durch das Grün zum Ausdruck gebracht wird. In diesem Raum kann sich Weisheit entfalten, die durch das Gelb oder Gold dargestellt ist. Grün ist der Raum, die Freiheit der Seele, denn sie muß immer frei sein. Der Geist kann und muß auf Wanderschaft gehen. Die Seele einzuengen verkrampft lediglich das Herz und verzögert die Weiterentwicklung. Die Seele hat Schwingen; sie muß frei fliegen können, wohin sie will. Weisheit (Gelb) ist der natürliche Ausdruck der freien Seele, die ihre Freiheit benutzt, um den Sinn ihrer Berufung zu erfüllen. Unsere erste Pflicht gilt der Essenz des Höheren Bewußtseins.

Körperlich und mental bringen die Farben Gelb (Solarplexus) und Grün (Herz-Chakra) Harmonie und Gesundheit. Diese Kombination hilft bei eingeengten, verkrampften und klaustrophobischen Zuständen, ob es sich nun um eine Verkrampfung der Seele oder um Beschwerden auf körperlicher oder mentaler Ebene handelt. Außerdem wirkt diese Kombination bei Platzangst. Sie bringt Entscheidungsfähigkeit, wo Unentschlossenheit ist, und die Weisheit, gedankliche Klarheit und Ruhe, um mit Mut vorwärts zu gehen. Diese Kombination ist ein exzellentes „Entscheide dich endlich"-Öl und paßt überall dort, wo der eigene berechtigte Platz bedroht scheint. Sie ist nicht nur ein gutes Entgiftungsmittel, sondern auch hilfreich bei Ängsten, zur Aktivierung der Thymusdrüse, zur Stärkung von Knochen, als Abführmittel und als Gehirnstimulanz.

Grün-über-Gold (B 31)

Diese Kombination steht für Entscheidungsfähigkeit und für die Weisheit, richtig zu wählen. Sie bringt das Materielle und das Spirituelle ein, was beides für den Entwicklungsprozeß des Individuums gleichermaßen notwendig ist. Sogar der Weiseste und der mit der goldensten aller Auren (die Engel selbst sind gefallen wie zum Beispiel Luzifer) mag zeitweise seine Richtung und seinen Raum verlieren. Das wahre Seelenselbst liegt dann vielleicht unausgedrückt im Schlaf und endet in Selbstisolierung. Gefangenschaft – körperliche, mentale oder spirituelle – ist ein Zeitdieb und ruft nach Hilfe und Erlösung. Das Grün in der oberen Hälfte ist der Schlüssel, der die Gefängnistür öffnet, damit das pure Gold des Seins (untere Hälfte) wieder hervortreten kann. Diese Kombination hat viele Aspekte und Verwendungsmöglichkeiten. Sie hilft, nach körperlichem oder emotionalem Trauma ins Leben zurückzufinden. Und es ist sehr nützlich, mit dieser Farbkombination zu meditieren.

Durch ein schmerzhaftes persönliches Erlebnis habe ich einen weiteren, noch tieferen Aspekt der Heilungsfähigkeit dieser Kombination entdeckt. Dies gebe ich nur weiter, um anderen zu helfen, sich selbst, und was ihnen zustößt, besser zu verstehen. Das „Warum" kann ich nicht ergründen, doch bin ich sicher, daß es eine Erklärung gibt, die über das bereits Offenbarte hinausgeht.

Am Ende eines wunderbaren Seminars kam einer der Teilnehmer zu mir, umarmte mich enthusiastisch und hob mich mit einem Boa-constrictor-Griff voller Liebe hoch, wobei er mir drei Rippen brach. Bald hatte ich akute Schmerzen. Doch es lehrte mich etwas, und deshalb bin ich eher dankbar als ärgerlich. Mein Allgemeinzustand führte zu weiteren Komplikationen. Ein allopathischer Arzt gab mir ein unglücklich ausgewähltes Schmerzmittel, und ich landete auf der geriatrischen Station eines Krankenhauses. Blind und mit beträchtlichen Schmerzen, war ich mir selbst überlassen. Ich kann und will

Feinheiten von Aura-Soma-Balance

auf die Demütigungen, die ich durchmachen mußte, nicht tiefer eingehen. Es soll genügen, wenn ich sage: Meine Seele wurde gekreuzigt.

Nach meiner Heimkehr hielten meine unbehandelten Schmerzen an. Verzweifelt trug ich das Aura-Soma-Rescue-Öl auf, den ureigenen Schmerzlöser der Natur. Zu meiner Überraschung zeigte es nur geringe Wirkung, obwohl es vorher immer geholfen hatte. Es ist ein Faktum, daß man zu sehr in eine Situation verstrickt sein kann, um sie zu lösen. Ein altes Sprichwort sagt: „Jeder Lehrer braucht einen Lehrer." So könnte man auch sagen: „Jeder Heiler braucht einen Heiler." Sich selbst oder geliebte Menschen zu heilen ist immer schwierig, denn wenn man sich seelisch nahe steht, kann Panik zur Verwirrung führen und das wahre Bedürfnis verschleiern. Phyllis, meine stets treue Freundin und eher einfache Seele der Erde, hörte, wie ein Therapeut, der mich besuchte, von einem mißhandelten Pferd berichtete, das durch die Anwendung der „Humpty Dumpty"-Flasche (Orange-über-Orange)* geheilt wurde. Phyllis war nun schon über vierzig Jahre bei mir und war sich des tiefen Brennens meiner Seele und der akuten Zersplitterung meiner Aura sehr wohl bewußt. Plötzlich sagte sie: „Wie wäre es, wenn ich dir das orangefarbene Öl auftrage?"

Erstaunt schaute ich sie an und erkannte das Trauma, das mir zugestoßen war. Warum hatte ich nicht selbst daran gedacht?

Wir trugen das Öl auf. Auf zwei Ebenen begann der Heilungsprozeß – Humpty Dumpty bekam es wieder zusammen. Die dritte, die spirituelle Ebene blieb jedoch erschüttert. Die Nadel war auf der Schallplatte der Zeit hängengeblieben, und ich wurde noch einmal in alle alten Traumata und karmischen Verstrickungen der Vergangenheit geworfen. Ich fühlte, wie meine Seele ihre Richtung verlor. Es war wirklich die Situation: Andere rettet er, sich selbst konnte er nicht retten.

---

* Siehe Seite 131ff.

Das Wunder der Farbheilung

Diesmal war es Mike, der mich voll Liebe und Sorge beobachtete und den Vorschlag machte, das Grün-über-Gold-Öl anzuwenden. Er hatte meine Interpretation dieser Farbe noch nicht gelesen, denn das Handbuch, in dem ich sie beschrieben habe, war noch nicht publiziert. Ich benutzte die Grün-über-Gold-Kombination, und endlich konnten mein Körper, mein Verstand und mein Geist ihre Weiterreise fortsetzen.

Ich hoffe, daß dies in irgendeiner Weise als Führer und Richtungsweiser dient. Wenn ja, war es die Sache allemal wert.

Gelb-über-Blau (B 8)

Kehren wir zum Grün zurück, dem Yin und Yang, der Vereinigung von Gelb und Blau. Hier kann die hungrige Seele ein Mahl finden. Es ist das Emporstreben, das Ringen der Seele, das Gefühl, sich über die irdischen Angelegenheiten erheben zu wollen; der Versuch, die Bedürfnisse in uns selbst in völliges Gleichgewicht zu bringen. Diese Kombination hilft uns zu ergründen, wer und was wir sind. So kann man sicher im Labyrinth des Verstandes umherwandern.

Jugendliche könnten ein Bedürfnis nach dieser Kombination verspüren, wenn die ersten sexuellen Impulse in ihnen erwachen und ein Verlangen entsteht, ohne daß ihnen schon die Weisheit gegeben ist, damit umzugehen. So kann vielleicht ein Gleichgewicht zwischen physischer und spiritueller Ebene erreicht werden. In diesem Lebensabschnitt, in dem der Jugendliche sehr verwundbar und sensibel ist, besteht die Notwendigkeit, zur vollen Kenntnis seiner wahren Mission und seines Potentials zu gelangen. Sonst besteht die Gefahr, nur für die Zeit zu leben und die Zeitlosigkeit zu vergessen.

Auf der körperlichen und emotionalen Ebene hilft dieses Öl, in Fällen von Neurosen das Gleichgewicht wiederherzustellen und denen die Richtung zu weisen, die in unbeständigen und unglücklichen Umständen leben. Es hilft bei nervösen

Feinheiten von Aura-Soma-Balance

Magen- und Verdauungsstörungen und lindert Probleme der Wechseljahre und Stottern.

Türkis-über-Grün (B 9)

Wie erwachender Frühling
Erschließt diese Farbe
Den milden Glanz
Des Lebens.

Wie die Blätter neu sprießen
Im Zyklus des Wachstums,
So entfaltet der Geist sich
Zur ganzen Wahrheit.

Weitblickend und von weit her
Sind uns die Schwingungen gegeben,
Die Transformation befördern,
Widerhall wecken, in Einklang bringen
Und die Farben umwandeln
In die Eine.

Stephanie Stevenson

Ich möchte erzählen, wie dieses Öl geboren wurde. Es wurde während einer Meditation empfangen, in der ich sah, wie die Seele sich ausbreitete, als hätte sie Flügel, und sich zu einer Reise in den Himmel emporschwang. Die Schönheit dieses Schauspiels fesselte mich, ich ging ganz darin auf. Mein Inneres wußte um seine Bedeutung, und es bereitete mir große Freude, als ich dies schon am nächsten Tag, während eines Lehrgesprächs mit einer meiner erfahrenen Therapeutinnen, bestätigt sah.

Das türkis/grüne Öl stand in seiner ätherisch-zarten Erscheinung auf dem Tisch im Beratungszimmer neben der intensiven

Das Wunder der Farbheilung

blau/grünen Kombination, dem Herz-Chakra-Öl. Es war eine spezielle Qualität, eine Besonderheit um diese neue Kombination, die Schwingungen völlig anderer Art ausstrahlte. Die Therapeutin konnte ihre Augen nicht davon abwenden. Von den einunddreißig verschiedenen Kombinationen, die auf dem Tisch standen, wurde sie nur von dieser angesprochen. Ich lächelte innerlich, denn ich wußte, warum das so war.

„Merkwürdig", sagte sie, „immer fühlte ich mich von dem starken blau/grünen Öl angezogen und liebte es sehr. Aber aus irgendeinem Grund mag ich es nicht mehr anschauen. Es scheint der Vergangenheit anzugehören und erfüllt nicht mehr meine gegenwärtigen Bedürfnisse."

Nun lächelte ich offen. Das Erwachen ihres Geistes hatte begonnen. Es führte nicht zur Verneinung der körperlichen und der mentalen Dimension, die durch Blau/Grün repräsentiert werden. Durch die Kommunikation mit der Seele wurden die körperliche und die mentale Ebene in vollständiger Harmonie zu ihrem wahren Programm geführt. Ich sagte: „Dies ist ein kostbarer, magischer Moment. Umarme ihn und bleib ihm treu." Solche Momente – in sich heilig, doch so flüchtig in ihrer Dauer – sind allen wohlbekannt: der Liebende, der die Geliebte erkennt; die Mutter, die ihr Kind pflegt; der Heiler, der Zeuge seiner ersten Heilung wird, der Hellsichtige Zeuge seines ersten Sehens. Es ist der Anfang und die Verheißung der Erfüllung.

Blau und Grün zusammen ergibt Türkis, das Körper und Verstand in ihrer Seelengestalt repräsentiert und durch das Himmelblau der „Friedensflasche" harmonisch ausbalanciert ist. Hier gibt es kein Anzeichen von Unruhe während des Wachstums, wenn es rein körperlicher Art ist, sondern eher ein Zeichen von Frieden, der sich mit der Erkenntnis des Höheren Selbst einstellt. Dies hat auch seine Bedeutung für sensible oder künstlerisch veranlagte Kinder oder Jugendliche, die sich trotz der Suche nach den körperlichen und mentalen Ebenen bereits des Höheren Bewußtseins gewahr sind. Sie befinden sich auf einer Seelen-Suche.

Feinheiten von Aura-Soma-Balance

Die dunkle Blau/Grün-Kombination des Herz-Chakras, die, wie oben erwähnt, eine große „Waffe" ist, sollte stets in körperlichen oder mentalen Notfällen benutzt werden wie Depression, Epilepsie, Angina pectoris, die aus Überanstrengung resultiert, chronische Bronchitis, Asthma, Bindegewebsentzündung und Trauma in Herzensangelegenheiten. Das türkis/grüne Öl sollte, nachdem diese Notfälle unter Kontrolle gebracht wurden, prophylaktisch angewendet werden, um ein nachfolgendes Trauma der Seele zu verhüten.

Königsblau-über-Türkis (B 33)

Das Türkis steht in Beziehung zum Visionär, zum Waldbewohner, zu Wald, Himmel und Meer. Die Wahl dieser Kombination kennzeichnet den gütigen Wanderer auf Erden, der aber auch den Himmel mit ausgestreckten Fingerspitzen berührt. Jede äußere Härte ist nur Fassade, ein Verteidigungsmechanismus. Hier ist ein Mensch, der mit dem Tier- und Pflanzenreich in Verbindung steht, aber Schwierigkeiten hat, zu Menschen Kontakt zu finden. Er braucht Liebe und erwartet Liebe, hält es jedoch für eine Schwäche, Liebe zu zeigen; er ist ein Träumer mit verborgenen Träumen, der die Zeit des Wachstums und der Vollendung dann erwartet, wenn seine Träume als Realität erkannt werden; ein Wesen, das sich nur demjenigen öffnet, der ihm die bedingungslose Liebe erschließen kann. Doch mit dem Tieferwerden des Lebens mit all seinen Erfahrungen (Königsblau) kommt das wahre Dämmern der Selbst- und Seelenbewußtheit, die Befreiung eingeschlossener Gefühle, und das wahre Potential tritt auf seiner höchsten, aber zugleich praktischsten Ebene hervor.

Auf der zweiten Ebene, der mentalen, besteht ein Bedarf nach Konzentration und Einsatz. Dies ist ein Mensch von großer Leistungsfähigkeit, dessen mentale Energie vorzüglich ist, der sich aber zur Konzentration zwingen muß. Jede Form

Das Wunder der Farbheilung

von Autorität wird oft abgelehnt. Der Verstand muß aber akzeptieren, daß er selbst nur ein Mittel zum Erreichen des Ziels ist und bedeutungslose Gesten keinen Wert haben. Dieser Mensch könnte demjenigen ganz ergeben sein, der den inneren Schlüssel zu drehen vermag.

Körperlich repräsentiert diese Kombination jemanden, der sehr stark durch Schild- und Hirnanhangdrüse gesteuert wird und empfänglich ist für Augen- und Halsinfektionen. Immer sollten Schutzmaßnahmen für das Hals-Chakra und die Kopf-Chakren durchgeführt werden, zu denen dieses Öl in besonderer Verbindung steht. Diese Kombination kann auch für das Herz sehr effektiv sein. Sie bringt Tiefe in jedes Gefühl oder gegebenenfalls in die Gefühle des möglichen Partners.

Spirituell repräsentiert es einen Menschen, der sich der Stärke und Sehnsucht, die in ihm liegen, noch nicht bewußt ist. Wenn der wahre Spiegel des Selbst vor dieses Wesen gehalten wird oder vielleicht sogar wenn sich das Selbst durch die Reflektion eines anderen zeigt, dann geschieht das Wunder. Es sind liebenswerte Menschen, eine Überraschung und eine tiefe Freude für die Umwelt.

Königsblau-über-Gold (B 32)

Die Königsblau-über-Gold-Kombination schafft den Zugang zu früherem Wissen und uralter Weisheit und steht besonders mit den Inkas und Azteken in Verbindung. Sie bringt Frieden und Weisheit in die Meditation und unterstützt so den Hellsichtigen. Vereint stellt sie das perfekte Gleichgewicht von Yin und Yang dar. Sie gibt dem Zeitreisenden* den zum Reisen notwendigen Raum, denn in ihrem Schwingungsbereich liegt das

---

* Eine Person, die ohne ihren Körper reist und räumlich und zeitlich entfernte Orte besucht.

Feinheiten von Aura-Soma-Balance

interplanetarische Reisen. Raumheiler* fühlen sich auch von ihr angesprochen. Es ist eine wahrhaft kraftvolle, friedvolle und bedeutungsvolle Kombination. Das Königsblau, das an Indigo grenzt, scheint sehr feine Eigenschaften zu besitzen. Zugeordnet wird es religiöser Symbolik, den Monarchien, Mutter Maria, David und Salomo (es war die Aurafarbe König Salomos, der für seine Weisheit bekannt war und durch spirituelle Auswahl erwählt wurde).

Auf der Mentalebene ist dieses Öl hervorragend bei Prüfungen oder zu Zeiten erhöhter intellektueller Anforderungen, da es Weisheit und Klarheit des Denkens schenkt. Es ist die Flasche der Lehrer und Vortragenden, derjenigen, die „Papier und Feder vermählen", und all derer, die Wissen zu vermitteln haben. Königsblau, das dem Hals-Chakra entspricht, verleiht Kraft und Redegabe in der Kommunikation. Diese Kombination ist gut bei Streß, vor allem, wenn man sich in einer Situation gefangen sieht, denn sie bringt Entscheidungsfähigkeit, Klarheit des Denkens und die Weisheit, gut zu wählen.

Körperlich gesehen ist die Königsblau-über-Gold-Kombination hilfreich für Herz und Lungen und beseitigt bewundernswert Blockaden im Solarplexus. Sie kann sogar auf alle Körperteile aufgetragen werden, in denen Blockaden auftreten. Schild- und Thymusdrüse werden durch die tiefblaue Farbe am stärksten gesteuert und unterstützt. Halsentzündungen reagieren gut auf dieses Öl; doch im Fall von immer wieder auftretenden Halsentzündungen sollte zur Verstärkung das Blau/Tiefmagenta-Rescue-Öl mit angewendet werden. Das Königsblau/Gold-Öl heilt und balanciert auf der körperlichen Ebene und wird als zweites Mittel in Verbindung mit anderen Farbkombinationen empfohlen. Es heilt aber nicht nur auf körperlicher Ebene, sondern schützt darüber hinaus auch im

---

* Menschen, die den Raum um Orte herum reinigen, die eine schlechte Atmosphäre haben.

Das Wunder der Farbheilung

spirituellen Bereich. Geistig gesehen gibt das Blau „den Frieden, der jenseits allen Verstehens liegt" und beruhigt unbeschreiblich durch seinen vollständigen Einklang mit den Himmeln selbst. Kommunikation auf der höchsten spirituellen Ebene wird möglich. Das Königsblau mit seiner intensiven Tiefe erstreckt sich bis in die ätherischen Welten, die Welten jenseits unserer Welt. Diejenigen, die instinktiv das Königsblau wählen, sei es nun über Rot, Gold oder Grün, offenbaren damit eine Beziehung zum Weltraum und seinen Bewohnern und beschäftigen sich gewöhnlich mit Aspekten anderer Welten – Astrologen, Liebhaber des Himmels und der Sterne. Tatsächlich könnte man hier den Ausdruck „abgehoben" verwenden, jedoch in einem anderen Sinn. Es sind die Weisen, die zugegebenermaßen andersartigen, einschließlich des „zerstreuten Professors" oder der Person, die nicht besonders auf die Zeit achtet, die vielleicht die „normalen Erdenbewohner" in Rage bringen, aber für jene von großem Wert sind, die jenseits unserer Zeit existieren.

Violett-über-Violett (B 16)

Das Violett-über-Violett-Öl ist verbunden mit dem Geist selbst und einem Leben in Hingabe. Mit anderen Worten: Es bezieht sich auf alle, die sich ganz dem Dienst aus dem wahren Geist verpflichtet haben, die Heiler der Welt des Neuen Zeitalters. Es ist die Verbindung von Seele zu Seele, Violett über Violett, das verwandte Seelen anzieht, das wahre Violett des Ostens, verbunden mit dem des Westens. So werden wir die Liebe und den Frieden erlangen, die jenseits allen Verstehens liegen.

Alle geistigen Führer können an ihrer Aura erkannt werden – Violett mit einer leuchtend goldenen Peripherie, die sich schließlich bis über den Kopf ausdehnt und dann „Heiligenschein" genannt wird. Diese besonderen Menschen tragen

Feinheiten von Aura-Soma-Balance

ihren eigenen Schutz, denn sie haben ihr Leben längst dem Dienst an den Menschen gewidmet und ihr Ego transzendiert. Aber diejenigen unter uns, die auf dem geistigen Weg noch nicht ganz so fortgeschritten sind, haben ein großes Bedürfnis nach Schutz. Dieses kostbare Öl schafft eine Sperre gegen die Dunkelheit, die immer das Licht zu zerstören sucht, und gewährt denjenigen Schutz, die noch nicht für sich selbst kämpfen können. Violett ist die Farbe, die der Seele Heilung bringt. Nimm diese Farbe in deine Meditation; spüre, wie sie dein ganzes Selbst einhüllt, körperlich, mental und geistig. Sieh, wie sie spiralförmig aufwärts strebt und die Essenz deines Seins berührt. Wisse diese Farbe mit deinem Verstand, halte sie an dein Herz, lege die Schwingen deines Geistes um sie, ruhe dich sanft auf ihr aus. Geh, wohin immer der Geist dich trägt, und wisse dich in Berührung mit der Unendlichkeit und doch der Erde zugehörig.

Am Ende der Meditation ist es wichtig, daß der Abstieg sanft, durch alle Farben des Spektrums verläuft. Visualisiere jede einzelne Farbe, wenn du zurückkommst – Violett, Indigo, Blau, Türkis, Grün und Gold. Bleib hier einen Moment lang, atme tief, nimm sanft und liebevoll Abschied. Dann gleite tiefer ins Orange, laß alles leise seinen Platz einnehmen, langsam, ohne Schock; berühre die Harmonie in deinem ganzen Sein, und dann senke deine Füße in die Erde. Laß das Rot mit seinen feurigen Energien dich umspülen und erdwärts ziehen, auf daß es auf der Erde genutzt werde wie im Himmel.

Obwohl sie von der Silberschnur fest gehalten wird, steht die Seele eines Kindes in ihrer Verletzlichkeit einer irdischen Realität gegenüber, ohne durch Weisheit gerüstet zu sein. In der heutigen Atmosphäre mit ihren Bedrohungen und versteckten Gefahren brauchen Kinder Liebe und Schutz. Sie sind Geschöpfe des Himmels, denn ihnen gehört das Himmelreich, und ihnen gehört das Reich des Neuen Zeitalters. Salbt sie mit Öl, damit sie durch eine Barriere vor den Gefahren von außen und innen geschützt sind.

Das Wunder der Farbheilung

Das Kind des Neuen Zeitalters mit seinem größeren inneren Wissen, seiner Wahrnehmung und seinem Bewußtsein sieht viel mehr als das gewöhnliche Kind und reagiert aufgrund seiner höheren Schwingungen sofort. Es hat einen besonderen Bedarf an Gebeten und Schutz und muß stets in einem beständigen Kreis von Liebe gehalten werden. Die Eltern dieser besonderen Kinder sollten sie im Herzen, in Gedanken und im Gebet umhüllt und sicher gehalten sehen in einer Sphäre des höchsten Bewußtseins, in der nur Liebe leben kann und das Böse weder Platz noch Macht hat.

Dieses violette Öl hat einen sanfteren Heilungseffekt auf den physischen Körper als das Aura-Soma-Rescue-Öl. Seine Natur ist eher der vorsorgliche Schutz, die Beruhigung aller Aggressionen im und um den Körper herum. Es kann zum Schutz für Kinder benutzt werden, bevor sie zur Schule gehen, und ist hilfreich in Fällen von Neuralgien, Quetschungen (Bluterguß), Schocks, Schmerzen und Entzündungen.

Grün-über-Violett (B 17)

Die Wahl dieses Öls ist das Zeichen der plötzlichen Bewußtwerdung einer noch kleinen Stimme, die, wenn die Welt um sie herum schweigt, leise ruft: „Und was ist mit mir?"

Es ist das Streben der Seele, ihr wahres Selbst zu finden, den Raum, in dem sie sich ausdehnen, atmen und ganz sie selbst sein kann. Das Leben mit seinen Bedrückungen und Anforderungen hat dem Wesen die wahre Farbe entzogen. Doch dies ist die Zeit der Bewußtwerdung; wenn der Körper erschöpft oder besiegt ist, befreit sich die Seele und geht weiter.

Ich liebe es, wenn jemand diese Flasche nimmt. Denn hier ist eine Seele, die verloren war und sich jetzt wiederfindet. Diese Seele sucht einen Raum, in dem sie sich ausdehnen, wachsen und wieder atmen kann, damit ihr wahres Potential und ihre

Feinheiten von Aura-Soma-Balance

Bestimmung offenbart werde, für die sie seit Anbeginn der Zeit programmiert ist.

Die grüne Hälfte dieses Juwels bringt die Fähigkeit, sich zu zentrieren und die richtige Entscheidung zu treffen und gibt dem wartend darunter liegenden Violett Harmonie und Sinnhaftigkeit.

Das Wort „Krankheit" ist nur ein klinischer Begriff, zu dem ich niemals einen Bezug finden konnte. Es ist lediglich ein Begriff, der Symptome, der die Disharmonie in einer Person beschreibt. Wir sollten die Existenz unheilbarer Krankheiten nicht anerkennen, sondern uns vielmehr die Kraft positiven Denkens bewußtmachen, die „Krankheit" umkehren kann.

Das Grün-über-Violett-Öl, das geschüttelt einen dunklen Jadeton ergibt, ist hilfreich bei psychosomatischen Schmerzen und Krankheiten sowie für Manisch-Depressive.

Gelb-über-Violett (B 18)

Idealismus muß notwendigerweise die Phase des Realismus durchlaufen, um die Vollständigkeit der Entwicklung zu ermöglichen. Die Wahl des gelb-violetten Öls verweist auf einen großen geistigen Führer. Dies ist ein Mensch, der mit Violett/Violett gekommen ist und anschließend durch Rot/Violett gehen mußte, um seine Beziehung zur Erde und zum Himmel zu finden. Um Wissen über Heilung zu erwerben, mußte er das Leiden kennenlernen und dann weitergehen zum Rosé-über-Rosa-Öl, das die Erfahrung der bedingungslosen Liebe ins Neue Zeitalter bringt und die Liebe des wahren Selbst zugänglich macht. Erst sie ermöglicht uns, auch andere bedingungslos zu lieben und diese bedingungslose Liebe ins Neue Zeitalter zu bringen. Die gelb/violette Kombination repräsentiert den höchsten Wunsch nach Weisheit, wie er von Salomo ausgesprochen wurde, um die Heilkräfte mit Einsicht anzuwenden.

Das Wunder der Farbheilung

Auf der zweiten Ebene, der mentalen, verhilft diese Kombination zum Gleichgewicht, wenn der Verstand über die wahre Essenz (das Violett, die Heilungskräfte in einer Person) dominiert. Es ist beinahe eine „Doktor, heile dich selbst"-Situation bei Menschen, die sehr verstandesorientiert sind. Auf allen Ebenen – spirituell, mental und körperlich – können Blockaden bestehen. Auf der spirituellen Ebene mögen sie durch früheres Karma oder karmische Erinnerung entstanden sein. Man ist vielleicht nicht fähig, den Preis für das gesuchte Wissen zu bezahlen. Der Solarplexus, die „Spaghetti-Kreuzung" von Geist, Körper und Verstand, ist oft der Ort einer solchen Blockade, die man sehr effektiv mit dem Befreiungsmechanismus im gelb-violetten Öl behandeln kann. Ängste werden aufgelöst und nehmen als Wachstumserfahrungen ihre wahre Stellung im Leben ein. So kann das goldene Licht wieder durchscheinen. Unerklärliche Ängste und Phobien wie Klaustrophobie, Platz- und Verfolgungsangst haben ihren Ursprung oft in Erinnerungen an schlechte Erfahrungen, vielleicht aus früheren Leben, die ins heutige Bewußtsein dringen. In solchen Fällen sollte man dieses Öl benutzen, denn es hilft, sich von derartigen Erinnerungen zu befreien.

Körperlich entspricht Gelb dem endokrinen System und dem Nervensystem, während Violett Heilung bringt. Die Symptome von Multipler Sklerose und der Parkinsonschen Krankheit können durch dieses Öl stark reduziert werden. Bei den genannten Krankheiten darf auch der Wert des rosafarbenen Öls nicht übersehen werden, denn die Situation bringt einen Verlust an Selbstliebe mit sich. Der Mensch hat alle Liebe zu seinem Körper verloren, der ihn seiner Meinung nach im Stich gelassen hat. Im Inneren sind Aggressionen gefangen. Hier wird so viel Liebe gebraucht, nicht nur Liebe für sich selbst, sondern auch bedingungslose Liebe von anderen.

Feinheiten von Aura-Soma-Balance

Rosa-über-Violett (B 35)

Dieses Öl repräsentiert den berufenen Heiler. Er hat in vielen Reinkarnationen seit Anbeginn seines Wachstums durch karmische Erfahrungen gelernt, mit bedingungsloser Liebe zu heilen. Dies ist eine seelenbewegende Kombination. Wenn die Basisfarbe einer gewählten Flasche Violett in irgendeiner Kombination ist, besteht absolute Hingabe an den Geist. Alle, die einen rein geistigen Pfad beschreiten (wie Nonnen, Mönche und Heilige), müssen lernen, den Bezug zum irdischen Leben zu finden, damit ihre Mission der Liebe und Heilung vollständig sein kann. Es sind wirklich fortgeschrittene Menschen, die den Weg geistiger Entwicklung gehen mußten. Sie haben gelitten und alle Drangsale des menschlichen Lebens kennengelernt und wollen nun ihre wahre Mission der Heilung, des Friedens und der bedingungslosen Liebe beginnen. Von diesen Seelen kann man wahrhaftig sagen: „Die Ernte ist reich, doch Arbeiter sind rar." Die Wahl dieser Flasche zeigt einen Menschen, der durch karmische Erfahrungen und viele Reinkarnationen die Lektion der bedingungslosen Liebe (Rosa) gelernt hat. Wir alle, die in diesem Zeitalter der Erneuerung engagiert sind, brauchen die Rosa-über-Violett-Kombination, denn ohne Liebe gibt es keine vollständige Heilung dieser Epoche.

Auf der Mentalebene kann dieses Öl sowohl jemanden zeigen, der Liebe braucht, als auch jemanden, der Liebe gibt. Es schützt spirituelle Menschen vor Aggressionen.

Körperlich gehört es zum obersten Chakra, kann aber auf jede Körperstelle aufgetragen werden, die Heilung benötigt. Liebe (Rosa) kann überall hinreisen.

Violett-über-Rosa (B 36)

Wenn es eine umgekehrte Version einer Farbkombination gibt, kann man daraus schließen, daß das Leben buchstäblich eine völlige Neubewertung und Neuordnung braucht. Gerade sprachen wir über das Rosa-über-Violett-Öl, nun über das Violett-über-Rosa-Öl. Aus persönlicher Erfahrung, geführt durch Intuition und gestützt auf viele Beratungsgespräche mit Menschen, die dieses Öl ausgewählt haben, kann ich folgendes dazu sagen.

Im Rosa dieser Kombination liegt ein Hauch Magenta, blaß, aber unübersehbar. Wir wissen, daß Rosa die nicht-aggressive Farbe des Neubeginns ist und bedingungslose Liebe repräsentiert. In der Suche nach dem wahren Selbst, der wahren Mission, sogar im Willen, bedingungslose Liebe zu geben, braucht dieser Mensch selbst Heilung. Ungeachtet aller spezifischen Besonderheiten wird hier die Liebe zu allem benötigt, was um uns herum vor sich geht. Diejenigen, die nach dem Höchsten (Violett) suchen, nach der Tiefe streben, um ihre eigene persönliche Mission zu finden und zu verwirklichen, können manchmal von einem Gefühl der Frustration überfallen werden. Dies verursacht eine lieblose Situation, die zwar vorübergehend ist, jedoch das wahre Hervortreten und die Freiheit der Seele verhüllt und untergräbt. Das Rosa sucht nach Liebe und gibt Liebe.

Doch wie sehr wird das Magenta gebraucht, das gleichermaßen in Beziehung zu Heilung, zu der Energie und den Anforderungen des täglichen Lebens wie zum himmlischen Emporstreben der Seele und des Verstandes steht. Bring Violett und Magenta zusammen, verstärke alles, was in dir sucht und brandet, fühle noch einmal das Fließen der bedingungslosen Liebe, wie sie dich aus dem Ringen emporhebt. Fühle das Glühen, das aufwärts gerichtete Ausdehnen der Seele, berühre die Fingerspitzen, die im Unsichtbaren immer ausgestreckt sind, begreife dich selbst als Teil der Unendlichkeit und Ewig-

Feinheiten von Aura-Soma-Balance

keit. Salbe dich mit dem kostbaren Öl, wo und wann immer du magst. Dies, Kind der Liebe, ist für dich. Für die Liebe und Heilung anderer nimm ein wenig Öl auf deine Handflächen und gib es weiter. Wenn das Licht uns führt, wird Heilung auf allen Ebenen mit Gewißheit folgen.

Yin und Yang vereinigen sich in diesem Öl. Es ist der zauberhafteste und sanfteste Aspekt des Blau-über-Tiefmagenta-Rescue-Öls. Es hilft sanft bei körperlichen Notfällen und bei mentalem und geistigem Aufruhr, indem es die Last leichter macht.

Rot-über-Violett (B 19)

Man könnte sagen, daß diese schöne, reiche Kombination den Himmel auf die Erde bringt. Sie zeigt ein Hingezogensein der Seele zum Leben auf der Erde. Hellsichtige, jene mit innerer Schau, werden instinktiv von diesem Öl angezogen, denn sie verwenden es als Übermittlungshilfe beim Empfangen und Ausstrahlen von Energien.

Das Rot-über-Violett-Öl könnte auch als „heißer Draht zum Himmel" betrachtet werden. Es ist verbunden mit Kommunikation, dem Ausdehnen des Geistes. Ich betrachte sie als eine „Gegenwarts"-Flasche, denn sie steht in Verbindung mit dem Hier und Jetzt. Auf einer höheren Ebene berührt sie auch das „Ewige Jetzt", das die Vergangenheit, die Gegenwart und die unmittelbare Zukunft miteinander verbindet. Meist wird sie am Ende einer Wahl, als dritte oder vierte Flasche (siehe Seite 117ff), gezogen.

Hellsichtige und alle, die mit Heilung im weitesten Sinne zu tun haben, wissen, wie notwendig die Umwandlung von Energien für höhere Kommunikation ist. Von daher wird die Bedeutung des Rots (Lebens- und Erdenergien) in der oberen Hälfte ersichtlich. Rot ist die Lebenskraft und bringt gleichzeitig grundlegende Erdung, die ein Schlüsselfaktor im Kontakt mit dem Höheren Bewußtsein ist. Diese rot-violette Kom-

Das Wunder der Farbheilung

bination ist besonders wertvoll für Menschen, die mit geopathischen Störzonen arbeiten, da sie Schutz und Führung gewährt. Das Öl sollte vor allem auf die Füße und Handflächen
aufgetragen werden. In einem Raum oder Haus, in dem die Aktivität von Poltergeistern zu schaffen macht oder eine schlechte
Atmosphäre herrscht, stellen die Schwingungen dieses Öls einen starken Schutz dar. Jenen, die mit derartigen Problemen
arbeiten, empfehlen wir sehr, dieses Öl vorsorglich auf den
Puls der Handgelenke und vor der Nachtruhe auf den Solarplexus aufzutragen.

Hinsichtlich körperlicher Gesundheit ist dieses Öl eine große
Hilfe bei Anämie und sogar bei Leukämie, bei der ein Hämo-
globinmangel im Blut vorliegt. Es kann auch in Fällen von Mi-
neralmangel und hormonellem Ungleichgewicht verwendet
werden. Dieses strahlend rote und violette Öl nimmt durch
Schütteln eine wunderschöne volle Pflaumenfarbe an und
schafft Wärme und Verheißung.

Rosa-über-Türkis (B 34)

Diese Farbkombination ist visuell sehr kraftvoll. Wo der eigene
Raum bedroht ist oder in einer Partnerschaft die Liebe besitz-
ergreifend und der Freiraum des Partners eingeschränkt wird,
ist dieses Öl ein Wundermittel. Es hilft, Raum zu schaffen und
das „Geben und Nehmen" der Liebe im Fluß zu halten. Auf
kreative Menschen wirkt es inspirierend. Für Kinder und Jugendliche könnte dieses Öl wertvoll sein, denn sie fühlen sich
oft von dem, was sie „das System" nennen, bedroht. Ob es sich
nun um den Staat oder um die Eltern handelt, sie spüren die
Bedrohung der bedingten Liebe. Wir alle haben schon von dem
Ultimatum „Wenn du dich nicht so und so benimmst, bekommst du keine Liebe/keine Privilegien mehr" gehört, vielleicht sogar Erfahrungen damit gemacht. Wahre Liebe kennt
keine Handelsbedingungen.

Feinheiten von Aura-Soma-Balance

Türkis ist eng mit dem Blau-Grün des Herz-Chakras verbunden und erreicht buchstäblich „das Herz der Dinge". So können durch das Türkis – das durch die Kombination von Blau und Grün eine Yin-und-Yang-Farbe ist – emotional belastende Situationen aufgelöst werden. Geistig gesehen ist dies eine Kombination, die oft von Leuten gewählt wird, die von anderen Planeten stammen und hier geboren wurden, um die Erde zu heilen.

Auf physischer Ebene dient das Rosa-über-Türkis-Öl zur Heilung von Herz und Lungen und ist besonders hilfreich für Asthmatiker, da es die Lungen von allen irritierenden Angriffen befreit. Außerdem ist es sehr gut für die männlichen und die weiblichen Geschlechtsorgane geeignet und kann auf alle Chakren aufgetragen werden, in denen Ungleichgewicht auftritt.

Grün-über-Rosa (B 21)

Dieses Öl repräsentiert das Geschenk der klaren Unterscheidungsfähigkeit. Es ist der Vorbote bedingungsloser Liebe, das Geben und Empfangen von Liebe. Kein aggressiver Gedanke kann hier eindringen, keine vorgefaßte Meinung, kein Vorurteil, sondern nur das Ausströmen und Einfließen immerwährender Liebe. In dieser Situation mag die Seele im Frieden mit einer anderen Seele sein, in der vollständigen Befreiung der Liebe leben, die den Gebenden und den Empfangenden gleichermaßen reinigt.

Das Grün setzt alles Vergangene und Gegenwärtige auf seinen rechten Platz, den Weidegrund, auf dem die Schafe sicher grasen können. Diese Liebe kennt keine Grenzen. Die Seele ist frei, und der Raum ist nun zur vollständigen Inbesitznahme bereitet. Es ist der Beginn eines neuen Lebens. Besitzergreifende Liebe kann hier nicht eindringen, denn wenn dies geschieht, ist der Raum bedroht, und der Empfänger wird eine „Verkrampfung" in seiner Seele erfahren.

Das Wunder der Farbheilung

Grün ist die Farbe des Herz-Chakras und Rosa die Farbe der bedingungslosen Liebe. So repräsentiert diese Kombination wahrhaftig die tiefsten Ebenen der Liebe. In diesem Maß ist jeder von uns fähig, sich selbst zu lieben, seine Grenzen zu überwinden und, was wir alle wünschen, Gottes Liebe zu den Menschen auszudrücken.

Das Grün-über-Rosa-Öl ist wertvoll für Epileptiker, da das Rosa die Heftigkeit des Anfalls und das Grün den Krampf löst. Ebenso ist es ideal nach Operationen, wenn der Patient sich angegriffen und minderwertig fühlt, wie z.b. nach Brustamputationen, Krebsoperationen oder bei künstlichem Darmausgang.

Der Wert von Rosa für die Beruhigung von Aggressionen ist inzwischen wohlbekannt. Daher ist es hilfreich in Zeiten mentalen Aufruhrs, bei Groll, Entzündungen und dem Gefühl, angegriffen zu werden.

Gelb-über-Rosa (B 22)

Dies ist die Flasche des Neuanfangs, die Wiedergeburt-Flasche, die die Weisheit bringt, um die im Inneren wartende Liebe auch außen auszudrücken. Die Zeit hat uns viele Lektionen gelehrt, doch Weisheit war nicht immer gegenwärtig. Laßt uns aus dem Schatten der Vergangenheit heraustreten und uns unerschrocken in das Licht der Gegenwart stellen, neues Wissen, neues Leben, neue Hoffnung bringen – die Erfüllung des Selbst, des Geistes; die Freiheit des Mentalen, noch einmal die Bereiche zu berühren, in denen Schuld, Fehler und Fehlurteile liegen, die einst die totale Erfüllung verhindert haben. Schau noch einmal durch diese kristalline Reflektion und sieh dich selbst, wie du einst die Ebene irdischen Lebens betratest mit einer Bestimmung und der tiefen Hingabe, ihr gerecht zu werden. Schau dich noch einmal an, wie du aussahst, bevor diese Welt dich mit ihren „klebrigen Fin-

Feinheiten von Aura-Soma-Balance

gern" berührte. Wisse um die Vergebung für dich selbst und
für andere.

Auf der körperlichen Ebene steht das Gelb-über-Rosa-Öl mit
dem endokrinen System und dem Verdauungstrakt in Verbindung. Hormonelles Ungleichgewicht, besonders klimakterische
Beschwerden, sprechen gut auf dieses Öl an. Die Verbindung
des Rosa mit der Gebärmutter macht es für die weiblichen Geschlechtsorgane doppelt wertvoll.

Tiefrosé-über-Tiefrosa (B 23)

Alle traumatischen Situationen, die uns vielleicht im Leben begegnen – Kinderlosigkeit, Scheidung, ein Todesfall, Krankheit,
die Erniedrigung der Arbeitslosigkeit –, können zum Aufbau
von Haß, Bitterkeit und Groll führen. Doch dies löst das Problem nicht, sondern ruft eher Narben in der Seele hervor. In
solchen Zeiten verschwinden Selbstachtung und Selbstvertrauen. Dies kann sich zum Beispiel in geheimen Schuldge-
fühlen äußern, wobei der gemarterte Verstand wieder und wieder fragt: „Hätte ich sollen?" oder „Hätte ich können?"

Dann, Kind der Liebe, ruhe dich aus auf dem Tiefrosé, fühle
die Wärme der göttlichen, bedingungslosen Liebe, die dich niemals verläßt. Senke dein ganzes Wesen in die Zärtlichkeit und
Sanftheit des Rosa; suche nach dem wahren Selbst, der Realität
deiner Bestimmung. Wisse innerlich, daß dies die Kreuzigung
ist, die der Auferstehung vorausgeht, dem erneuten Beginn des
Lebens mit seiner wahren Bestimmung. Das Wichtigste ist zu
lernen, sich selbst wieder zu lieben, alle Gedanken der Schuld
loszulassen, sich über die Situation zu erheben und so den Körper, den Verstand und den Geist aufzurichten. Dann wird das
Schwert des Geistes geschmiedet. Benutze diese Kombination
zusammen mit Grün, damit du deinen wahren Platz wieder
findest. Mach keine Rückschritte, die dich in der Vergangenheit festhalten, sondern triff Entscheidungen, die dich vor-

Das Wunder der Farbheilung

wärtsbringen. Schau in die Zukunft und sieh ihre Verheißung der Erfüllung.

Wie schon gesagt, wirkt Rosa gegen Aggressionen. Diese Kombination hat einen doppelten Effekt: Sie stoppt Aggressionen von innen und außen. So läßt sich der Wert dieses Juwels für Menschen mit emotionalen Schwierigkeiten und für Psychopathen leicht erkennen. Diese Kombination hilft auch Epileptikern.

Zarthellrosa-über-Hellrosa (B 52)

Dies ist das „Fang wieder an, raff dich auf"-Öl, das den wahren Seelengefährten anziehen kann, den ganzen wunderbaren Zauber der Liebe. Es ist die Verheißung der vorbestimmten Wiederbegegnung mit dem geliebten Menschen. Dieses wunderbar zarte Öl hilft, den Auswirkungen der Lieblosigkeit entgegenzuwirken, indem sie dich in das Rosa einhüllt. Es ist für Menschen, die Liebe brauchen und Liebe zu geben haben. Alle sanften, sensiblen Seelen fühlen sich ganz natürlich von diesem Öl angezogen.

Benutzt dieses hellrosafarbene Öl bei Komplexen und irrationalen Ängsten, deren Ursachen in die Kindheit zurückreichen können. Benutzt es auch gegen Aggressionen – die eigenen oder die anderer Menschen. Diese Kombination mag auch für Menschen mit einer verblaßten oder schwachen Aura hilfreich sein, doch achtet darauf, daß eine kräftigere Farbe, wie zum Beispiel Grün, mitbenutzt wird, um Stärke und Rückgrat zu verleihen. Dieses Öl ist hilfreich bei Anorexia nervosa (Magersucht), bei der man unbewußt versucht, sein Persönlichkeitsbild zu verändern.

176

Feinheiten von Aura-Soma-Balance

Purpur-über-Magenta (B 25)

Dieses Öl bezeichnet einen Menschen, der sich tief des Spirituellen bewußt ist und danach verlangt, die Liebe, die er in sich trägt, zur Heilung zu verwenden. Es ist die Lektion des Ausgießens der Liebe, der hinausstrebenden Heilung. Dieses Öl gehört zu einer alten Seele, die zweifellos „aus dem Purpur" kommt, der Hohen Sphäre, der Göttin, der Priesterschaft, den Hingebenden, den Heiligen Theresien des Lebens, den Sensitiven, den innerlich Wahrnehmenden. Dies ist ein Mensch, der während seiner Evolutionszeit in der Hölle war, gekreuzigt wurde und gelernt hat, sich selbst und die Menschheit wieder zu lieben. Er sucht seine Lebensaufgabe, um andere durch Liebe und Verständnis zu heilen. Aufgrund des Sichausdehnens der Seele könnte das Öl einen couragierten Menschen im Gleichgewicht kennzeichnen, der durch vergangene Leiden ein Rückgrat entwickelt hat, wo er vorher nur geträumt hatte und kein Rückgrat vorhanden war.

Das schöne Purpur-Magenta-Öl wirkt klärend und hat Verstehen zur Folge. Es kann die Entwicklung von Intuition und spirituellen Fähigkeiten unterstützen. Auf der körperlichen und mentalen Ebene hilft es bei der Erholung und Erneuerung nach Krankheiten und/oder Operationen – Magenta bringt wieder Energie, und Purpur stellt das Gleichgewicht im Kalium/Natrium-Haushalt wieder her. Dieses wunderbare Öl beruhigt gereizte Nerven, hilft den Desillusionierten, die Dinge aus der wahren Perspektive zu sehen, und dient dem gesamten endokrinen System.

Das Wunder der Farbheilung

Rot-über-Grün (B 27) und Grün-über-Rot (B 28)

Vollkommene Liebe treibt die Furcht aus.

1. Johannes 4, 18

Zwei der interessantesten, diagnostisch aufschlußreichsten Farbkombinationen sind das genaue Gegenteil voneinander: das Rot-über-Grün-Öl (männlich) und das Grün-über-Rot-Öl (weiblich). Zur leichteren Unterscheidung werden sie „Robin Hood" und „Maid Marion" genannt. Diese Öle bestehen aus zwei Kontrastfarben; jede sorgt für den Bedarf der anderen, jede ergänzt das Verlangen des maskulinen oder des femininen Aspektes unserer Natur.

Reine Harmonie und volle Funktion der Fähigkeiten auf allen Ebenen können nur erworben werden, wenn man in der Lage ist, die natürlichen Triebe und die Erdenergien umzuwandeln. Männliche Aggressivität muß durch nährende weibliche Eigenschaften wie Intuition und Sanftheit reguliert und transformiert werden. Im Männlichen ist es das Rot, das die Umwandlung des wahren Selbst erzeugt. Die Rot-über-Grün-Kombination ist der Spiegel des körperlich Männlichen, das unter dem Druck steht, zu schaffen und die Rolle des Führers in diesem Leben einzunehmen. Dieser Druck bewirkt, daß jede latent vorhandene Feminität aus Angst vor einer Behinderung des Selbstausdrucks unfreiwillig unterdrückt wird. Unsere Gesellschaft hat eine strikte Trennungslinie zwischen den sogenannten männlichen und weiblichen Eigenschaften gezogen. Das Konzept des dominanten Mannes und der damit verbundenen Pflichten wurde fest in sein Denken einprogrammiert. Er wurde von der Wiege an darauf vorbereitet. Doch wahre Kreativität wird durch die Gebärmutter repräsentiert, und das vollständige Gleichgewicht des Wesens liegt im Erkennen und in der Harmonisierung der männlichen und weiblichen Aspekte in uns selbst. So kann die vollkommene Erfüllung des Seins erreicht werden – ohne Verlust von Status und Macht.

Feinheiten von Aura-Soma-Balance

Die untere, grüne Hälfte ist Spiegel und Ausdruck des Raumes, der dem Weiblichen – der inneren Frau*– im Mann gegeben werden muß. Nur im Aufgeben des rein Männlichen wird die Verwirklichung des ganzheitlichen Mannes erreicht. „Maid Marion", das „Grün-über-Rot"-Öl, das weitgehend von Frauen gewählt wird, zeigt wieder die innere Position an, die das Wesen bei seiner Inkarnation eingenommen hat. So wie das Männliche sich in der „Rot-über-Grün"-Kombination spiegelt, so spiegelt sich das Weibliche in der „Grün-über-Rot"-Kombination. Die Gesellschaft fördert sanfte, umsorgende Qualitäten in der Frau. Die Aufgaben, deren Erfüllung von ihr erwartet wird, spiegeln natürlich die Tatsache, daß sie von der Natur dazu bestimmt wurde, Mutter und auch Liebende/Geliebte zu sein.

Die Menschheit hat genau wie die Vögel und die Säugetiere Brutzeiten mit all ihren Pflichten und ihrer Hingabe. Wir hören im Hohelied Salomos (2, 10 und 12): „Steh auf, meine Freundin, meine Schöne, und komm her … Die Blumen sind aufgegangen im Lande, der Lenz ist herbeigekommen, und die Turteltaube läßt sich hören in unserm Lande."

Dies ist ein wunderbarer Augenblick, eine Feier, eine Erfüllung. Doch dieser Augenblick verstreicht; das Nest leert sich, und die Grünschnäbel, nun erwachsen, suchen ihre eigene Erfüllung. Die Liebesgemeinschaft besteht noch, die Silberschnur der Liebe ist fest verankert. Doch für die Nachkommen ist jetzt die Zeit des Singens angebrochen. Grundsätzlich ist die Frau immer kreativ, und die Seele erlischt nicht mit dem Flüggewerden der Jungen. Doch viele Mütter erleben in dieser Zeit ein Gefühl der Vernichtung bei der plötzlichen Vorstellung, die Zeit der Erfüllung sei vorbei. Hab keine Angst, es ist nur die

---

* Im englischen Text heißt es „womb-man"; das macht deutlich, daß das englische Wort für „Frau", „woman", aus dem Begriff „Gebärmutter-Mensch" (womb = Gebärmutter) entstanden ist.

Das Wunder der Farbheilung

Seele, die sich ausdehnt. Nach dem Körper sucht sie sich ihre eigene Erfüllung. Wohlbekannt und medizinisch anerkannt sind die klimakterischen Depressionen und die sie begleitenden Leiden. Pillen und Tropfen lösen die Probleme nicht, denn die Ursache liegt in der Seele. Das Patentrezept „Such dir eine neue Aufgabe" dient lediglich dazu, die Zeit zu vertreiben. Doch es ist die Zeitlosigkeit, die ruft.

In einer Beziehung zwischen Mann und Frau, die auf bedingungslose Liebe gegründet ist, bestehen absoluter Glaube und Loyalität. So wie beim „Gib und Nimm" der körperlichen Liebe sollte es auch in der geistigen sein. Man sollte nicht den Körper nähren und die Seele hungern lassen. Es gibt keinen Grund für einen Mann in den mittleren Jahren, bei anderen Partnerinnen seine Männlichkeit unter Beweis zu stellen. Genausowenig muß eine Frau ein Verhältnis eingehen, um ihre Selbstachtung wieder aufzubauen.

In jeder Situation, in der die Frau dominiert wird, sollte sie nicht zögern, die umgekehrte Kombination (Rot-über-Grün) zu benutzen. Der Mann, der dominiert wird, würde dies verraten, indem er das Grün-über-Rot-Öl auswählte. In solch einem Fall muß die Fähigkeit, sich zur Wehr zu setzen, wieder gestärkt werden.

Ich habe mit Interesse festgestellt, wie oft man bei der freien Wahl der Flaschen in einer Beratungssitzung einen sensiblen Mann aufspüren kann (Grün-über-Rot). Er ist derjenige, der wahrscheinlich dominiert wird, aber auch derjenige, der kreativ und spirituell empfindsam ist. Dann gibt es die Frau, die über-weiblich, sanft, liebend ist, ein „Fußabtreter" und anfällig dafür, dominiert zu werden. Für sie ist das Rot so wichtig.

Das Grün in beiden Kombinationen hat einen bestimmten Zweck. Grün gibt natürlich Raum, hilft Entscheidungen zu fällen, ist die „Ich weiß, wohin ich gehe"-Farbe und das „Geh, umarme einen Baum", das in vielen Situationen erforderlich ist. Das Grün ist der Raum, in dem die Seele sich weiten kann. Taucht eine Kreuzung auf deinem Lebensweg auf? Dann über-

Feinheiten von Aura-Soma-Balance

quere sie! Grün für sich allein genommen oder als Teil einer Kombination ist wichtig, um Wunschdenken zu vermeiden.

Rot-über-Blau (B 29) und Blau-über-Rot (B 30)

Wie die vorigen beiden Kombinationen sind auch diese hier Komplementärfarben; sie bringen Himmel und Erde zusammen.

Diejenigen, die in der Astralebene reisen oder mit den ätherischen Sphären zusammenarbeiten, erleben diese beiden Öle als wirkungsvolle Begleiter. Bei Heilung, Yoga, Meditation und beim Aufstreben des Geistes haben sie einen unschätzbaren Wert. Wenn der physische Körper betroffen ist, hat das Rot-über-Blau-Öl wiederherstellenden Charakter und spendet Energie, wenn irgendein Mangel auftritt. Geschüttelt ergibt es ein wunderschönes Violett und ist damit als Heiler in vieler Hinsicht geeignet. Es gewährt den Menschen Schutz, die auf geistiger Grundlage stehen und denen von der Umwelt leicht Energie abgezapft wird.

Ein Satz trifft auf das Blau-über-Rot-Öl zu: „Friede auf Erden und den Menschen ein Wohlgefallen" – wertvoll für alle Friedensprojekte. Dies ist ein schönes ausgleichendes Öl und besonders geeignet für die Erdung. Das Rot wird die mentale Luftigkeit des Blaus erden. Yoga-Schüler und Hellsichtige werden deshalb feststellen, daß es einen enormen Wert für sie hat. Auch nach der Meditation sollte es angewendet werden.

* * *

Indem ich die verschiedenen Balance-Kombinationen beschreibe, versuche ich das Verständnis des Lesers zu öffnen, damit sich die Schatztruhe voller Juwelen offenbart, die darin verborgen liegt. Jeder von uns hat die nötige innere Wahrnehmungsfähigkeit; sie ist ein Geschenk an jene, deren Finger-

Das Wunder der Farbheilung

spitzen und Herzen sich sanft, aber hungrig nach dem tieferen, umfassenden Wissen der Selbstoffenbarung ausstrecken. Wandere durch die Juwelen, die vor dir liegen. Sie haben ihre eigene Sprache; erlerne sie. Sie sind ein Buch in sich selbst; lies es und wisse, daß sie letztlich ein Spiegel sind, der dir vorgehalten wird – und das Wunder erschließt sich dir.

Die Zeichen und Symbole in Aura-Soma-Balance

Ein Zögern, geboren aus Ehrfurcht und Respekt vor dem Unbekannten, macht es mir besonders schwer, die Zeichen und Symbole zu erläutern, die sich durch Schütteln in den Balance-Flaschen bilden. Diese kleinen Wunder, die scheinbar unaufgefordert vor unseren Augen erscheinen, schreiben mit unsichtbarer Hand eine Geschichte in die Öle. Deshalb muß ich den Leser von vornherein um Nachsicht und Verständnis bitten, wenn ich versuche, etwas in Worte zu kleiden, für das es kaum Worte gibt.

Symbole haben schon immer existiert und wurden durch die Zeitalter hindurch in allen Religionen und Kulten verwendet. Selbst die frühen Steinzeitmenschen drückten ihre tiefsten Gedanken durch Zeichnungen und Zeichen an Höhlenwänden aus. So esoterisch es scheinen mag: Symbole tragen durch eigene, besondere Kraft die Botschaft, die übermittelt werden soll.

Die obere Hälfte einer Balance-Flasche kennzeichnet die Gedanken und Gefühle des gegenwärtigen Bewußtseins gegenüber der eigenen Bestimmung, die ihrerseits in der unteren Hälfte verborgen liegt. Die obere Hälfte repräsentiert den bewußten Verstand, während die Basis für die unbewußten zugrunde liegenden Tendenzen steht.

Die linke Seite der oberen Hälfte zeigt den weiblichen Aspekt des Selbst, die intuitive, mitfühlende Seite; die rechte Seite der oberen Hälfte die männlich-analytischen Aspekte der Weisheit. Die Mittellinie zwischen dem oberen und unteren Teil steht für

Das Wunder der Farbheilung

die Essenz oder „Lebenslinie", die zwischen unserem bewußten Wissen und dem verläuft, was wir nur erahnen können. Nach dem Schütteln der Flasche verbinden sich manchmal die Bläschen zu einer oder mehreren pyramidenartigen Formen. Wenn dies im oberen linken Teil auftritt, scheint das auf eine Verbindung zum alten Ägypten hinzudeuten, auf Wissen und Erfahrung aus jener Zeit.

Im Bereich der Träume und der Meditation existieren keine Grenzen. Der fliegende Teppich befindet sich in unserem Inneren. Die Zeit verschwindet, Entfernung hat keine Bedeutung und kein Maß, die Seele ist frei. Es gibt Zeiten, in denen wir uns innerlich danach sehnen, Plätze und Orte vergangener Leben wieder aufzusuchen, die eine Beziehung zu unserem gegenwärtigen Leben haben. Die Seele, die mit ihrer ungeheuren Anhäufung von Karma und Weisheit reist, die sie im Laufe der Evolution angesammelt hat, hungert nach ihren vergangenen Erfahrungen und sucht diese zusammenzutragen, wenn die Not am größten ist.

Träume sind Vehikel, die geistige, körperliche und emotionale Erinnerungen transportieren und manchmal auch einen Blick in die Zukunft gewähren.

An dieser Stelle muß ich eine Warnung aussprechen und um Vorsicht bitten. Der Leser möge sich nicht zu sehr auf diese Figuren und Formen in den Balance-Juwelen fixieren. Falls er es tut, geht es ihm vielleicht wie den beiden Psychiatern, die sich ständig mit den Problemen anderer beschäftigen. Sie begegnen sich auf der Straße und begrüßen einander. Der eine fragt: „Wie geht es Ihnen?" und sagt, noch bevor der andere antworten kann: „Wie geht es mir?" Selbstbeobachtung, falls sie ans Neurotische grenzt, kann die Auseinandersetzung mit der Wirklichkeit des Lebens verhindern. Wie so vieles, kann auch Balance mißbraucht werden.

Die obere rechte Seite steht mit den mentalen Aktivitäten der rechten Gehirnhälfte in Verbindung. Eine Pyramide hier würde

Die Zeichen und Symbole in Aura-Soma-Balance

(wegen der Affinität zur Pyramiden-Zeit) die Suche nach Weisheit anzeigen. Manchmal kann man klar abgegrenzt oberhalb der Pyramide etwas sehen, das der goldenen Kuppel von Mekka gleicht. Man könnte dies als Berechtigung deuten, sich auf eine spirituelle Reise zu der alten Weisheit zu begeben, die diesem Menschen einst verfügbar war.

Auf der physischen Ebene kann die Flasche als Umriß des Körpers betrachtet werden. Die Mittellinie bezeichnet die Taille. Die obere Hälfte symbolisiert den oberen Teil des Körpers mit seinen verschiedenen Organen und Störungen. Der Bereich unterhalb der Mittellinie repräsentiert den Körper unterhalb des Solarplexus. Obwohl hier vom physischen Bereich die Rede ist, müssen wir uns immer bewußt sein, daß der Körper mit der geistigen und emotionalen Natur verbunden ist und daß kein einziger Teil des menschlichen Wesens eine Insel ist.

Körperlich gesehen könnte eine Pyramide auf der Mittellinie (dem Solarplexus) auf die Notwendigkeit einer Regulierung hinweisen. Eine Blockade im Verdauungstrakt oder falsche Ernährungsgewohnheiten könnten die Ursache sein. Im letzten Fall kann es ratsam sein, die Ernährung umzustellen.

Es ist fast überflüssig zu erwähnen, daß diese Interpretationen nur die Spitze des Eisberges sind. Der Rest bleibt von euch zu entdecken, zu berühren und zu erkennen.

Streifen – gerade Linien, die gewöhnlich in der oberen Hälfte der Flasche erscheinen – zeigen ein Emporstreben der Seele, um höhere Ebenen in dieses Leben hineinzubringen, das stille Sehnen nach dem Höheren Bewußtsein. Sehr oft erscheint um diese Streifen herum oder für sich allein eine spinnwebartige Substanz, die, wie ich glaube, Karma, Verdunkelung, Unglücklichsein und Aufruhr der Vergangenheit darstellt, was durch die seelische Weiterentwicklung geklärt wird. Letztendlich kann dies nur gut sein. Wenn all das, was einmal war, durch die Nebel der Zeit hindurch in das gegenwärtige Leben tritt (angezeigt in der oberen Hälfte der Flasche), kann es nur karmische Klärung bedeuten, eine Zeit der Freude.

Das Wunder der Farbheilung

Die verschiedenen Formen sind zahlreich, und jede hat ihre eigene Interpretation. Ich gebe euch nur Richtlinien für einige. Den Rest überlasse ich der Höheren Führung in euch und der Gottheit.

Es können verschieden große Blasen erscheinen. Wenn eine einzelne Blase auf irgendeiner Seite über der Mittellinie auftritt, könnte es gegensätzliche Kräfte, Trennungen oder einen unentschlossenen Verstand anzeigen. Bitte bringt dies nicht mit den Energieebenen und den Disharmonien durcheinander, die im vorigen Kapitel beschrieben wurden.

Eine flusige Wolke auf der ganzen Länge der Mittellinie zeigt eine Weggabelung im Leben an, eine Zeit der Entscheidungen, die getroffen werden wollen und sollen. In diesem Fall empfehle ich, das ganz grüne Balance-Öl aufzutragen oder auch das „Gelb-über-Grün"-Öl, damit die Entscheidung mit Weisheit gefällt werden kann.

Wolken in der oberen Hälfte sieht man oft bei Menschen, die ein geistiges, körperliches oder mentales Problem haben. Auf der geistigen Ebene ist das Wahrnehmungsvermögen durch den Verstand umwölkt, der versucht, auch für das Überrationale eine rationale Erklärung zu finden. Auf der mentalen und körperlichen Ebene sind solche Wolken oft ein Anzeichen von innerem Trauma, von Störungen oder mentaler Verwirrtheit; doch können sie ebenso auf Traumata und Zusammenbrüche zurückzuführen sein, die durch äußere Umstände verursacht sind, durch Situationen, die plötzlich aus dem Gleichgewicht gekommen oder belastend geworden sind.

Ein zur Mittellinie hin gekrümmter Bogen in der oberen Hälfte könnte eine Störung im Brustkorb anzeigen. Das betreffende Chakra kann sehr gut mit dem Blau-über-Grün-Öl gestärkt und wieder ins Gleichgewicht gebracht werden.

Blasen oder Linien am Hals der Flasche, der das „Kommunikations"-Chakra repräsentiert, das mit Hals, Mund und Kopf verbunden ist, werden am besten mit der ganz blauen „Friedens"-Flasche oder dem Rescue-Öl (Blau-über-Tiefmagenta) be-

Die Zeichen und Symbole in Aura-Soma-Balance

handelt. Hier besteht die Notwendigkeit, das Kommunikations-Chakra zu befreien, um den ungehinderten Energiefluß von der Fontanelle durch das Dritte Auge zu ermöglichen. Die Klärung von Blasen auf dieser Ebene könnte in der Zukunft Freiheit und Klarheit der Sprache und des Denkens ermöglichen.

Aus spiritueller Sicht repräsentiert die untere Hälfte der Flasche die Seele auf ihrer spiralförmigen Evolutionsreise durch die Zeit. Der erste Hinweis auf Zeit-Regression* bei einem Menschen kann das Erscheinen einer grafikartigen Struktur sein, die an der Mittellinie haftet und nach unten zeigt. Große Ansammlungen geränderter Blasen, die in verschiedenen Stufen nach unten reichen, bezeichnen Tumulte und karmische Situationen, mit denen wir während unserer Entwicklung konfrontiert waren.

Bitte erinnert euch, daß diese Interpretationen und Darstellungen nicht zur Unterhaltung benutzt werden sollten, sondern zur Klärung von Bereichen karmischer Störungen, von „Eitertaschen", in denen schwelt, was bewußtgemacht werden sollte. Mit dem Leeren dieser „Taschen" kommen Selbsterkenntnis, neue Gedanken, neues Leben, neue Kraft, und die Seele kann wieder in Sicherheit und Freiheit reisen. Mit Unterstützung eines guten Reinkarnations-Therapeuten wäre dies zu erreichen.

Wiederbelebungen der Vergangenheit, wiederkehrende Muster, die als Alpträume erfahren werden, können in der Form von Spinnweben erkannt werden, die in der oberen und unteren Hälfte hängen. Das Einfließen der unteren Farbe in die obere Flaschenhälfte wurde oft als Einfluß der Vergangenheit auf die Gegenwart interpretiert, als Probleme, die in der Vergangenheit nicht gelöst wurden und nun in der Gegenwart auftauchen.

Während ich dieses Buch schreibe, wird mir ein besonders interessantes Phänomen gezeigt. Ein Therapeut präsentiert mir

---

* wenn Erinnerungen an frühere Leben ins Bewußtsein steigen

Das Wunder der Farbheilung

ein Blau-über-Tiefmagenta-Öl, das nach dem Schütteln etwas aufweist, das bisher noch nicht erwähnt wurde. Ein Aufwurf aus dem Purpur liegt auf der Mittellinie im blauen Bereich. Er bleibt dort eine ganze Weile, als ob er sich durch eine Barriere oder Blockade kämpfen müßte. Dann fällt er zurück in die Vergangenheit, den unteren Teil der Flasche. Ich sehe dies als Kampf der Vergangenheit, der Heilungsfähigkeit, die sich bemüht, die Barrieren und Defizite dieses Lebens mit seinen Enttäuschungen zu durchdringen. Dieser junge Heiler wartet auf ein Wunder, das – wenn er es nur wüßte – auf ihn wartet! Es gibt eine Blockade, die entfernt werden muß, dann wird die volle Kraft hervortreten.

Auf der mentalen Ebene zeigen die gleichen Streifen oder Blasen, die zwischen der Mittellinie und dem Boden der Flasche erscheinen, den Einfluß der Vergangenheit auf eine gegenwärtige Situation; oder sie zeigen, daß nach vergangenem Wissen gesucht wird, um es in der Zukunft weise anzuwenden.

Fünfecke zeigen den Zeitreisenden, den Weltraumbewohner an, den Wanderer, den Heiler, die Weisen des Morgenlandes, die, wie schon einmal, den Stern suchen.

Für die körperliche Deutung der unteren Hälfte gilt die Deutung der oberen Hälfte, nur umgekehrt. Statt der konkaven, zur Mitte hin gekrümmten Form, die oben erscheint, betrachten wir nun die konvexen, von der Mitte weggewölbten Bögen in der unteren Hälfte. Die Tiefe, bis zu der die Bögen reichen, entspricht dem Sitz der betroffenen Körperorgane. Wenn also ein Bogen tatsächlich den Boden der Flasche erreicht, so verweist das auf die Basis der Wirbelsäule, auf das Steißbein oder die Beine. Manchmal zeigt das allein schon die Notwendigkeit eines kompletten Chakren-Ausgleichs an, denn die Wirbelsäule ist das Kontrollzentrum für die ganze Länge des Rückens, und freie Bewegung und freier Fluß sind auf allen Chakra-Ebenen erforderlich. In diesem Falle wäre es angebracht, das Aura-Soma-Rescue-Öl und gleichzeitig die grünen Öle zu benutzen.

Die Zeichen und Symbole in Aura-Soma-Balance

Der nächste Bogen darüber hat mit den Geschlechtsorganen, der Gebärmutter, den Keimdrüsen, dem Trieb zu tun. Danach kommen wir zur Leber, zu den Nieren, zur Blase und bewegen uns aufwärts bis zum Nabel. Ein nur etwas höher stehender Bogen würde anzeigen, daß ein Ausgleichen im Verdauungstrakt und im Solarplexus erforderlich ist.

Schwangerschaft kann durch eine ovale Form angezeigt werden, die quer zur Mittellinie im Zentrum der Flasche verläuft. Manchmal umschließt sie sogar eine zauberhafte „Kaulquappe" oder eine fötusartige Form in ihrer Mitte. Wenn der Kopf dieser Fötusform unter die Mittellinie weist und sein Ende hochstrebt wie ein Komet, zeigt dies die Ankunft einer alten, besonderen Seele an; hier kommt ein Kind des Neuen Zeitalters, das das Leben in anderen Bereichen des Universums kennt und dessen Bestimmung in der Heilung dieser Zeit liegt.

Wolken in der unteren Hälfte sind Zeichen karmischer Gewalt oder Aggression gegen die Seele in der Vergangenheit oder Zeichen für jemanden, der in der Vergangenheit seines jetzigen Lebens Aggressionen erfahren hat. Der Pomander ist hier von unschätzbarem Wert (siehe Seite 205ff). Außerdem sollten für eine Weile Rosa aufgetragen und rosafarbene Kleidungsstücke gewählt werden, bis das Gefühl von Sicherheit, Freiheit und Wohlsein zurückkehrt.

Das Kind des Neuen Zeitalters

In jedem Menschen liegt ein tiefes Wissen von einem Höheren Bewußtsein verborgen, das die Lebenskraft lenkt und führt. Schon seit frühester Zeit verehrte der Mensch diese Kraft entsprechend seiner jeweiligen spirituellen Entwicklungsstufe. In ursprünglichen Gesellschaften war Ahnenverehrung üblich, die im frühen China zum Beispiel Religion war. Die ältesten Darstellungen altägyptischer Gottheiten in Vogel- oder Tiergestalt erschienen lange vor den ersten Hieroglyphen und bereiteten den Weg für Götter in menschlicher Gestalt. Animismus – der Glaube, daß Flüsse, Bäume und so weiter und Naturphänomene wie Sonne, Wind und Regen lebende Seelen haben – war in vielen Kulturen verbreitet.

Re, Sonne und Herrscher des Himmels, war nur eine der Gottheiten, die die alten Ägypter anbeteten. Die Inkas in Peru verehrten einen Schöpfergott und nach ihm Sonne, Mond, Donner und eine Vielzahl von Felsen und Bäumen. Die Sonne war der persönliche Gott der Inkas. Sie nahm einen wichtigen Platz in der Staatsreligion ein und spielte eine große Rolle bei der Festigung ihres Reiches. Von der Religion der Druiden ist uns nur wenig bekannt, doch aus den Schriften von Plinius und Julius Cäsar erfahren wir, daß die Druiden ihre Riten in Eichenhainen vollzogen und vermutlich die Naturkräfte verehrten.

Viele ursprüngliche Kulturen basierten darauf, daß der König, das Oberhaupt der Gesellschaft, auch eine Inkarnation des Gottes war. Entsprang dies dem tiefen inneren Wissen und Bewußtsein von der Gottheit in einem selbst? Der Mensch hat das Bedürfnis nach Anbetung; doch die religiösen Begriffe, die er

Das Wunder der Farbheilung

wählt, sind nur insofern wichtig für ihn, als er eine Beziehung zu ihnen finden kann. So gibt es viele Götternamen, viele Religionen und viele Sekten, doch alle führen zu dem Einen Licht.

Jede Essenz ist wie ein Stück Glas,
Durch das das Licht des Seins dringt –
Jeder der gefärbten Splitter funkelt in der Sonne.
Tausend Farben –
Doch das Licht ist Eins.

Lao Tse

Das Kind von heute, geboren an der Schwelle des langerwarteten Wassermann-Zeitalters, ist ein besonderes Kind: ein Bote der neuen Zeit. Sehr viele Seelen, die sich heute inkarnieren, sind auf ihre wahre Bestimmung hin programmiert und wurden aus allen Winkeln der Erde – und tatsächlich des ganzen Universums – zusammengerufen. Es sind alte Seelen, Lehrer, Meister, Heiler aus dem Raum, und alle sind Führer.

Neulich hörte ich auf Tonband eine interessante Aussage von Dr. Guy Manners, der über die Messung von Schwingungen sprach. Er sagte, daß die Schwingungen der Menschen heutzutage rapide ansteigen. Meiner Meinung nach hat dies mit dem Neuen Zeitalter zu tun und besonders mit den Kindern, die in den letzten Jahren geboren wurden.

Solch ein Kind kommt zu uns mit Erfahrungen, die es in vielen Leben gesammelt hat. Es ist an hohe Schwingungen gewöhnt und sehr wohl fähig, seine Mission auf höheren Ebenen auszuführen. Es kommt in völligem Gleichgewicht auf die Erde, was zuerst einmal bedeutet, daß es das normale Leben eines Kindes führt und dadurch gut geerdet ist. Gott nimmt seinen Auserwählten nicht die Kindheit, die eine Chance zu Wachstum und Erfahrung ist. Wie sollen sie lernen, wenn nicht durch Erfahrung? Es ist für sie die Zeit des „Auf- und Hineinwachsens". Die Erinnerungsbanken und das verborgene Wissen in ihnen warten auf ihre endgültige Befreiung. Obwohl sie

Das Kind des Neuen Zeitalters

wie normale Kinder erscheinen, ist doch eine ganz eigene Qualität an ihnen. Beobachtet sie auf diese Besonderheit hin! Mein Vater meinte diese Kinder, als er sagte, man müsse sie davor schützen, „so himmlisch zu werden, daß sie auf der Erde nutzlos sind".

Ich bin davon überzeugt, daß Erwachsene, die aus dem Gleichgewicht gekommen und unerklärlich lasterhaft und verdorben scheinen, das Opfer ihrer Unfähigkeit sind, mit den höheren Schwingungen fertig zu werden, mit denen sie ohne die nötige Vorbereitung konfrontiert wurden. Auf rein körperlicher Ebene hat man festgestellt, daß einige raffinierte Lebensmittel und Lebensmittelzusätze bei manchen Menschen, besonders bei Kindern, Hyperaktivität oder Aggressionen hervorrufen können. Wenn Nahrung für den physischen Körper solche schrecklichen Disharmonien erzeugen kann, wieviel mehr Verwüstung kann dann ungewohnte geistige Schwingung, die Nahrung der Seele, anrichten?

Eines Nachts während der Meditation erhielt ich meine Anweisungen. Ein zusätzliches Balance-Set sollte geboren werden: ein Chakra-Set speziell für die Kinder des Neuen Zeitalters, die die Verheißung unserer Zukunft sind.

Die obere klare Hälfte symbolisiert die himmlische Silberschnur. Sie ist unbelastet von irdischen Einflüssen, stellt die Beziehung zum Geistigen dar und zeigt die höheren Schwingungen an, die jetzt auf die Erde gelangen. Die untere Hälfte der Balance-Flasche steht wie sonst für eine Chakra-Farbe.

Es handelt sich um ein fortgeschrittenes Balance-System, das zur Führung, Entwicklung und zum Schutz des Kindes entwickelt wurde. Das Kind wird vom Augenblick der Empfängnis an auf seinem Weg der Entwicklung mit fünf verschiedenen Ölen begleitet. Jedes symbolisiert und stillt die Bedürfnisse der jeweiligen Wachstumsperiode.

Die Anleitung, welche Balance-Kombination wann benutzt werden sollte, habe ich in die Lebensperioden, wie ich sie sehe, eingebunden. Dennoch hat jeder von euch in seinem In-

Das Wunder der Farbheilung

neren einen Höheren Führer. Wenn intuitives Wissen euch zu einem anderen Öl führt, gehorcht ihm, denn im Gehorsam liegt das Zeichen des Glaubens.

Um ein besonderes Kind zu empfangen, sollte das Gelb-über-Rot-Balance-Öl, die „Sonnenaufgangs"-Flasche, angewendet werden. Das Elternpaar, das eine besondere Seele empfangen und auf die Erde bringen will, muß den Geschlechtsakt über den rein körperlichen Akt erheben. Das sexuelle Verlangen muß in völligem Gleichgewicht mit Zärtlichkeit und Weisheit stehen und das liebende Paar in vollständiger geistiger Einheit sein. In diese Harmonie kann die wartende Seele voller Freude und ohne Angst eintreten. Die harmonischen, liebenden Gedanken des Paares erzeugen eine Energie, die die Empfängnis umgibt. Die Farbe dieser Energie zieht die Seele des Kindes zu dem befruchteten Ei.

Blau-über-Rosa (B 20)

Das Blau-über-Rosa-Balance-Öl, die „Frieden und Liebe"-Flasche, ist eine ganz besondere Kombination und sehr wichtig für wahres Gleichgewicht. Diese wunderbare Kombination steht für die Verwirklichung der „zwei Hälften" in uns allen, dem Männlichen und dem Weiblichen, den ruhigen, empfänglichen, nährenden Eigenschaften des Yin, die durch die feurige Dynamik des Yang perfekt ausgeglichen werden.

> *Und Gott schuf den Menschen ihm zum Bilde,*
> *zum Bilde Gottes schuf er ihn;*
> *und schuf sie als Mann und Weib.*
>
> 1. Mose 1, 27

Die Allegorie von Adams Rippe, aus der Eva erschaffen wurde, ist sicher ein Hinweis darauf, daß die beiden Aspekte des Seins aus dem Inneren eines einzigen Körpers kamen.

Das Kind des Neuen Zeitalters

Das Blau-über-Rosa-Öl hilft der gleichgewichtigen Entwicklung beider Aspekte, ohne den einen abzulehnen oder den anderen zu hemmen. Es ist ein Öl zur Bewußtwerdung. Viele Menschen wählen es als Aurafarbe aus, was anzeigt, daß die jeweilige Person in vollkommenem Gleichgewicht ist. Es ist schöpferisch. Das Kind kommt aus der Gebärmutter – sie ist die Wiege der Schöpfung, die durch die rosafarbene Hälfte dargestellt wird. Die Kreativität braucht ein Ziel, eine Bestimmung, und die notwendige Ausrichtung geschieht durch den männlichen Charakter des Blaus.

Dieses wunderbare Öl ist bekannt als das Rescue-Öl für das Kind des Neuen Zeitalters. Tatsächlich ist es eine feinere Variante des Blau-über-Tiefmagenta-Öls, des Erwachsenen-Rescue. Daher kann die Blau-über-Rosa-Kombination bei Babys oder Müttern während der Schwangerschaft angewendet werden; es ist hilfreich für beide.

Laßt das Kind oder den jungen Menschen, der Harmonie und Ganzheit braucht, dieses Öl benutzen, denn es ist eine grundlegende Hilfe zur Selbstfindung. Dem jungen Mädchen, das sich mehr Geltung verschaffen sollte, und dem Jungen, der sorgsamer sein müßte, bringt es Liebe und Frieden. Benutzt es als Schutz vor emotionalen Krisen und als Vorbereitung auf anstrengende Situationen. Eine Anwendung pro Woche dient sowohl zum Schutz als auch zur Reinigung.

Jetzt wollen wir über das Balance-Set für das Kind des Neuen Zeitalters sprechen. Fünf wunderbare Kombinationen, jede mit einer klaren silberfarbenen oberen Hälfte. Das Silber (Klar) ist das Symbol der Klarheit, die Silberschnur, die immerwährende Verbindung mit dem Göttlichen in uns allen; es verleiht Klarheit der Schau und der Bestimmung und geistige Bewußtheit. Es ist durch nichts Materielles getrübt und wird durch die Silberschnur geleitet, die eng mit der Krone unseres Kopfes verbunden ist, in der die alten Erinnerungen und Weisheit ruhen. Wenn Situationen nicht harmonisch sind, tauchen in dieser

Das Wunder der Farbheilung

Hälfte Wolken auf. In solch einem Fall wird die Situation durch die in diesen Ölen enthaltenen Schwingungen gereinigt. Das Silber steht für den Beginn der Entwicklungsreise der vom Karma noch unberührten und unbehinderten Seele. In seiner absoluten Reinheit und ursprünglichen Bestimmung repräsentiert es die unbefleckte Seele, bevor das Leben seine klebrigen Finger auf sie gelegt hat.

Silber-über-Rosa (B 11)*

Laßt uns zuerst über die Silber/Rosa-Kombination sprechen, die ein Öl tiefer spiritueller Liebe ist. Während der ersten zarten Monate des Kindes ist die Fontanelle noch nicht geschlossen und das Kind noch mit dem Unendlichen verbunden. Dies muß so sein, solange Informationen in die Erinnerungsbank eingespeist werden. Gott sagt zu Seinen Engeln: „Wir werden diese Öffnung im Schädel nicht schließen, bis wir im Laufe eines Jahres alle Erinnerungen der Vergangenheit und Wissen für die Zukunft hineingegeben haben, damit sie zum Zeitpunkt des geistigen Erwachens befreit werden können." Der physische Körper entwickelt sich nach seinen eigenen Regeln und bereitet so den Rahmen, der das wahre Selbst in dieser Inkarnation unterstützen soll.

Mädchen finden einen Bezug zu diesem äußerst feinen, rosafarbenen Öl. Die alte Regel „Rosa für Mädchen und Blau für Jungen" hat ihre Wurzel in der Wahrheit. (Man sagte mir allerdings, daß diese Regel in Belgien genau umgekehrt ist!) Weiblichkeit wurde schon immer durch die sanfte, weiche, liebevolle Farbe Rosa ausgedrückt. Sie steht auch für das Beschützende der Mutter, die das Kind instinktiv nährt und vor Aggressionen schützt.

---

* In der Aura-Soma-Flaschenliste heißen diese Kombinationen immer „Klar-über-...".

Das Kind des Neuen Zeitalters

Das Silber-über-Rosa-Öl ist das „Liebe dich selbst"-Öl. Während der Weiterentwicklung der Seele führten harte Erfahrungen und die Bildung von Karma dazu, daß viel Selbstliebe verlorengeht. Die zarte Seele wird manchmal durch äußere Umstände oder Verlangen in einen falschen Kanal geistiger Entwicklung gestoßen und segelt wie unter falschen Farben. Während dieser traumatischen Zeit, wenn Liebe und Respekt für einen selbst verloren sind, wenn man innerlich weiß, daß das wahre Selbst betrogen wurde, beginnen psychologische Projektionen. Wenn du dich selbst nicht liebst, wie kannst du dann deinen Nächsten lieben? Wirst du nicht alle Frustrationen und alles Versagen, alle Reue, durch die dein Leben gefärbt wird, und den Haß über den Betrug deines inneren Selbst auf sie projizieren? Wirst du sie nicht still all dessen beschuldigen, was du an dir selbst am meisten haßt? Sind sie nicht zum Spiegel deiner selbst geworden? Sich selbst zu lieben heißt auch, die Tür der Liebe für die anderen zu öffnen und selbst geliebt zu werden. Die Silber/Rosa-Balance-Flasche, die „Liebe dich selbst"-Flasche (dich selbst, wie du warst, wie du sein kannst und wie du sein wirst) ist das Heilmittel, das regelmäßig benutzt werden sollte, um Selbstachtung, Wissen um das wahre Selbst und Klarheit des Blicks zu fördern. Viele Menschen haben von der Veränderung ihrer selbst und ihrer Situation berichtet, nachdem sie dieses sanfte Öl benutzten.

Ein erwachsener Mensch, der um eine klare Einsicht in das Wesen der Liebe bemüht ist, sei es im Geben oder im Nehmen, sollte dieses Öl benutzen. Es wird nicht nur jenen helfen, die Schwierigkeiten mit ungelösten Kindheitsproblemen haben, sondern auch denen, die an psychosomatischen Beschwerden leiden.

Das Wunder der Farbheilung

Silber-über-Blau (B 12)

Reich mir die Hand,
Damit ich den Frieden des
Himmlischen Blaus mit dir teilen kann.
Auf daß die teure Hand der Liebe
Dich willkommen heißt
Und eine Königskrone
Auf dein Haupt setzt.

Edna Holford

Das Silber-über-Blau-Balance-Öl bezieht sich auf den kleinen Jungen und hilft ihm, seine Identität aufzubauen. Dieses sanfte Blau bringt die stillen Elemente ein, die von dem wilderen Jungen manchmal gebraucht werden. Bei einem überaktiven, vielleicht sogar aggressiven Kind sollte gelegentlich das Rosa mit seinen weiblichen·Aspekten angewendet werden, um das gestörte Gleichgewicht wiederherzustellen. Umgekehrt kann das Silber/Blau-Öl bei Mädchen angewendet werden, denen es an Durchsetzungskraft oder Selbstvertrauen mangelt oder die vielleicht als Kleinkinder schlechte Esser sind. Ihnen gibt dieses Öl ein größeres Maß an Durchsetzungskraft. Ist ein Mangel an Selbstvertrauen bei einem Jungen angezeigt, wäre ein tieferes Blau, vielleicht mit einem Hauch Rot, angebracht. Das Aura-Soma-Rescue-Öl (Blau-über-Tiefmagenta) würde hier gut passen.

Auf der körperlichen Ebene können das Silber/Blau-Öl oder das ganz blaue Öl (die „Friedens"-Flasche) bei Fieber, in Zeiten der Gereiztheit oder bei allen Infektionskrankheiten angewendet werden, die Kinder durchmachen. Wir haben festgestellt, daß das Öl schon durch das Anschauen Frieden bringen kann, die Umgebung beruhigt und kühlt und so eine Wohltat im Krankenzimmer ist.

In der Pubertät kann es ein tieferes Verständnis für die Bestimmung und innere Gelassenheit verleihen. Es ist gut für jeden, der Frieden und Klarheit sucht, und es hilft dem Er-

Das Kind des Neuen Zeitalters

wachsenen, der seine Kindheit prüfen muß, um für die Gegenwart voll zu erwachen. Das Silber/Blau-Öl kann auch für jemanden stehen, der die Unordnung seines Lebens klären will, um seiner tieferen seelischen Bestimmung zu folgen. Oft finden Menschen, die auf irgendeinem Gebiet der Heilung arbeiten – einschließlich der Heilung ihrer selbst –, Hilfe durch diese Kombination.

Silber-über-Grün (B 13)

Reich mir die Hand,
Denn zarte Berührung
Wird einen Raum erschaffen,
Wo Seelen sich begegnen können
Im süßen Heim der Liebe.
Und du kannst ruhen
Auf dem sanften Grün.

Edna Holford

Als nächstes sprechen wir über die Silber-über-Grün-Kombination. Allen Müttern ist das Stadium bekannt, in dem das Kind buchstäblich versucht, seinen eigenen Raum zu finden, indem es alles und jedes berührt, ergreift und untersucht. Manchmal werden diese Entwicklungsjahre „die schrecklichen Zwei" genannt. Eltern und Großeltern glauben, ein kleines Sprengkommando sei in ihrer Mitte aufgetaucht, und alle kostbaren Gegenstände wandern ein Stück höher, aus der Reichweite kleiner Hände.

Während das Silber dem Kind ermöglicht, seine geistige Stellung zu finden (denn in diesen prägenden Jahren muß ein Kind nahe am Geistigen gehalten werden, von wo es ja gekommen ist), hilft ihm das Grün, sich selbst und seinen Platz in dieser Welt zu erkennen, und schenkt ihm inneres Wissen über seine Beziehung zum Geistigen.

Das Wunder der Farbheilung

Grün hilft, Entscheidungen zu fällen, und fördert Klarheit des Denkens. Es paßt sehr gut, wenn man eine Weggabelung im Leben erreicht. Es gibt eine Entwicklungsstufe in unser aller Leben, auf der wir wissen müssen, wohin und mit wem wir gehen, auf der wir alles „Warum" und „Wieso" vergessen und im Glauben vorwärtsschreiten sollten. Es ist bekannt, daß die Chakra-Farbe Grün Raum und Platz schafft. In diesem Zusammenhang schenkt dieses Öl das Vertrauen, uns körperlich und mental zu entspannen. In Kombination mit dem Silber können wir so ein erweitertes Bewußtsein erfahren, das zu größerer Harmonie mit unserer Umgebung führt. Es wurde schon erwähnt, daß Grün auf einer niedrigeren Gedankenebene materiellen Zuwachs begünstigen kann. Auf einer höheren Ebene glaube ich, daß, wenn der Raum und der Ort stimmen und die richtige Entscheidung getroffen wurde, alles von selbst fließen wird.

Kobolde, Elfen und Feen, Bewohner der Wälder, die eine natürliche Beziehung zu Mutter Erde und ihren Geschöpfen haben, hingebungsvolle Tierliebhaber und übrigens auch Tierheiler: sie alle haben einen großen Bedarf an Grün. Es gibt Leben innerhalb des Lebens der Wälder, und die Geheimnisse dort werden nur denen offenbart, die Ohren haben zu hören und Augen zu sehen. Hellsichtige, deren Wahrnehmung sich von der anderer Menschen unterscheidet, besitzen ebenfalls einen Bezug zu Grün.

Dieses Öl lindert Klaustrophobie und wird oft von Menschen benutzt, die sich von ihrer Routinearbeit oder in geschlossenen Räumen eingeengt fühlen. Unschlüssige können von allen Grün-Kombinationen viel Hilfe erfahren. Es ist möglich, die Herz-Chakra-Flaschen mit dem Silber-über-Grün-Öl auszutauschen oder gemeinsam mit ihm anzuwenden.

Silber-über-Gold (B 14)

Reich mir die Hand,
Auf daß wir den Weg
Mit dem reinen Gold der Liebe finden,
Deinen Schmerz zu lindern,
Dein Herz zu öffnen
Und deine Seele aufzuschließen
Für den Strahl der Weisheit.

Edna Holford

Dieser Lebensabschnitt, in dem die Horizonte des Kindes sich erweitern und es Beziehungen zu Schulkameraden, Lehrern und Freunden eingeht, ruft nach größerer Weisheit und größerem Schutz. Eltern wissen sehr wohl, daß sie während dieser Zeit, in der sie ihre Kinder ins Leben hinaustreten sehen, manchmal leicht zurückstehen müssen. Wohl bewußt aller Fallstricke, Versuchungen, Verletzungen und Enttäuschungen, die vor ihrem Nachwuchs liegen, stellen sie fest, daß sie in ihrem Wunsch, am Leben ihrer Kinder teilzuhaben, sie zu schützen und zu führen, mit Worten nichts mehr ausrichten können. Erschwerend wirkt das Verlangen des heranwachsenden Kindes, allein und auf eigene Weise weiterzukommen. Obwohl sie sie noch brauchen, stoßen sie aus dem Herzen kommende Hilfsangebote von sich. Es ist ihre Zeit, ihre Wachstumsperiode. Oft habe ich gespürt, daß hier auf beiden Seiten Weisheit nötig ist, bei den Kindern und den Eltern. Die Anwendung von Gelb für Weisheit nützt allen und sollte von allen angewendet werden. Es verbindet das Kind mit den Eltern und mit der Silberschnur, die alle schützt und führt.

Nun erreichen wir die Pubertät, die Zeit des jungen Erwachsenen, in der das alte Wissen, das von Geburt an bis zum Schließen der Fontanelle eingegeben wurde, weise kanalisiert werden kann. Die Erinnerungsbank der Vergangenheit ist die Verbindung zur Zukunft. Nun kann der Jugendliche auf die

Das Wunder der Farbheilung

Silberschnur-Gaben seiner Erinnerungsbank zurückgreifen und sie in der Gegenwart gut gebrauchen.

Erinnert euch, Gelb oder Gold in der oberen Hälfte jedweder Kombination gibt und bezieht sich auf Weisheit. Gelb-über-Grün verleiht die Weisheit, den eigenen Platz richtig auszuwählen und auszufüllen. Gelb-über-Rot schenkt ausgleichende Weisheit, um Erd- und Sexualenergien zu kanalisieren. Gelb-über-Blau gibt dem Heiler Weisheit, bringt Frieden und Harmonie in das ganze Wesen.

Silber-über-Violett (B 15)

Kommen wir nun zum Silber-über-Violett-Öl. Die Zeit ist angebrochen, in der das Kind nach intensivem Sammeln irdischer Erfahrungen – den Verführungen, herrlichen Augenblicken und bedrückenden Fehlschlägen – „es wieder zusammenbekommen" muß, um seine wahre Position einzunehmen und alles Vorangegangene zur Anwendung zu bringen. Wer versucht, diese Erfahrungen zu verdrängen, kann sicher sein, daß sie zu ungelegener Zeit als dunkle Momente auftauchen und „Aufhänger" zur Folge haben, „Haken", an die man alle Rechtfertigungen und allen Groll aufhängt. Gute und schlechte Erfahrungen fördern das Wachstum und sollten genutzt werden.

Das Violett strebt nach oben, schafft aber zugleich ein vollkommenes Gleichgewicht zwischen Himmel und Erde. Es führt zu klarem Denken und zu Objektivität gegenüber der wahren Rolle des Individuums und seiner Lebensaufgabe. Den Jugendlichen kann diese Kombination davor schützen, daß die Anziehungskraft des Irdischen die Harmonie des wahren Wesens völlig untergräbt. Violett ist eine erhebende und schützende Farbe. Sie gibt Festigkeit gegenüber niedrigeren Ebenen der Versuchung und erlaubt doch volles Bewußtsein über den Bedarf an Erdenergien in ihrer Ganzheit. Diese Farbe schenkt

Das Kind des Neuen Zeitalters

ein Stück Himmel und hilft so, die Seele auf der Erde ins Gleichgewicht zu bringen.

Nun zu den Erwachsenen. Wenn wir dieses Öl anschauen, sehen wir dann nicht den Visionär, den schaffenden Künstler, den Dichter, den Gelehrten mit seiner Feder, die mächtiger ist als ein Schwert? Sehen wir nicht auch den Heiler? Wenn ich „Heiler" sage, gebrauche ich diesen Begriff im Sinne aller Aspekte von Heilung mit all ihren Quellen in allen Welten, den sichtbaren und den unsichtbaren. Unsere suchende Seele (und wurde nicht gesagt, daß der Mensch sich stets bemühen sollte, seinen Horizont zu erweitern) strebt immer aufwärts, wie sehr wir auch versuchen mögen, sie zu zügeln. Meditation und die Öffnung des Dritten Auges werden durch diese Farbe sehr beeinflußt. Wenn man mit der ganz violetten Balance-Flasche meditiert, ist es unentbehrlich, zur Erdung die ganz rote Balance-Flasche oder eine Rotkombination im Raum zu haben oder etwas Rot auf Füße und Handflächen aufzutragen. Wie hoch und weit in Geist und Zeit wir auch immer reisen, unsere Füße müssen fest auf der Erde bleiben.

Das silber/violette Öl ist die geistige Version der Blau-über-Tiefmagenta-Rescue-Flasche. Es bringt Klarheit in die Meditation, Reinheit in die Gedanken und die Weisheit alter Seelen. Es fördert Ruhe, Klarheit und gute Urteilskraft auf der materiellen, emotionalen und geistigen Ebene. Es ist ein unschätzbares Mittel gegen Aggressivität und Bitterkeit und hilft bei der Behandlung psychisch Kranker, indem es sie auf allen Ebenen wieder ausgleicht. Denn obwohl die Seele um ihre eigene Harmonie weiß, sind der Verstand und der Körper hier aus den Fugen geraten. Die Silber-über-Violett-Kombination ist auch ein Schutz vor dem Bedürfnis nach künstlichen Stimulantien wie Drogen und Alkohol und vor jeder Art von Übertreibung und Mißbrauch. Diese stimulieren vielleicht den Körper, doch sie zerstören die Seele.

* * *

Das Wunder der Farbheilung

Dieses Set von Balance-Ölen wurde nicht nur für das Balance-Kind geschaffen, sondern generell für Menschen, die aus dem Gleichgewicht gekommen sind. Mittels dieser Öle kann die Ursache der Störung erreicht und behandelt und das wahre Selbst offenbart werden. Alkoholiker, Drogensüchtige, Gewalttätige, Besessene, Depressive, Frustrierte und Verzweifelte, alle, die nicht mit ihrem wahren Selbst und der Gottheit in sich in Verbindung stehen, können Hilfe durch diese Kombinationen erfahren.

Essenzen, Pomander und Quintessenzen

Eine dunkle Flamme erhob sich in den geheimsten Tiefen des Mysteriums von Ain Soph, dem Unendlichen, wie ein Nebel, der Form annimmt aus dem Formlosen, umgeben vom Ring der Sphären, nicht weiß noch schwarz, nicht rot noch grün, noch von irgendeiner Farbe. Als die Flamme Form annahm, schuf sie strahlende Farben. Eine Quelle sprang aus ihr hervor und ergoß sich über alles, was unter ihr war.

(aus dem „Sohar")

Mein in der Apotheke erworbenes Wissen sollte nicht verloren sein, als ich Fußpflegerin wurde. Ich sammelte weiterhin Kräuter und Blumen und extrahierte ihre Essenzen, um sie für meine heilenden Cremes, Lotionen und schließlich auch für die Balance-Öle zu verwenden. Zu diesem Zweck bauten wir in Kings Ransom Kräuter an. Ich benutzte niemals getrocknete, sondern ausschließlich frische Pflanzen.

Einst hatte ich von meinem Vater gelernt, daß Pflanzen (die ja lebendige Energien sind) nur zur richtigen Zeit geerntet werden dürfen. Wenn die Sonne ihre Strahlen zu einem letzten Lebewohl sandte oder wenn der Tau wie ein Segen auf sie gefallen war, erntete ich nur jene, die reif waren und ihre volle Wirksamkeit erreicht hatten.

Nachdem ich sie betend gepflückt hatte, legte ich sie sorgfältig hin, wie ein Kind, das in die Gebärmutter seiner Mutter gelegt wird, und umhüllte sie mit bedingungsloser Liebe. So erwarteten sie ihre Zeit, wie ein Kind seine Geburt erwartet.

Das Wunder der Farbheilung

Wenn ihre Zeit gekommen war, traten sie in ihr neues Leben ein, in ihre Reinkarnation.

In Kings Ransom stellte ich mit Inspiration eine Kollektion verschiedener Pflanzenessenzen her. Jede Flasche enthielt neunundvierzig Extrakte und Essenzen, wobei ihr Verhältnis in jeder Flasche anders war. Als wir Kings Ransom verließen, nahm ich meine „Babys", wie ich sie nannte, mit und setzte meine Arbeit an ihnen fort. Sie warteten auf ihre Bestimmung, auf ihre Zeit. Etwa fünfzehn Jahre später – Balance war schon geboren – erhielt ich plötzlich die Anweisung: „Sende diese lebendigen Energien, diese Pflanzen, in die Welt hinaus, denn ihre Zeit ist nun gekommen."

So entstand der Aura-Soma-Taschen-Pomander. Mittlerweile gibt es neben dem Original verschiedene Variationen, jede in einer anderen Farbe. Ihr wahrer Sinn wird noch offenbart werden.

Der Name „Pomander" entstand in den dunklen Zeitaltern und bezeichnet eine Methode, Düfte für Schutz- und Heilungszwecke zu verströmen. Seit es menschliches Bewußtsein gibt, wurde Räucherwerk von den Priestern religiöser Kulte verwendet. Die Inkas benutzten heilige Kräuter in ausgehöhlten Nußschalen. In elisabethanischen Zeiten erhielten Richter Kräutersträuße, um sich in öffentlichen Gerichtssälen vor schlechter Luft und Infektionen zu schützen. Kräuterpomander wurden in Pestzeiten zum Schutz gebraucht, doch viele ihrer geheimnisvollen Bestandteile gingen im Lauf der Jahrhunderte verloren, und ihre Bedeutung verdunkelte sich.

Aura-Soma hat mit den Pomandern die ursprünglichen Bestandteile wiederentdeckt. Die Pomander haben die numerologische Bedeutung der Zahl 49, da jeder sieben mal sieben symbolische Kräuter enthält.

Giftige Substanzen regnen auf die Erde, und die Pflanzen scheinen zu wissen, daß sie bedroht sind. Essenzen, die heutzutage hergestellt werden, sind, verglichen mit solchen vor zwanzig Jahren, aggressiver und leicht ätzend. Auch die Menschen

Essenzen, Pomander und Quintessenzen

scheinen aggressiver, vielleicht wissen sie intuitiv um die Gefährdung, die in der Atmosphäre liegt.

Der Aura-Soma-Taschen-Pomander entstand kurz vor unserem zweiten Besuch in Dänemark im April 1986. Es war während des Tschernobyl-Unglücks, über Skandinavien fiel radioaktiver Niederschlag. Die Niederschläge waren so schwer, daß Mike und ich, bevor wir wußten, was passiert war, eine Reizung auf den Lippen und im Hals spürten. Intuitiv trugen wir das Taschen-Rescue-Öl auf, und die Symptome wurden gelindert. Als wir dann hörten, was passiert war, verwendeten wir den Pomander, um die Verschmutzung beseitigen zu helfen. So fanden der Pomander und das Taschen-Rescue ihr Einsatzgebiet.

Am Ende einer Ausstellung, auf der wir einen Stand hatten, war die Atmosphäre ziemlich belastet. Unter den Besuchern waren Drogenabhängige und Raucher. Die Organisatoren schickten Leute mit Kräutersträußen umher, um die Schwere zu vertreiben (zweifellos nach demselben Prinzip wie die Sträuße der Richter). Doch wahrscheinlich war die Kombination der Kräuter nicht korrekt, denn es zeigte sich keine Wirkung. So schickte ich Mike Booth mit ein oder zwei Leuten und dem Pomander los. Die Organisatoren kamen an unseren Stand, bestätigten die Verbesserung der Atmosphäre und kauften ein paar Pomander. Seitdem empfehlen wir ihren Gebrauch immer dann, wenn die Atmosphäre bedrohlich wirkt.

Den Pomander verwendet man folgendermaßen: Drei Tropfen werden auf die Handinnenflächen gegeben und anschließend über den Kopf und um die Peripherie des Körpers geführt. Damit ist der Schutz der Chakren und des elektromagnetischen Feldes gewährleistet. Viele Menschen wenden mittlerweile diese Schutzmethode an; die Nachfrage nach dem Pomander steigt täglich, aus England und der ganzen Welt.

Weitere kraftvolle Düfte, die nun für das Neue Zeitalter zur Verfügung stehen, sind die „Meister-Quintessenzen". Jede hat

Das Wunder der Farbheilung

einen wunderschönen hellen Farbton und enthält besondere Essenzen. Die Quintessenzen wirken auf einer höheren Ebene als die Pomander. Man trägt sie auf den Puls der Handgelenke auf. Auch sie werden um den Kopf und den Körper herum in die Aura eingefächelt und öffnen so unsere intuitive und geistige Wahrnehmung. Die Quintessenzen wurden auch schon „heißer Draht zum Himmel" genannt, weil sie eine Brücke bilden zwischen dem Anwender und dem spirituellen Meister, zu dem er gehört; dem Meister, der dieselbe Wellenlänge hat und der auf die Seelengruppe des Anwenders eingestimmt ist.

Die Balance-Öle werden also auf die Haut aufgetragen, während die Pomander und die Quintessenzen Düfte freisetzen. Doch bei allen ist Farbe der Schlüssel, der das Tor zu den Wellenlängen des Körpers öffnet.

Laßt uns wieder zur Pflanzenwelt zurückkehren. Bestimmte Pflanzen haben geistigen Zutritt zum „Größeren Garten des Seins" und können sich über die Brücke hin- und herbewegen. Die wunderschöne Rose zum Beispiel geht während ihrer Blütezeit hin- und herüber. Alle im Großen Garten kennen sie. Die Liebe, die sie personifiziert, ist die bedingungslose Liebe, die ihr jenseits der Brücke begegnet und die sie auf die Erde mit zurückbringt.

Seit meiner Kindheit haben die Farben der Blumen – die ja die äußere Darstellung ihrer inneren Tugend sind, die Essenz ihres Seins, ihre Aura, ihre Seele – immer eine besondere Faszination für mich gehabt. Ich glaube und bekam diesen Glauben schon bestätigt, daß Blumen und Tiere ihre eigenen Sprachen, ihre eigenen Kommunikationsmittel haben.

Wenn jemand „wissenschaftliche" Beweise braucht: Pflanzen reagieren auf Farben und Musik und auch auf ein Gespräch zwischen einem Menschen und ihnen. Es scheint, daß Musik in den Pflanzen Entwicklung hervorruft. Blumen gedeihen besonders gut, wenn sie Liebe und Ansprache erhalten, und geben die Liebe durch ihre Schönheit zurück. Strecken sich nicht auch die Pflanzen mit ihrem ganzen Wesen dem Licht entge-

Essenzen, Pomander und Quintessenzen

gen, so wie wir es tun? Hören sie nicht eine Antwort im innersten Kern ihres Seins, so wie wir? Geben sie ihr Leben nicht freudig, denn werden sie nicht zu den drei wichtigsten Ereignissen im menschlichen Leben überreicht: Geburt, Hochzeit und Tod, und als Ausdruck der Liebe? Zu geben liegt in ihrer wie auch in unserer Natur. Genau wie wir kämpfen auch sie dafür, daß Farbe in diese Welt zurückkehrt, daß Heilung und Liebe regieren mögen. Die Seele der Blume ist überragend in ihrer Hingabe und spirituell in dem, was sie zu erreichen sucht.

Inmitten meiner geliebten Blumen und Kräuter wurde mir allmählich klar, daß ich begann, ihnen ewiges Leben zu geben, wie es mein Vater vor mir getan hatte. Indem sie sich für die Heilung und das Glück anderer verschenken, bringen sie ein wahres Opfer der Liebe. Es ist ihr Anspruch, so wie es unserer ist, hier auf Erden ihre Schönheit zu erfüllen und danach ewig zu leben. Wäre es jenseits der Grenzen der Möglichkeit, daß die Blume, die sich auf dem Altar der Liebe geopfert hat, eines Tages Teil der Seele wird, für die sie dieses Opfer brachte? Können wir nicht weiter annehmen, daß im letzten, höchsten Herschenken ihres Lebens die Blume Teil der Gottheit wird?

Wenn ich Blumenessenzen herstelle, sehe ich manchmal, wie die Farbe der Blume in der Essenz reflektiert wird, und manchmal, wie die Essenz farblos bleibt. Wenn dies der Fall ist, zeigt die Farbe der jeweiligen Blumen, Früchte oder Blätter das Chakra oder die Körperregion an, mit dem oder der sie verbunden sind. Zum Beispiel: Lavendel – Stirn-Chakra; Goldene Ringelblume – Epidermis, Nervensystem, Magen und so weiter. Mir wurde bewußt, daß die Farben der Pflanzen eine Affinität zu den menschlichen Chakra-Farben haben.

Das Wunder der Farbheilung

Rot

Rot stimuliert, gibt Energie und steht in Verbindung mit Leidenschaft, Ehrgeiz, den grundlegenden Gefühlen, dem Sexualtrieb und allem, was „erdig" ist, ohne das das Leben keine Kontinuität, der Führer keinen Antrieb, der Heiler keine Erdung hätte. Astrologisch gesehen gehört Mars zu Rot; der Löwe-Mensch braucht Rot zur Anregung und wird sehr oft Rot, vielleicht in Verbindung mit Gold, als Balance-Flasche wählen. Ein Hellsichtiger stützt sich auf Rot, um Energien für die unsichtbaren Führer zur Verfügung zu haben, wenn er Kommunikation mit ihnen sucht.

Unter den Essenzen, die mit dieser Farbe verbunden sind, ist zweifellos die der roten Rose das allgemein akzeptierte Symbol der Liebe. Hypericum, das Johanniskraut, mit seinen rötlichen Stengeln und Beeren ergibt ein besonders schönes Rot, wenn Öl hinzugefügt wird. Die Rosengeranie ergibt ebenfalls eine wunderbare Essenz, denn sie erdet den geistigen Teil der Liebe und schafft so ein vollständiges Gleichgewicht. Das von den Chinesen sehr geliebte Ylang-Ylang ist so belebend, daß es als ureigenes Aphrodisiakum der Natur bezeichnet wird. Hier muß auch die geschätzte Bergamotte erwähnt werden, die, wenn sie mit den ihr verwandten Essenzen benutzt wird, Harmonie fördert.

Auf der körperlichen Ebene bringen diese mit Rot verbundenen Essenzen Heilung, indem sie die Energien in Bewegung setzen, die schon in uns vorhanden sind. Sie machen die so nötig gebrauchten Erdenergien zugänglich, und sie schenken Liebe. Diese Essenzen sind im ganz roten Balance-Öl enthalten und natürlich auch in allen Rotkombinationen des Balance-Sets.

Essenzen, Pomander und Quintessenzen

Rosa

Die rosafarbene Essenz steht in enger Verbindung mit der Gebärmutter, mit weiblichen Eigenschaften und der schöpferischen und bedingungslosen Liebe, die Frauen* so gut bekannt ist. Sie ist klar in der Essenz der Rose (dem wunderschönen Muschel-Rosa) und der Rosengeranie ausgedrückt. Das Rosa des Perlmutts hat für Atlanter eine besondere Bedeutung in bezug auf Heilung, speziell bei Blasen- oder Gebärmutterproblemen.

Rosa nimmt eine einzigartige Stellung ein. Selten ist es in den Essenzen, doch immer sehr klar in den Blumen sichtbar. Es bringt Sanftheit, Ruhe und Stille und besitzt seine Heileigenschaften durch eben diese Tugenden. Man wird buchstäblich „in das Rosa" versetzt. Der Begriff „im Rosa sein" bezieht sich auf jene Augenblicke, in denen völliger Einklang und Harmonie im ganzen Wesen herrschen; die Zeit, in der wir uns geistig und mental selbst lieben und daraus physische Gesundheit folgen kann.

Die Rückmeldungen nach Anwendung der rosafarbenen Balance-Öle, die die genannten Essenzen enthalten, beweisen, daß sie von großem Nutzen bei überaktivem Zellwachstum sind.

Orange und Gold

Blumen haben, wie Menschen, ihre eigene Aurafarbe. Da die Farbe der Blume oft mit einer menschlichen Chakrafarbe übereinstimmt, gibt sie uns einen klaren Hinweis auf die mögliche Verwendung der Pflanze zur Heilung auf körperlicher, mentaler und geistiger Ebene. So stellten wir fest, daß die tieforange-

---

* Siehe Anmerkung auf Seite 179.

Das Wunder der Farbheilung

farbene Calendula (Ringelblume) eng mit den in der Erinnerung gespeicherten Schockreaktionen in Beziehung steht. Sie hilft daher, jahrhundertealtes und gegenwärtiges Karma aufzulösen, das Blockaden, Ängste und Energiemangel verursacht. Die tiefgoldene Ringelblume, die mit ihrer Farbe dem Solarplexus, der „Spaghetti-Kreuzung" des Wesens entspricht, ist ein vorbeugendes Mittel gegen Schocks und beseitigt kraftvoll schon bestehende Blockaden, die aus der Gegenwart oder Vergangenheit herrühren und mit Haut- oder Nervenproblemen einhergehen. Sie bringt das Sonnenlicht, um Geist und Muskeln zu entkrampfen. Das Aura-Soma-Calendula-Bad schenkt uns Gleichgewicht, Leichtigkeit und Wiederherstellung der Kräfte.

Diesem Chakra-Bereich sind alle nach Zitrone duftenden Pflanzen wie Zitronenmelisse (die Sanfte), Zitronengras und Zitronelle zugeordnet. Alle Zitronenkräuter sind wertvoll im Kampf gegen fremde Kräfte und aggressive Substanzen oder Situationen. Sie versorgen uns mit ihrem eigenen Sonnenlicht und Vitamin C und legen so ihren Beitrag in das Gefäß der Heilung, eine wahrhaft goldene Garbe an Leben und Licht.

Stellen wir uns als nächstes ein Orangenblütengebinde vor, das Bräuten und all jenen geschenkt wird, die sich auf ein neues Leben vorbereiten. Die Essenz der Orangenblüte, bekannt als Neroli, hat, wie ich glaube, ein besonderes Verhältnis zu den Ländern, in denen Orangen angebaut werden. Manche Menschen werden feststellen, daß diese Essenz, abgesehen von ihren vielen anderen Anwendungsgebieten, helfen kann, Erinnerungen an frühere Inkarnationen in mediterranen Ländern auszulösen. Die Reaktion, die eine Essenz auslöst, ist gewöhnlich abhängig von unserer eigenen Resonanz. Denkt daran: Wenn eine deutliche Aversion gegen einen Duft besteht, könnte eine schmerzvolle Erfahrung aus der Vergangenheit oder aus vergangenen Inkarnationen der Grund dafür sein. Man tut gut daran, diese Essenz zur karmischen Reinigung zu benutzen, denn es ist die Blockade, die die Reaktion auslöst.

Essenzen, Pomander und Quintessenzen

Wie oft versetzt uns ein Geruch in der Zeit zurück? Der unerwartete Duft eines vergessenen Erlebnisses aus der Kindheit kann plötzlich Erinnerungen aufwühlen. Es gibt ein Geheimnis um Neroli, und es ist interessant zu vermerken, daß ein Mensch, der zu dieser Essenz keine Beziehung finden kann, nicht wünscht, in die Vergangenheit zurückzublicken. Aufgrund der Beziehung zwischen Neroli und der Vergangenheit und der Gegenwart und weil Träume und das Syndrom der Schlaflosigkeit gewöhnlich mit Erinnerungen aus der Vergangenheit oder mit gegenwärtigen Problemen verknüpft sind, ist leicht zu verstehen, warum diese Essenz, entweder in Form von ein bis zwei Tropfen im Badewasser oder als Orangenblütenwasser, einen einschläfernden Effekt hat. Für manche Menschen ist es als Parfüm sehr geeignet. Ein Tropfen, hinter das Ohr gegeben, kann, wie oft berichtet, das Dritte Auge öffnen.

Die goldene Sonnenblume, die ihr Antlitz ewig der Sonne zuwendet und deren Herz den Samen ihrer Existenz bloßlegt, hat ihren Platz in all meinen Essenzen. Die Sonnenblume ist tatsächlich ein Katalysator für sie und stellt eine Art spirituelles Gefäß dar, in dem die anderen Essenzen ruhen wie im Schoß von Mutter Erde.

Wir können nicht weitergehen, ohne einen kurzen Blick auf die hübsche Kamille mit ihren sanften Blütenfingern zu werfen, die alle kleinen Verstimmungen im Verdauungstrakt beseitigt. Ihre Fähigkeit, das Haar mit Sonnenschein zu berühren und das Gold, das in ihnen liegt, hervorzubringen, ist wundersam zu beobachten.

Grün

Nun kommen wir zur Farbe Grün: dem Herz-Chakra, dem Raumgeber, dem Leiter, dem Heiler, dem „Alles in Allem", dem wahren Überbringer von Ruhe und dem Auslöscher von Karma, der ergänzenden Farbe aller Heilkräuter und -essenzen,

Das Wunder der Farbheilung

denn jede Pflanze hat Grün als Basis in ihren Stengeln und Blättern.

Einmal sagte eine Farbtherapeutin entsetzt zur Blau-über-Grün-Balance-Flasche, dem exquisiten Juwel des Herzens: „Sie können Blau und Grün nicht zusammen verwenden!"

„Warum nicht?" fragte ich verdutzt, denn alle meine Kombinationen entstanden durch Inspiration.

Die Farbtherapeutin schüttelte den Kopf. „Es sind aneinandergrenzende Farben im Rad", sagte sie.

Ich lächelte. „In welchem Rad? Sollten wir vielleicht den ‚heißen Draht' zum Himmel benutzen und Gott sagen, daß Er einen Fehler gemacht hat und daß die stolze blaue Blüte der Kornblume, die auf ihrem grünen Stengel ruht und von grünen Blättern eingehüllt ist, oder das Vergißmeinnicht, das sich in sein grünes Bett kuschelt, nicht im Einklang mit dem Rad sind?"

Es folgte Stille. Nicht lange danach änderte die Therapeutin ihre Meinung, denn das blau/grüne Balance-Öl brachte viele positive Rückmeldungen.

Es ist offensichtlich, daß das Grün der Pflanzen grundlegend heilt. Es ist das Zentrierende in der Pflanze, das Versorgende und Regenerierende, aus dem das ganze Wesen der Blüte emporsteigt. Wenn der Stengel krank ist, leidet die Blume. Ebenso gilt für den Menschen: Ist die Aura krank, leidet der Körper. Grün kann auf jeden Chakra-Bereich als zusätzliche Unterstützung für die jeweils benötigte Farbe aufgetragen werden.

Nun wenden wir uns dem Rosmarin zu, dem aromatischen Wächter des Gartens, dem Verteidiger gegen alle aggressiven Elemente. Rosmarin bringt Aktivität in Verstand und Erinnerungsvermögen. Es stimuliert, und mit seinen purpurnen Blüten und dem grünen Blattwerk bringt es Wohlbefinden im ganzen Körper hervor. Rosmarin wirkt wunderbar stimulierend, reinigend und kräftigend auf die Haare, und es hilft den Gedärmen gegen Parasiten. So ist Rosmarin eine „Kopf bis Fuß"-Essenz und allen ein guter Freund!

Essenzen, Pomander und Quintessenzen

In diese Kategorie fällt auch der blättrige Teil der Bergamotte, der grünen Göttin, Botin vollständiger Harmonie, alles verbindend und als Essenz süß, aber nicht penetrant. Bergamotte ist allen Essenzen beigefügt, bleibt ihrer Natur gemäß jedoch im Hintergrund. Sie ist eine sanfte Seele und gibt allen die bedingungslose Liebe, die in der Pflanzenwelt und in der menschlichen Seele so sehr benötigt wird.

Blau

Wir kommen nun zum Blau und sehen hier beispielhaft, welche Beziehung die Farbe einer Pflanze zu dem gleichfarbigen Chakra hat. Hier finden wir die Kornblume und das Vergißmeinnicht. Der ganzen Natur ihrer Farbe gemäß gehören sie zum obersten menschlichen Chakra, zum Kopf- und Hals-Chakra, und sind bei allen Problemen in diesen Gebieten hilfreich. Erinnerungen an die Vergangenheit pulsieren durch das Vergißmeinnicht, die Sehnsucht der Seele, die sich ausdrücken will, das Sehnen, das uns unerwartet packt, wenn die Seele emporstrebt und ruft: „Erinnerst du dich? Was ist mit mir?"

Blau ist der himmlische Überbringer von Frieden. Es ist von Bedeutung, daß Grün die Tiefe von Blau in sich trägt. Dies trifft insbesondere auf Jade zu, die Heilfarbe und das Juwel der Chinesen, und auf Türkis, eine Farbe zwischen Blau und Grün, die mit Gefühlen und geistiger Verwirklichung zu tun hat.

Violett

Für das oberste Chakra müssen wir an das sich neigende Veilchen denken, an das tiefpurpurne Stiefmütterchen und den Lavendel mit seiner noblen Würde und dem heilenden Duft, der alles ins Gleichgewicht bringt, was unter Streß steht.

Das Wunder der Farbheilung

Magenta

Magenta ist eine Kombination des violetten und des roten Endes des Farbspektrums, also der höchsten und der kraftvollsten Wellenlängen. Es wird aus dem Farbstoff Fuchsin gewonnen und Magenta* genannt, da seine Entdeckung in die Zeit der Schlacht von Magenta 1859 in Italien fiel. Sie hat sich als eine sehr wirkungsvolle Heilfarbe erwiesen. Magentatinktur wurde seit ihrer Entdeckung erfolgreich angewendet. Ich benutzte sie in meiner Praxis zur Behandlung von Fußpilz und anderen Pilz- und Virusinfektionen. In der Pharmazie war sie als „Dr. Castellanis Farbstoff" bekannt, wird heute jedoch Magenta-Farbstoff* genannt. Schaut man diese Farbe genau an, sieht man, daß sie das Beste aus vielen Welten enthält: das Rosa der Sanftheit und Liebe, das mit der Fontanelle im Schädel zu tun hat; Violett, die Brücke zur Heilung; und das Rot der Erde, die Erdungskraft. Das Magenta von Digitalis, dem Fingerhut, lindert Herzanfälle.

---

* Dies gilt für England. Im deutschen Pharmaziewesen wird dieser Wirkstoff nach wie vor „Fuchsin" genannt.

Kleinere Wunder

Damals im Krieg, als ich noch ganztags in der Apotheke arbeitete, die mittlerweile einen guten Ruf für persönliche Beratung hatte, kam mich einmal ein alter Freund, ein höherer Offizier aus dem nahen Luftwaffenlager, besuchen.

„Wir haben ein Problem im Lager", sagte er grinsend. „Jeden Freitag ist Inspektion der Ausrüstung. Das bedeutet, daß verschiedene Offiziere in die Schlafquartiere der Männer gehen müssen." Sein Grinsen wurde breiter. „Kannst du dir die Männer vorstellen, Vicky? Alle schlafen im gleichen Quartier. Ein Internat ist nichts dagegen. Schon allein in der Tür zu stehen kann tödlich sein. Und die Tür ist mindestens zwei Meter vom ersten Bett entfernt."

Ich lächelte, denn ich verstand, was er meinte: Fußschweiß und -geruch. Auf dem Gebiet der Fußpflege, die ich später erlernte, war es ein alltägliches Übel. Ich glaube, daß diese Art Körpergeruch unter allen anderen Arten einen besonderen Platz einnimmt – und zwar mindestens hundert Meilen von irgend jemandem entfernt.

Immer offen für eine schwierige Aufgabe, nahm ich dieses Problem mit in meine Meditation und empfing „New Bliss" („Neue Freude"; d. Übers.). Ich benannte es nach dem Kirchenlied „Neu an jedem Morgen ist die Freude". „New Bliss" wurde sofort angewendet und sehr geschätzt. Ich gab es später auch in meiner Praxis weiter. Vielen brachte es Erleichterung und Frieden.

Ich sollte hier erwähnen, daß, trotz all meiner Inspirationen, sich immer noch weitere Wirkungsebenen und Aspekte zeigen. Margaret überraschte mich, als sie sich aus einer Eingebung

Das Wunder der Farbheilung

heraus entschloß, „New Bliss" bei Hämorrhoiden anzuwenden. Ihre erste Patientin war die Frau eines Arztes.

„New Bliss" hatte sich schon als hilfreich bei Schweißausbrüchen unter der Brust und an den Schenkeln erwiesen. Beides ist zwar weit entfernt von den Füßen, doch wo andere Mittel versagten, war dieses in jedem Fall erfolgreich. Die Rezeptur enthält eine Essenz speziell gegen Aggressionen. Sie wird in Situationen eingesetzt, in denen Bedrohung und Aufregung herrschen. Insektenstiche, geschwollene Gelenke, Verstauchungen, alles scheint zu reagieren. Ich habe mich immer gegen den Begriff „Allheilmittel" gewehrt, aber die Rückmeldungen, die ich seit fünfzig Jahren erhalte, machen mich doch nachdenklich. Ich muß die erstaunlichen Verdienste einer Lotion anerkennen, die eigentlich nur für die Füße gedacht war. „New Bliss" wurde später in „Foothold" umbenannt und heißt heute „Carefree" („Sorgenfrei"; d. Übers.).

Alle meine „Kinder", die ich durch Meditation und Inspiration empfing und gebar, scheinen auf eine unberechenbare Art ein Eigenleben zu führen, als hätten sie ihre eigene Bestimmung und einen eigenen Willen. Ich spüre, daß es der Lebenspuls der Essenzen und der lebendigen Energien ist, den das Licht selbst, das Absolute, hineingegeben hat.

Vor achtundvierzig Jahren entstand „Beauty Bath" („Schönheits-Bad"; d. Übers.), das damals noch „Body Shampoo" hieß. Es ist ein seifenfreies Shampoo mit außergewöhnlich tiefenreinigenden Qualitäten, das mit Essenzen und Kräutern ausbalanciert ist, die auf natürliche Weise die Hautfette wieder aufbauen.

Im Lauf der Jahre bekamen wir viele Rückmeldungen von Patienten, die „Beauty Bath" benutzten. Viele nehmen nichts anderes mehr. Sie berichten von Arthritis, die unter Kontrolle gebracht wurde; in einem Fall hat sich ein steifer Nacken befreit, der aus einer zwölf Jahre alten Verletzung resultierte und seither beweglich geblieben ist. Als ich mich nach meiner Praxiszeit zur Ruhe gesetzt hatte und die wundersame Aura-Soma-

Kleinere Wunder

Ära, das „Tor zum Neuen Zeitalter", gekommen war, erhielt ich die Weisung, meine bisherigen Erzeugnisse umzubenennen. So wurde aus „Body Shampoo" „Beauty Bath".

All diese Präparate erscheinen innerhalb eines materialistischen Rahmens unbegreiflich, und doch sollten wir uns daran erinnern, daß es ein Fehler wäre, das Unerklärliche erklären zu wollen.

Es gibt eine gesundheitliche Irritation, die anscheinend nicht oder nur vorübergehend auf konventionelle Behandlungsmethoden anspricht. Sie erscheint als Juckreiz oder sogar in Form von Pusteln um die Geschlechtsorgane herum. Rückmeldungen trafen ein. Die Irritation reagierte anscheinend auf eine bestimmte Chakra-Farbe im primelfarbenen „Beauty Bath" mit seinen speziellen Extrakten und Essenzen. Rein als Bewahrer von Jugend und Schönheit hat „Beauty Bath" seinen Wert mehr als bewiesen.

Als wir während des Tschernobyl-Unglücks in Dänemark waren, wurden von den Medien sofort Jod-Tabletten empfohlen. Jod ist natürlich notwendig für die Schilddrüse, die sehr anfällig für Radioaktivität ist. Die Empfehlung wurde widerrufen, als allergische Reaktionen auftraten. Auch Mike litt darunter. Er setzte unser „Seaweed Mineral Bath" („Seetang-Mineral-Bad") ein, das es dem Körper ermöglicht, das enthaltene Jod in einer Dosis aufzunehmen, die er verkraften kann. So ergab sich über die schon etablierte Anwendung zum Wasserspeichern und Entgiften hinaus ein neues, wertvolles Einsatzgebiet.

Unsichtbare Hände, die mich auf geheimnisvolle Weise stets geführt haben, wandeln all diese Substanzen um, die durch meine Hände gehen, um die Erneuerungsbedürfnisse dieses Regenbogen-Zeitalters zu erfüllen.

Viele kleine Wunder sind geschehen, jedes anscheinend bestimmt für einen besonderen Zweck weit jenseits des ursprünglich beabsichtigten. Alle Substanzen enthalten Energien, die offenbar in die Zeitlosigkeit zurückreichen und eng mit den ältesten Heilkünsten verknüpft sind.

Quellen der Heilung

Alle Erscheinungsformen von Gottes Schöpfung – Blume, Wald, Land, Meer – können Quellen der Heilung sein. Jede dieser lebendigen Energien hat ihren Zweck und ihre Kraft. Das große Gebiet der Heilung hat viele Facetten, die auf alle Ebenen des Verstehens eingestimmt sind. So trägt der Gärtner mit dem „grünen Daumen" seinen Teil bei, indem er die Erde heilt, die Pflanzen pflegt und sein intuitives Wissen mit überfließender schöpferischer Liebe spendet. Der frühere Apotheker kannte die Alchemie der Pflanzenwelt und machte ihre lebendigen Energien nutzbar, indem er sie für die Heilung des Menschen- und des Tierreichs umwandelte.

Pflanzen heilen auf verschiedene Weise. Einige verheißen uns ein neues Leben, geben uns neue Hoffnung und erheben unsere Seele durch ihre Schönheit; andere schenken uns die Essenz ihres Seins – ihr ätherisches Leben – zur Heilung; wieder andere heilen durch die Kraft ihrer Farbschwingungen, die den Wellenlängen unserer Chakren entsprechen.

Und dann gibt es die Hellsichtigen und all jene, die durch den Schleier schauen, weil sie nicht durch das menschliche Konzept der Zeit behindert sind. Ihre Gabe kann, richtig benutzt, eine Quelle ganzheitlicher Heilung sein, die die Bedürfnisse von Körper, Geist und Seele berücksichtigt.

Oft stelle ich fest, daß der Begriff „Heiler" sofort mit dem Auflegen von Händen in Verbindung gebracht wird. Bei vielen Heilern ist das auch der Fall. Ich habe zahlreiche solcher Heilungen beobachten können und spürte, daß Engel diese Hände führten. Es gibt aber viele Ebenen der Heilung.

Das Wunder der Farbheilung

Ein Zuhörer kann Erleichterung schaffen und Frustration, Bitterkeit, Verhaftung oder tiefe innere Störungen lösen. Es ist vielleicht keine spektakuläre Spontanheilung, aber es setzt den Prozeß in Gang. Das Bedürfnis nach Liebe ist allumfassend. Ein Gruß, ein Lächeln, eine zarte Berührung, alles spielt eine Rolle. Das Tor zu jeglicher Heilung ist Hingabe, und der Schlüssel, der dieses Tor öffnet, ist Liebe.

Solche Gedankengänge werden heute von Menschen studiert und umgesetzt, die in der Weise des Neuen Zeitalters denken. Sie sind sich der Bedeutung von Heilung durch die menschlichen Sinne (Sehen, Riechen und Hören – Farbe, Aroma und Klang) bewußt.

Es ist mein fester Glaube, daß Heilung letztendlich göttlich ist. Jeder, der mit Heilung zu tun hat, ist nur ein Kanal. Bis das „Ich" im Selbst ausgelöscht ist, oder mit anderen Worten, bis das Ego transzendiert ist, kommt kein Heiler zu seiner vollen Kraft. Er muß zum aufnehmenden Gefäß werden, bevor er seine wahre Aufgabe erfüllen kann. Bei mir ist Heilung nie eine bewußte Handlung gewesen, ich werde immer unbewußt vom Höheren Bewußtsein benutzt. Es geschieht unaufgefordert, ungewollt. Deshalb zögere ich zu sagen, daß ich eine Heilerin, eine Hellsichtige oder sonst etwas bin. Im Grunde bin ich nichts, und nur solange ich nichts bleibe, kann Heilung geschehen. Bezeichnungen sind lediglich von Menschen gemacht; diejenigen, die heilen, arbeiten durch den Geist, sie sind uns menschlich bekannt, aber im Grunde namenlos.

Von meiner ersten Heilung, damals, als ich elf Jahre alt war, habe ich schon berichtet. Obwohl es mir immer widerstrebt hat, darüber zu sprechen, möchte ich doch noch einige Begebenheiten anführen, mit denen der Leser vielleicht etwas anfangen kann. Doch ich beanspruche nichts für mich selbst, außer vielleicht der Fähigkeit, benutzt werden zu können. Das ist alles, und ich denke, daß kein Heiler mehr für sich in Anspruch nehmen kann. Heilen zu können ist keine Fertigkeit, nichts, das man sich durch Übung oder eine Technik aneig-

Quellen der Heilung

nen könnte. Es wird einem gegeben und – dies ist eine Warnung – kann einem leicht wieder genommen werden, wenn man nicht den richtigen Gebrauch davon macht. Wenn du es mißbrauchst, verlierst du es. Manchmal werde ich gefragt: „Können Sie mich lehren zu heilen?" Wie könnte ich das? Wir sprechen von einer göttlichen Gabe. Es ist keine bewußte Handlung oder etwas, das man selbst herbeiführen könnte.

Warum muß es einen Mittler, ein Medium geben? Selbst wenn man ein Radio einschaltet, um eine Wellenlänge zu empfangen, braucht man das Radio als Medium, das dies möglich macht. Das Wort „Medium" meint genau das: sich auf die göttliche Wellenlänge einstimmen zu können, um zu heilen.

Jeder Person, die glaubt, Heilung zu brauchen, empfehle ich zu beten, daß ihr der richtige Kanal gesandt wird, durch den das Göttliche arbeiten kann. Auf geheimnisvolle und wunderbare Weise wird dann ein Heiler zur richtigen Zeit zum richtigen Ort geführt werden.

Die folgenden Begebenheiten passierten alle ungesucht und gegen meinen aktiven Willen. Die allgemeine Mentalität war damals nicht offen für solche Geschehnisse. Aus Angst vor Spott konnte und wollte ich mit keinem darüber sprechen.

Die Heilung, von der ich zunächst berichten will, geschah, als ich noch neu in Great Missenden praktizierte. Im Dorf lebte ein ganzer Querschnitt der Gesellschaft, von Grafen bis hin zu Farmarbeitern. Ich begann zu allen, die zu mir kamen, eine Beziehung aufzubauen. Sie wußten, daß ich sie mochte.

Eines Morgens kam Mrs. X in meine Praxis. Sie war eine liebe Seele, die in einem großen Haus bedienstet gewesen war. Als sie sich setzte, bemerkte ich, daß das übliche Lächeln und ihre Fröhlichkeit verschwunden waren. Ich fühlte ihre Traurigkeit und begann unser Gespräch sehr vorsichtig, um ihr Zeit zu geben, zur Ruhe zu kommen.

„Wie geht es Ihnen, meine Liebe?"

Das Wunder der Farbheilung

Ich schaute kurz auf. Ja, Tränen sammelten sich in ihren Augen.

„Ich bin sehr aufgeregt, Miss Wall", sagte sie, und nun flossen die Tränen. Ich hielt inne in dem, was ich gerade tat, ließ jedoch meine Hände auf ihr liegen. Ich schenkte ihr meine ganze Aufmerksamkeit.

„Ich war wegen meiner Augen beim Arzt", fuhr sie fort. „Er sagte, ich hätte grauen Star und müßte bald operiert werden." Sie schluckte nervös. „Ich habe schreckliche Angst davor, daß etwas an meinen Augen gemacht wird. Ich glaube nicht, daß ich es ertragen kann."

Ihre Furcht war wirklich groß, ich spürte das Zittern ihres Körpers. Sie lebte allein und hatte niemanden, bei dem sie ihre Ängste abladen konnte. Meine Anteilnahme öffnete die Schleusentore ihrer Gefühle, und das Mitteilen der Angst brachte ihr etwas Erleichterung.

Als ich meine Arbeit beendet hatte, gab ich ihr ihren Stock und geleitete sie zur Tür. Ich bemerkte, wie sich ihr Zustand verschlimmert hatte. In dieser Nacht hielt ich sie in meinen Gebeten und der Meditation in den göttlichen Heilstrom. Ich sah sie umflossen von wunderschönem blauem Licht. Ich fuhr fort, für sie zu beten, und jedesmal sah ich, wie das blaue Licht sie umhüllte.

Einen Monat später entdeckte ich ihren Namen in meinem Terminkalender. Es klingelte, und in der Tür stand Mrs. X, lächelnd und ohne Stock.

„Was denken Sie, Miss Wall?" sagte sie aufgeregt. „Der Arzt konnte es sich nicht erklären. Ich kann es auch nicht, aber plötzlich konnte ich wieder sehen, und ich brauche keine Operation mehr!"

„Wunderbar", sagte ich und lächelte zurück. In meinem Herzen sprach ich ein Dankgebet.

Der zweite Fall, über den ich berichten will, betrifft eine Holländerin, die in unsere Praxis in Amersham kam, um eine

Quellen der Heilung

alte Rückenverletzung behandeln zu lassen. Nach der Untersuchung rief mich Margaret Cockbain unter einem Vorwand in ihr Sprechzimmer. Margaret war eine überaus engagierte Schädel-Osteopathin. Ihre Arbeit war ihr Leben, und ihre erste Sorge galt ihren Patienten. Margaret ist eine wahre Bescheidenheit zu eigen, die andere Meinungen sucht und zuläßt, wenn sie selbst im Zweifel ist. Infolge verschiedenster Begebenheiten wußte sie, daß sie meiner Intuition vertrauen konnte; ich mußte nur eine Gelegenheit haben, ihren Patienten zu berühren. Untrüglich würde ich die kranke Stelle finden. Ein Austausch von Worten war nicht nötig.

Die Frau lag bäuchlings auf der Liege. Mit einer beruhigenden Geste legte ich meine Hand auf ihren Rücken, auf die Stelle, zu der sie hingezogen schien. „Tut mir leid, wenn ich störe", sagte ich, „ich bin eine Mitarbeiterin."

Sofort spürte ich das vertraute Prickeln in meinen Fingern. Es dauerte ein paar Sekunden, bis es aufhörte und ich meine Hand vorsichtig wegnehmen konnte. Dann verließ ich den Raum und kehrte zu meinem eigenen Patienten zurück.

Abends sagte Margaret: „Du hast bei dieser Holländerin Erfolg gehabt. Sie sagte, ihr Rücken sei absolut schmerzfrei, und das, ohne daß ich etwas gerichtet habe."

Nach medizinischer Beurteilung wäre es unmöglich gewesen, etwas zu richten. Margaret fuhr fort: „Bevor die Frau ging, fragte sie mich, wer ins Zimmer gekommen sei und sie am Rücken berührt habe. Sie sagte, es habe gebrannt. Offensichtlich ging es ihr sofort besser. Ich antwortete, daß es Miss Wall, die Fußpflegerin war, die im Raum nebenan arbeitet."

Drei Jahre später klingelte während einer vollen Sprechstunde mein Telefon. Unsere Sprechstundenhilfe informierte mich, daß eine Dame draußen warte, die mich dringend sprechen wolle.

„Hat sie einen Termin?" fragte ich und war neugierig, ob ich mit meinen Terminen in Verzug war.

„Nein", sagte die Sprechstundenhilfe, „aber sie sagt, sie sei

Das Wunder der Farbheilung

den ganzen Weg von Holland gekommen, nur um Sie zu sehen."

Verblüfft schlug ich vor, die Frau möge bis zur Mittagspause warten, was sie offenbar bereitwillig akzeptierte. Es war schon nach ein Uhr, als ich fertig war. Etwas widerstrebend bat ich die Besucherin in mein Zimmer; mir wurde gerade bewußt, daß mir meine Pause verlorenging – kurz, ich war hungrig wie ein Wolf. Sie trat ein und schaute mich aufmerksam an.

„Nun, was kann ich für Sie tun?" fragte ich.

„Sind Sie Miss Wall?"

Ich nickte.

Sie fuhr fort: „Vor drei Jahren haben Sie meinen Rücken geheilt. Ich habe keine Schmerzen mehr, bis jetzt, wenn ich einen Autounfall habe."

Ihr Englisch war nicht perfekt, aber ihre Bitte war klar.

„Bitte legen Sie Ihre Hand wieder auf meinen Rücken! Das ist alles, worum ich bitte."

Oje, was habe ich mir da eingehandelt, dachte ich. Das Professionelle in mir bäumte sich auf und erhob Einwände.

„Wissen Sie, es ist absolut unmoralisch für mich, Ihrer Bitte zu folgen. Wenn ich es tue und es bekannt wird, laufe ich Gefahr, als ‚Quacksalberin' abgestempelt zu werden."

Sie schaute mich an und hielt mühsam die Tränen zurück.

„Können Sie es nicht doch tun? Bitte! Ich verspreche Ihnen, es niemandem zu erzählen."

Im Alter von neunundvierzig Jahren, fast auf der Höhe meiner beruflichen Karriere, konnte ich eine nicht enden wollende Schlange von Invaliden voraussehen, die sich aus der Tür hinaus, die Straße hinunter bis nach John O'Groats* ziehen würde. Mir brach der kalte Schweiß aus. Eine Bemerkung über diese Angelegenheit, und alles, was ich mir erarbeitet hatte, wäre dahin. Ich hatte niemals versucht, auf Verlangen zu heilen. Doch

---

* nördlichster Landzipfel Schottlands

Quellen der Heilung

ich konnte in meinem Herzen keine Ablehnung finden. Ich betete still, und plötzlich sah ich ein Licht vor mir. Um die Frau flossen Ströme von Gold und Violett. Ich legte meine Hände auf ihren Rücken und spürte die Vibrationen.

Nachdem ich ihr Geldangebot abgelehnt hatte und sie gegangen war, suchte ich die letzten Reste meiner Rechtschaffenheit zusammen und beruhigte mich mit dem Wissen, daß ich nicht aus Eitelkeit oder Hoffnung auf Lohn gehandelt hatte, sondern ausschließlich aus Mitgefühl. Trotzdem schwitzte ich die nächsten paar Tage, kannte ich doch die menschliche Natur. Fast hatte ich Angst, die Zeitung aufzuschlagen, denn ich fürchtete, Berichte über meine Handlung abgedruckt zu sehen. Still schwor ich, mich niemals wieder einem solchen Risiko auszusetzen. Es ist traurig, wenn man bedenkt, daß man damals allein dafür bestraft werden konnte, ein Heilkanal für das Ewige Licht zu sein.

Zuletzt möchte ich von einem Fall der Heilung sprechen, bei dem es um Margaret geht. Sie und ich hatten gerade Abschied von Sylvia genommen, einer brillanten jungen Journalistin und guten Freundin, die vor gar nicht langer Zeit mit einer Neuigkeit herausgeplatzt war. Sie sagte, sie hätte eine innere Weisung erhalten, sich mit Kräutern zu beschäftigen. Ihr Leben war voller Enthusiasmus und Erwartung, und sie war wirklich „entflammt". Sylvia hatte schon immer meine Cremes benutzt und großes Interesse an den Blumen der Erde und deren Wirksamkeit gezeigt. Doch plötzlich befiel sie eine seltene Krankheit. Ungeachtet unserer verzweifelten Gebete verließ sie nach wenigen Wochen diese Welt. Ihr Ehemann und wir waren starr vor Schock. Es war das Ende eines begabten jungen Lebens ohne ersichtlichen Grund. Ich fiel in tiefste Mutlosigkeit und Verzagtheit und erlebte eine spirituell „trockene" Zeit.

In dieser niedergeschlagenen Stimmung beschlossen Margaret und ich, einen wohlverdienten Urlaub auf der Insel Wight zu machen. Eine Freundin, die als Bezirkskrankenschwester

Das Wunder der Farbheilung

arbeitete, wollte für ein oder zwei Tage zu uns stoßen. Ich konnte zu dieser Zeit noch sehen, und da ich eine begeisterte Autofahrerin war, fuhr ich praktisch den ganzen Weg in meinem alten Wolseley. Es war ein wunderschönes Fahrzeug, stabil wie ein Panzer, und ich war sehr stolz darauf.

Nachdem wir unsere Freundin vom Bahnhof abgeholt, ihr Gepäck im Kofferraum verstaut und sie sicher auf den Rücksitz gesetzt hatten, wollte Margaret sich gerade neben mich setzen, als ihr der Gedanke kam, sie hätte den Kofferraum nicht richtig verschlossen. Ich werde wohl nie erfahren, wie sie es angestellt hat, aber als sie sich aus der geöffneten Beifahrertür lehnte, um nach hinten zu schauen, steckte sie ihre Finger in das Scharnier der Tür, die im selben Augenblick zufiel. Ihre Hand war in der Falle. Unsere Freundin und ich mußten die Tür buchstäblich aufstemmen, um sie zu befreien. Margaret wurde weiß wie ein Leintuch. Sie muß fürchterliche Schmerzen gehabt haben.

„O Gott", sagte die Freundin, „laß uns sofort ins Krankenhaus fahren, Vicky."

Ich denke, ich kann in Bescheidenheit sagen, daß ich ein sensibler und mitfühlender Mensch bin und normalerweise bei solch einem Unglück in Panik ausgebrochen wäre. Margarets kostbare Hände! Die Hände, die durch ihre Arbeit Menschen heilten, waren durch diesen furchtbaren Unfall vielleicht unbrauchbar geworden! Aber da passierte das Sonderbarste überhaupt. Ruhe kam über mich. Bis dahin hatte ich noch kein Wort gesprochen.

„Nimm deine Finger in den Mund", sagte ich ziemlich beiläufig, „sie kommen wieder in Ordnung."

Mein Geist schien sich für einen Augenblick von meinem Körper gelöst zu haben. Ich sah ihre Hand plötzlich heil vor mir. Unsere Freundin auf dem Rücksitz war in heller Aufregung. Ich spürte ihre Gedanken und ihre Ungläubigkeit angesichts meiner scheinbaren Gefühllosigkeit. Mit Überzeugung wiederholte sie: „Bring sie sofort ins Krankenhaus, dies ist ein

Quellen der Heilung

Notfall!" Und als ich anfuhr, rief sie aus: „Wohin fährst du?"
„Heim", sagte ich ruhig und meinte damit den Wohnwagen,
den wir während des Urlaubs bewohnten. Ich fuhr vor, und wir
schauten uns die Finger an. Nichts Abnormales war zu sehen.
Ungläubig sagte unsere Freundin: „Morgen wird es wahrscheinlich anschwellen. Ich denke immer noch, daß die Hand
heute geröntgt werden sollte."
Doch die Tage kamen und gingen, und die Finger funktio-
nierten normal. Margaret hatte weder Schmerzen, noch war sie
in irgendeiner Art behindert; die Finger waren weder verfärbt
noch gequetscht. Heute, zwanzig Jahre später, bestätigt Margaret das völlige Nichtvorhandensein von Arthritis oder irgendeinem Schaden in dieser Hand. Aber im Lauf der Zeit
zeigte die andere Hand Verschleißerscheinungen, was nur verständlich ist, denn ihre Hände waren ununterbrochen in be-
ruflichem Einsatz.
Die Lektion, die ich durch diese Episode lernte, war ziemlich
wichtig. Dieser Tag war ein entscheidender Schritt vorwärts im
Wissen über Heilung. Wie viele Male hatten wir uns gequält
und für ein Wunder der Heilung für eine liebe Seele gebetet,
die dann doch unserer Reichweite entglitt und uns ratlos
zurückließ. So brennend hatten wir uns gesorgt, so tief geliebt,
so unermüdlich gebetet, und dennoch verließ uns der Mensch.
In der oben beschriebenen Situation wurde mir bewußter Abstand gelehrt, ein Verlassen des Körpers in die Astralebene hinein, in der erdgebundene Emotionen nicht stören können und
man ganz verbunden ist mit dem Ewigen Bewußtsein.
Viele Heiler finden es schwierig, innerhalb einer engen Beziehung zu heilen; es ist ihnen einfach unmöglich, Abstand zu
nehmen. Seit dieser Begebenheit habe ich versucht, die Fähigkeit der Astralreise für persönliche Situationen weiterzuent-
wickeln, und ich habe herausgefunden, daß es funktioniert.
Wie für den Körper, so gilt für die Seele: Es gibt kein „Sesam,
öffne dich", Fortschritt ist immer Ausdehnung und Wachstum.

Das Wunder der Farbheilung

* * *

Hier ist ein interessanter Epilog. Nach einer Spanne von etwa fünfzehn Jahren wurde ich während einer Ausstellung von einer Stimme begrüßt.

„Ist das nicht Vicky?" Die Stimme war unschlüssig.

Ich erkannte die Aura, es war Sylvias Ehemann. Kein Wunder, daß er überrascht war; als wir uns früher kannten, arbeitete ich als Fußpflegerin, und Balance war noch nicht geboren. Ich drehte mich um – und blickte in Sylvias Augen. Unmittelbar darauf fuhr er fort zu sprechen: „Ich mache Sylvias Arbeit. Ich bin mittlerweile geprüfter Kräuterpraktiker*."

Ich hatte keinen Zweifel, daß er voller Hingabe war. Mein Herz sang. „Willkommen, Sylvia", sagte ich still.

---

* Engl. „herbalist", in Großbritannien häufig vertretene Variation eines Heilpraktikers, der sich ausschließlich mit Heilkräutern befaßt.

Das Reich der Tiere

Aura-Soma dient Bedürfnissen aller Lebewesen des Tier-, Pflanzen- und Menschenreichs. Obwohl es uns mystisch und magisch erscheint, besitzt Aura-Soma auch eine aufregend praktische Seite.

In früheren Zeiten, als Beruf noch Berufung war, konnte man voraussehen, daß (von wenigen Ausnahmen abgesehen) jemand, der Arzt werden wollte, bereits ein Heiler war und jemand, der Tiere heilte, eine angeborene Liebe zu ihnen und eine hochentwickelte Intuition besaß. Heutzutage, da der Materialismus die Oberhand hat, werden Fleiß und Professionalität als ausreichende Motivation angesehen. Aber es ist unentbehrlich, daß ein Veterinär von einem angeborenen Verlangen beseelt ist, den Tieren ebenso gut wie sich selbst zu helfen.

Ein hochqualifizierter Tierarzt benutzt seit einiger Zeit den Aura-Soma-„Pomander", die wunderbare Mischung aus neunundvierzig Kräuteressenzen und -extrakten. Er beobachtete eine starke Wirkung auf die Tiere, besonders bei Ohrenkrankheiten.

Ekzeme und viele andere Hautkrankheiten bei Tieren reagieren erstaunlich gut auf die Balance-Öle. Es ist bemerkenswert, daß die Chakren bei Menschen und Tieren eine direkte Entsprechung haben. Unsere Augenbrauen brauchen sich bei dieser Tatsache nicht zu heben, denn sind wir nicht eins in allem? Es ist allgemein bekannt, daß die Pillen, Tränke und Injektionen, die von Veterinären verabreicht werden, identisch sind mit denen, die Ärzte ihren menschlichen Patienten verordnen (natürlich in milderen, angepaßten Dosen). Würde es also nicht

Das Wunder der Farbheilung

dem gesunden Menschenverstand entsprechen anzunehmen, daß Krankheit bei Tieren auf derselben natürlichen Basis behandelt werden kann wie beim Menschen? Einige Veterinäre haben angefangen, homöopathische Behandlungsweisen und das Denken des Neuen Zeitalters zu übernehmen.

Das Halten von Haustieren mit dem dazugehörigen Umgang und dem Streicheln wird heute für therapeutische Zwecke empfohlen. Bei Patienten mit Herz- oder Schlaganfällen, bei nervösen und depressiven Menschen zeigte diese Therapie schon gute Erfolge.

Von großem Wert für jede Heilung, beim Menschen oder beim Tier, ist die Kommunikation zwischen dem Heiler und dem Patienten. Wegen des Fehlens verbaler Kommunikation zwischen Mensch und Tier ist der Veterinär gewöhnlich auf Diagnosen allein aufgrund von manifesten Anzeichen und Symptomen beschränkt. Der Heiler aus Veranlagung jedoch, ob nun Tierarzt oder nicht, wird von seiner Intuition geführt und ist fähig zu einer stillen Verständigung mit dem Tier, so daß das Problem erkannt und behandelt werden kann.

Die Welt braucht dringend Tierheiler. Die Ernte ist reich, doch Arbeiter sind rar. Ich suche in jedem Gesicht, in jeder Aura, damit ich jene Menschen finde, die – ob es ihnen bewußt ist oder nicht – für diese Aufgabe bestimmt sind, seit Zeit und Zeitlosigkeit in ihnen verbunden wurden.

Die folgenden Beispiele stammen aus Briefen, die uns Aura-Soma-Therapeuten schrieben, die, wie Sie lesen werden, nichts über Tierheilung wußten und auch nicht als Veterinäre arbeiteten. Es ist erwähnenswert, daß in beiden Fällen dieselbe Farbkombination benutzt wurde, wie sie auch beim Menschen, d.h. in Beziehung zu den menschlichen Chakren, benutzt worden wäre. Ich meine hier die orangefarbene Balance-Flasche (die „Humpty Dumpty"-Schock-Flasche) und das Blau-über-Tiefmagenta-Öl (die Rescue-Flasche), den ureigensten Schmerzlöser und das Notfallmittel der Natur.

Das Reich der Tiere

„Ich wurde gebeten, mir ein wertvolles zwölfjähriges Pferd in den Tälern von Yorkshire anzuschauen. Es hatte ein gelähmtes Hinterbein. Ich schüttelte das orangefarbene Balance-Öl in seiner Aura und konnte so die Ursache des Problems lokalisieren. Das Tier hatte einen Schock, der wie ein Band quer über seine Rückseite verlief. Das Pferd muß Jahre zuvor geschlagen worden sein. Die Aura regenerierte sich, und ich massierte dann das Rescue-Öl direkt auf Hüfte, Becken und Kniegelenke. Nach der ersten einstündigen Behandlung verbesserte sich der Zustand des Pferdes um neunzig Prozent, und der Heilungsprozeß setzte sich noch drei, vier Tage lang fort. Am fünften Tag trat ein ähnliches, aber viel weniger ernstes Symptom auf der anderen Seite auf. Nachdem das Problem auf der einen Seite gelöst war, kam die einseitige Muskelbelastung der anderen Seite zum Vorschein. Eine weitere Behandlung war nötig, also insgesamt zwei. Danach ging es dem Pferd besser, als die jetzigen Besitzer es je erlebt hatten. Später erzählten sie mir, daß sie aufgrund seines Verhaltens schon vermutet hatten, daß es in jungen Jahren von einem Stallburschen geschlagen worden war."

* * *

„Eine Dame, die mich wegen einer Heilbehandlung aufsuchte, fragte, ob ich auch ihrem Pferd helfen könne. Der Tierarzt hatte eine Form von Arthritis in den Hufen festgestellt und hohe Dosen von Medikamenten verordnet, von denen er sagte, daß sie nie mehr abgesetzt werden dürften und daß sie das Leben des Pferdes verkürzten. Die Dame war sehr besorgt und fragte, ob ich das Pferd heilen könne. Da es mir nicht möglich war hinzufahren, sagte ich, daß ich eine Fernbehandlung machen würde. Außerdem schlug ich ihr vor, das orangefarbene Öl auf-

Das Wunder der Farbheilung

> zutragen, um das Tier nach der Einnahme der Medikamente wieder ‚zusammenzubekommen'*. Danach solle sie das ‚Rescue'-Öl auf die Hufe und Knochen auftragen. Als der Tierarzt wiederkam, war er über die Besserung sehr erstaunt, setzte alle Medikamente ab und sagte, er hätte keine Erklärung für dieses Phänomen. Er bestätigte auch, daß die Krankheit eher in den Knochen sitze, von denen ich gesprochen hätte. Ich kann mich zwar nicht erinnern, über die Knochen gesprochen zu haben, doch die Dame versicherte es mir. Dann hatte ich das Bedürfnis, die grüne Flasche zu verordnen, die zur Zeit noch benutzt wird. Das Tier sieht sehr gut aus und fühlt sich wohl.
>
> Ich sollte noch erwähnen, daß ich nichts von Pferden verstehe und mich auch in keiner Weise mit ihnen ‚verbunden' fühle.“

Hier gilt es, ein großes Feld, ein enormes Potential zu entdecken. Sollten wir nicht das Heu machen, solange die Sonne scheint?

Ein Ereignis fällt mir spontan ein. Es geschah während des Krieges, als ich noch in West Drayton wohnte und arbeitete. Wir kannten damals eine Hunde- und Katzenzüchterin, die in unserer Apotheke Stammkundin war. Im Laufe der Zeit wuchs unsere Freundschaft.

Honour Bazeley und ihr Ehemann, der Bildhauer war, lebten auf einer kleinen Insel. Die Zuchtzwinger waren durch hohe Drahtzäune gesichert, nicht nur, um die kostbaren reinrassigen Hunde und Katzen zusammenzuhalten, sondern auch, um sie vor Eindringlingen, Mensch oder Tier, zu schützen. Der einzige Eingang war ein hohes, mit einem Vorhängeschloß versehenes

---

* Siehe Seite 132f.

Das Reich der Tiere

Tor, das durch Stacheldraht neugierige Kletterer abhielt. Es war ein wahres Fort Knox. Da die beiden so isoliert lebten und nun auch schon älter wurden, mußte das Betreten des Geländes durch telefonische Verabredung ausgemacht werden. Ich erwähne dies so deutlich, um die Merkwürdigkeit des folgenden Ereignisses hervorzuheben, denn zweifellos werden viele versuchen, eine logische Erklärung für das Unerklärliche zu finden.

Eines Morgens sah Honour recht sonderbar aus – erschüttert ist wohl das treffendere Wort. Ich bot ihr eine Tasse Tee im Labor an. Tee war immer vorhanden, denn Miss Horsley war eine eingefleischte Teetrinkerin.

„Ist etwas nicht in Ordnung, Honour?" fragte ich, als wir es uns bequem gemacht hatten. Unsicher sah sie mich an.

„Nun ja", sagte sie, „ich weiß nicht, ob ich langsam senil werde oder ob es wirklich passiert ist. Aber wenn Sie es hören wollen ..." Ihre Stimme versagte. Dann fuhr sie fort: „Ich muß es jemandem erzählen, und sei es auch nur, um meine Zurechnungsfähigkeit bestätigt zu bekommen."

Ich sollte hier erwähnen, daß Honour, wie die meisten Tierzüchter, eine sehr realistische Person war und niemals wilden Phantasien erlag. Sie war stark in Anspruch genommen von den sachlichen Umständen der Zucht, und es ging auch um den Erfolg. Ihre Hunde waren berühmt. Eine bestimmte Perserkatzenzucht exportierte sie nach Amerika, wo sie vielfach Preise gewann.

„Eins meiner besten Dackelweibchen hat gerade fünf Junge geworfen", sagte sie. „Vier davon wollten sofort trinken, doch das fünfte war klein und schwach, und die anderen drängten es weg. Es schien nicht lebensfähig zu sein."

Honour erklärte mir, daß die Aufzucht des Welpen schwierig werden würde, da er nicht nach Nahrung verlangte.

Der Tierarzt kam wie gewohnt auf einen Kontrollbesuch herein. Als er das Kleine sah, sagte er: „Es ist schon fast tot. Warum lassen Sie es mich nicht töten? Dann können die anderen sich besser bewegen."

Das Wunder der Farbheilung

„Ich weigerte mich", fuhr Honour fort, „denn vielleicht hatte das Junge doch eine Chance, obwohl ich kaum daran glaubte." Am nächsten Tag zeigte sich keine Verbesserung, im Gegenteil, das Kleine war noch schwächer geworden und das Ende abzusehen.

„Um zu verhindern, daß es von den anderen erdrückt wurde, nahm ich es aus dem Korb. Es atmete kaum. Als ich es hielt, bemerkte ich plötzlich, daß jemand hinter mir stand. Seltsamerweise war ich weder beunruhigt, noch fühlte ich mich gestört. Aber noch ungewöhnlicher war die unheimliche Stille." Wie ich selbst wußte, löste allein das Nähern von Schritten wildes Gebell aus hundert Kehlen aus.

Honour fuhr fort: „Ich drehte mich zu ihm um. Ich erinnere mich nicht, daß ein Wort gesprochen wurde. Auch weiß ich nicht mehr, wie er aussah oder was er trug. Er hinterließ keinen Eindruck als Person. Seine Hände waren ausgestreckt, und ohne nachzudenken legte ich den kleinen Welpen hinein. Mir war nicht bewußt, warum ich es tat. Noch immer wurde kein Wort gesprochen, noch immer herrschte diese Stille ringsum; dann plötzlich fand ich das kleine Wesen wieder in meinen Armen. Ich beugte mich nieder und legte es zu den anderen in den Korb. Als ich mich aufrichtete, war niemand mehr da!" Ihre Augen suchten die meinen.

„Ich dachte mir, daß ich wohl besser einen Brandy trinken sollte", sagte sie nach einer Pause. „Es war ein Gefühl von etwas Bedeutsamem, aber was zum Teufel es war, könnte ich nicht sagen."

Als Honour später ihre Tiere fütterte, sah sie zu ihrem Erstaunen, daß der kleine Welpe genauso lebhaft wie die anderen saugte. Bei seinem nächsten Anruf sagte der Tierarzt, er finde es schade, daß dieses Weibchen ein Junges verloren habe, da sie doch eine so gute Mutter sei.

„Ich sagte ihm nur, daß der Welpe überlebt habe. Ich spürte, daß ich ihm nicht anvertrauen konnte, was passiert war. Nicht einmal meinem Mann kann ich es sagen – ich bin sicher, er

Das Reich der Tiere

würde mich für verrückt erklären!" Honour lachte schließlich. Sie schaute zu mir herüber, um festzustellen, wie ich reagierte. Ich gab keine Antwort.

Ein weiteres Erlebnis könnte von Interesse sein; es ereignete sich ebenfalls während meiner Entwicklungsjahre. Ich war stolze Besitzerin von drei Hunden geworden: einem deutschen Schäferhund, einem Golden Retriever und Jasper, einem Dackel aus Honours Zwinger, den sie für Ausstellungen und Wettbewerbe für nicht gut genug erachtete. Abgesehen von den Spaziergängen spielten die Hunde im Garten hinter der Apotheke. Sobald ich die Tür öffnete, jagten sie dorthin wie drei Verrückte, die beiden großen Hunde vorneweg und Jasper mit seinen kurzen Beinen hinterhertrippelnd.

Schon immer hatte ich den Drang und die Sehnsucht, zu gestalten und wachsen zu lassen. In jenem Sommer hatte ich eine Tomatenpflanze an die sonnige Seite des Zaunes gesetzt. Sie war die Freude meines Lebens. Ich betete für sie, nährte sie und sprach täglich mit ihr. Ich war jung, und diese Pflanze war die erste, die ich jemals angebaut hatte. Sie gedieh prächtig.

Jedesmal, wenn ich für die Hunde die Tür zum Garten öffnete, fiel mein erster Blick auf sie. Patsy und Judy liefen sofort auf die andere Seite des Gartens und beschäftigten sich mit ihren eigenen Dingen. Jasper aber kam vor meiner kostbaren Pflanze zu einem dramatischen Stillstand und schien irgend etwas intensiv zu beobachten. Als dies zum ersten Mal geschah, waren seine Rückenhaare aufgestellt, aber danach schienen ihn Interesse und Wachsamkeit dort festzuhalten; sein kurzer Schwanz war aufgerichtet. Ich muß zugeben, daß ich zuerst dachte, er würde ein Beinchen gegen meine gelobte Pflanze heben; doch ich merkte bald, daß keine Absicht dieser Art hinter seinem Verhalten steckte. Er blieb reglos und wachsam.

Ich besaß eine kleine Kamera, mit der ich Bilder von den Hunden in allen Lebenslagen machte, so wie es jeder Tierliebhaber tut.

Das Wunder der Farbheilung

Die Tomaten standen nun in voller Pracht, groß, rot und reif. Ich konnte es nicht über mich bringen, sie zu pflücken, bevor ich diese Augenweide nicht fotografiert hatte. Unsere Nachbarin, der ich die erste Tomate versprochen hatte, wurde herbeigerufen, um die prachtvolle Pflanze zu bewundern. Die ältere Dame hatte eine Konditorei, in der sie auch Zeitungen verkaufte. Sie war an jedem interessiert und hatte auch noch die früheren Besitzer der Apotheke gekannt.

Die Tomaten wurden gepflückt und verteilt. Ich wartete darauf, daß meine Fotos aus dem Labor zurückkamen. Als sie endlich fertig waren, sah ich sie gespannt durch. Wo war das Bild von der Tomatenpflanze? Ich fand es. Da war der Zaun; an der richtigen Stelle gab es einen vagen Hinweis auf die Pflanze, aber vor ihr saß ein schwarzweißer Hund! Dieser Hund konnte nichts mit uns zu tun haben, denn keiner meiner drei Hunde hatte auch nur entfernte Ähnlichkeit mit einem Terrier. Auch konnte kein anderer Hund in unseren Garten eingedrungen sein, der Schäferhund hätte ihn in Stücke gerissen. (Ich habe dieses Foto Ann gezeigt, die mir beim Schreiben hilft. Es gibt keinen Zweifel: Es ist ein Hund.)

„Wie ärgerlich, eine Doppelbelichtung!" sagte ich mir verstimmt. „Nun habe ich das Zeugnis meiner schönen Pflanze verloren!"

Wie ich auch protestieren mochte, ein erfahrener Fotograf erklärte, es könne unmöglich etwas anderes als ein echtes Foto sein. Die ganze Angelegenheit war unerklärlich und ärgerlich.

Später, als die Nachbarin sich die Tomaten hatte schmecken lassen, fragte sie: „Haben Sie die Fotos schon zurückbekommen?"

Ich zeigte ihr, was für mich eine kleine Tragödie war. Anstelle des Trostes, den ich erwartet hatte, machte sie ein schockiertes Gesicht und wurde sehr schweigsam.

„Nun", fragte ich, „was halten Sie davon?"

„Das ist Nicky", sagte sie leise, „der schwarzweiße Terrier, der den vorigen Besitzern der Apotheke gehörte. Er rannte hinaus

Das Reich der Tiere

auf die Straße und wurde überfahren. Das war vor etwa fünfzehn Jahren. Den beiden brach das Herz. Sie begruben ihn an dem Zaun."

Selbst nach fast fünfzig Jahren ist diese Fotografie noch immer in meinem Besitz (siehe Abbildung 3).

Hier ist eine weitere merkwürdige Hundegeschichte, die mir eine Bekannte erzählte. Mrs. B. fuhr wie stets mit dem Auto zur Arbeit. Es war kein schöner Morgen, denn es regnete, und das trug zu Mrs. B.s Schwermut bei. Viel Trauriges war in ihrem Leben geschehen und alles in rascher Folge. Zuerst war ihr Mann gestorben, dann eine gute Freundin, und zuletzt hatte sie den Verlust ihres treuen Hundes zu beklagen. In Gedanken versunken fuhr sie wie automatisch, jedoch gut.

Plötzlich erschien wie aus dem Nichts, direkt vor ihr auf der Straße, ein Hund. Einen Moment lang hätte sie geschworen, es sei ihr alter Rusty, der Hund, den sie gerade erst beerdigt hatte. Mit klopfendem Herzen und ohne nachzudenken trat sie voll auf die Bremse. Im nächsten Moment schlingerte ein Lastwagen auf der Gegenspur der nassen Straße und fuhr gegen einen Laternenmast. Eine Seite des großen Wagens glitt in Richtung der Motorhaube ihres Autos und kam nur Zentimeter davor zum Stillstand.

Schockiert und erschüttert stieg sie aus ihrem Auto und ging auf den erbleichten Lastwagenfahrer zu. Bevor er sprechen konnte, sagte sie: „Sie tun mir so leid, aber wenigstens kam der Hund nicht zu Schaden."

„Welcher Hund?" fragte der Mann. „Ein Glück für uns, daß der Laternenpfahl hier stand, sonst wäre es mit Ihnen vorbei gewesen!" Er war wie gelähmt. „Diese verdammte nasse Straße: Ich kam ins Schleudern und konnte nichts machen. Die Bremsen versagten. Wir haben beide großes Glück gehabt."

Sprachlos schaute sie ihn an.

Als sie abends heimfuhr, ging sie das Erlebnis im Geiste noch einmal durch. Sie hatte gebremst, kurz bevor der Lastwagen ins

Das Wunder der Farbheilung

Schleudern kam, und das hatte ihr das Leben gerettet. Sie hatte wegen eines Hundes gebremst, der gar nicht da war – wirklich nicht?

Rusty lächelte in seinem kleinen Himmel.

Das Eingreifen von Tieren, und es gäbe viele Fälle zu berichten, steht außer Frage. Unsere Schutzengel kommen nicht nur aus dem Menschenhimmel. Als Tierliebhaberin habe ich so viele Fälle gesehen und von ihnen gehört, daß jede andere Möglichkeit unmöglich ist.

Wann immer eine Heilsitzung stattfindet, ist für mich die Einbeziehung des Tierreiches unvermeidlich. Tiere spielen eine wichtige Rolle beim Schutz ihrer Geliebten auf der Erde, das wurde immer wieder bezeugt. Ihr Eingreifen, ihre Führung und ihre heilenden Eigenschaften sind für uns Menschen von unschätzbarem Wert. Mittlerweile ist es eine bekannte wissenschaftliche Tatsache, daß die Anwesenheit eines Haustieres oft die Rekonvaleszenz nach schweren Krankheiten unterstützt.

Eine der Fragen, die mir am häufigsten gestellt wird, ist: „Heilt Aura-Soma durch Glauben?" Meine Antwort ist stets: „Ich bin ein gläubiger Mensch, und Gott weiß das. Aber ich frage nur: Hat ein Pferd auch Glauben?"

Ist das alles also gesunder Menschenverstand oder Unsinn? Der Leser muß selbst darüber urteilen.

Der Flug der Aura

An einem Herbsttag des Jahres 1939 klingelte das Telefon, und eine Freundin grüßte mich mit aufgeregter Stimme.

„Vicky, es gibt gute Neuigkeiten!" Sie sang fast vor Freude. „Mutter ist wieder zu Hause. Der Arzt sagt, die Operation sei gut verlaufen und sie werde uns Kinder wahrscheinlich alle überleben." Sie lachte erfreut. Ihre Mutter war siebzig, sie selbst vierzig Jahre alt. Sie waren eine große, eng verbundene Familie. Meine Freundin hing sehr an der verwitweten Mutter, die ihre Kinder unter großen Mühen aufgezogen hatte.

„Komm doch schnell vorbei", drängte sie, „und trink mit uns auf ihre Gesundheit. Wir sind alle da."

„In Ordnung", sagte ich, „ich komme gleich."

Es dauerte ein wenig, die Blumen auszusuchen. Intuitiv wählte ich goldfarbene, zusammen mit tiefvioletten Iris. Die Verkäuferin hüllte sie in ein Bett samtartigen Farns. Ich bat sie, den Strauß in magentafarbenes Papier einzupacken. Erst viele Jahre später wurde mir die Bedeutung meiner Wahl bewußt. Ich eilte zum Haus der Freunde. Das kleine Schlafzimmer schien überzuquellen; die ganze Familie hatte sich versammelt. Die Spannung der langen Stunden des Wartens während der Operation war aus ihren Gesichtern gewichen. Ihre Mutter war wieder zu Hause und augenscheinlich geheilt. Ein Getränk wurde mir in die Hand gedrückt, und unisono hoben wir die Gläser. Obwohl ich nie trank, nahm ich das Glas an meine Lippen und machte mit. Mit leuchtenden Gesichtern schauten sie liebevoll auf ihre Mutter in dem großen weißen Bett. Es schien ihnen unmöglich, die Hände von ihr zu lassen. Ein eingebil-

241

Das Wunder der Farbheilung

detes Haar wurde ihr aus dem Gesicht, eine nichtvorhandene Falte aus der unberührten Bettdecke gestrichen, die schon stattlichen Kissen wurden aufgeschüttelt. Es war für alle eine Zeit der Freude.

Ich stand am Fußende des Bettes, auf dem einzigen freien Platz. Die Mutter war ganz umringt vom Kreis ihrer Lieben. Ich lächelte sie an, und sie erwiderte mein Lächeln ein wenig matt, verständlich bei der Aufregung um sie herum. Als ihre Augen wieder zu ihren Kindern wanderten, fiel mein Blick auf ihre Hände, die auf der Bettdecke lagen. Ein Teil von mir löste sich plötzlich los, und ich sah, wie ihre Aura sich langsam hoch und nach außen zur linken Körperhälfte bewegte. Ein goldener Schimmer und ein gedämpftes Blau erschienen an der Peripherie, während der Teil der Aura, der im Körper verblieben war, zu Nichts verblaßte. Entsetzt beobachtete ich dieses Geschehen – so etwas hatte ich schon einmal gesehen. Ich schaute weg und sagte mir, daß alles Einbildung sei. Mein Blick wanderte wieder zu ihrem Gesicht, ich wollte mich versichern. Das Gesicht veränderte sich. Ich schaute in eine Totenmaske.

Jemand sprach zu mir. „Ist sie nicht wunderbar?" sagte die Stimme. Das Lächeln, das ich versuchte, gefror mir im Gesicht. Ich antwortete so gut ich konnte und verabschiedete mich.

Früh am nächsten Morgen klingelte das Telefon. Gebrochen sprach eine Stimme zu mir: „Ich muß dir leider mitteilen, Vicky, daß unsere liebe Mutter in der Nacht einen Rückfall hatte und wir sie verloren haben." Die Stimme klang unartikuliert, fast erstickt. „Sie war so wunderbar, nicht wahr? Sie sah so gut und glücklich aus. Du hast das auch gedacht, nicht wahr?"

Ich erinnere mich nicht genau, was ich sagte, doch nach dem Gespräch legte ich den Hörer auf und bedauerte die Hinterbliebenen für ihr Leid. Die Mutter war eine fromme Seele gewesen. Heute weiß ich, daß das Gold, das ich damals sah, ein Zeichen geistiger Fortgeschrittenheit war; der Glorienschein eines Lebens der Aufopferung.

Der Flug der Aura

Das erste Mal beobachtete ich den Flug der Aura während meiner Kindheit. Ich besuchte meine Freundin Cecilia, die sehr krank war. Von der Schwere ihrer Krankheit wußte ich damals nichts. Es war während eines dieser Besuche, kurz bevor sie abberufen wurde, als ich die Veränderung in ihren Farben und deren Fortbewegung aus ihrer normalen Position wahrnahm. Ich sah es, vorübergehend losgelöst, wie in einem Traum. Manchmal wird dieser Zustand fälschlicherweise als Tagtraum aufgefaßt. Etwas in mir schmerzte. In Cecilias Fall war die Peripherie auch golden mit demselben Blau, das aber mit einem sanften Rosa vermischt war. Ich glaube, sie war ein Geschenk an die Engel, eine Botschaft der Liebe auf Erden. Sie starb zwei Tage später im Alter von dreizehn Jahren.

Während des Krieges war der Tod für niemanden ein Fremder. Die aurischen Wahrnehmungen hatten damals ganz andere und mir teilweise völlig unbekannte Muster. Ich bemerkte, daß Schocksituationen und gewaltsamer Tod andere Auswirkungen auf die Aura hatten. Während eines langsamen Todes konnte man die wahren Aurafarben sehen, bevor die Farbveränderung und der Flug der Aura begannen.

Es war 1942. Das Schlimmste war geschehen, ein direkter Treffer, und ich machte meine erste Bekanntschaft mit schrecklicher Verwüstung. Die Bombe hatte eine Munitionsfabrik getroffen. Es gab vierhundert Menschen mit verschiedenen Graden von Verletzung und Schock und viele gewaltsame Tode. Überall lagen Körper, und es wurde jede helfende Hand gebraucht. Ich hielt ein junges Mädchen in meinen Armen, das in Hysterie ausgebrochen war, und versuchte es zu beruhigen. Sie durfte nicht fortlaufen, bevor ein Arzt überprüft hatte, ob innere Verletzungen oder Knochenbrüche vorlagen. Man konnte nichts tun, als auf die Ambulanz zu warten, ruhig zu bleiben und inmitten des Blutbades auszuharren. Aus Selbstschutz und Angst, ebenfalls in Panik auszubrechen, löste ich mich los und zog mein inneres Selbst aus meinem verletz-

Das Wunder der Farbheilung

lichen Körper zurück. Da bemerkte ich etwas Sonderbares. Die Aura des jungen Mädchens hatte sich zur äußeren Peripherie ihres Körpers hinbewegt. Da war kein goldener Schimmer, doch eine rissige Linie durchlief die Aura. An ihren Rändern erschien Braun und blieb dort. Als ich das Mädchen ein paar Tage später wieder traf, sah ich, daß seine Aura in demselben Zustand an der Peripherie geblieben war. Dieses Phänomen war später in vielen Fällen von Schock, wie zum Beispiel bei Autounfällen, extremen emotionalen Situationen und Operationen, zu beobachten. Ich nenne es „Auratrennung" oder „ätherische Lücke". Es ist buchstäblich so, daß die Seele oder der göttliche Funke in die „Standspur" des Lebens geht, die für Augenblicke eingerichtet wurde, in denen der physische Körper mehr ertragen muß, als er ertragen kann. Die Seele löst sich so lange, bis Hilfe kommt und Heilung beginnen kann. Ich glaube, daß die Seele ihren irdischen Aufenthalt nicht vor der vereinbarten Zeit abbrechen kann. Sie wird von der Silberschnur gehalten, die nicht durchtrennt werden kann. Menschenhände mögen zwar die Nabelschnur durchschneiden, aber nur das Göttliche kann die Silberschnur durchtrennen.

Ich sah einen Krankenwagenfahrer, der seinen Mantel auszog und damit eine furchtbar verletzte Frau zudeckte. Schock, Traurigkeit und Entsetzen standen in seinem Gesicht geschrieben. Ihre Kleider waren von der Explosion der Bombe weggefegt worden, und sie lag entblößt vor aller Augen. Der schwere Mantel, den er auf sie gelegt hatte, war ein Akt, ihre Würde zu schützen. Diese Tat inmitten des Chaos trieb mir Tränen in die Augen. Für die Frau kam jede Hilfe zu spät. Ich wollte nur weglaufen, denn ich war noch sehr jung. Doch es war meine Pflicht, zu bleiben und zu helfen, so wie es die Pflicht aller Unverletzten war. Ich löste mich los. In diesem Fall hatte die Aura der Frau ihre Reise nach oben bereits angetreten. Ein goldener Schimmer war nicht da. Die ganze Aura war zerrüttet und durchlöchert, der innere Teil fast schwarz. Während ich dies beobachtete, erschien das Blau, und ein we-

Der Flug der Aura

nig Gold berührte den äußeren Rand. Da wußte ich, daß sich andere Hände um sie kümmerten. In diesem Moment veränderte sich ihr Gesichtsausdruck zu tiefem Frieden, und eine Kaskade von Regenbogenfarben kam auf sie herab. Sie war abberufen worden, gerufen zur Ruhe und zur Vorbereitung auf ihre Wiederkehr. Diese Kaskade von Farben verwirrte mich, denn ich hatte so etwas noch nie gesehen. Zum ersten Mal erlebte ich etwas Ähnliches, als ich nach einem schweren Herzinfarkt, der Wiederbelebungsmaßnahmen erforderlich machte, fast jenseits der Schwelle war. Da sah ich vor mir einen schönen Garten, eine Kaskade von Regenbogenfarben in vielen brillanten Farbtönen, die man normalerweise auf der Erde nicht sieht. Viele, die unter vergleichbaren Umständen an der Schwelle gewesen waren, haben Ähnliches berichtet. Oft wurden mir meine Wahrnehmungen bestätigt, denn manchmal zweifelt man an der Realität dessen, was man sieht.

Den Flug der Aura habe ich auch bei Tieren beobachtet. 1957 wurde mir gesagt, daß meine geliebte deutsche Schäferhündin Patsy, die nun sechzehn Erdenjahre alt war, Krebs im Endstadium hatte. Das bestätigte mir, was ich schon länger wußte. Der Tierarzt, ein freundlicher Mann, bot mir Hilfe durch Einschläfern an. Ich lehnte ab. Nur diejenige, die sie liebte, sollte sie in den Armen halten. Im Ausströmen unserer gegenseitigen Liebe würde sie keine Schmerzen haben. Trotzdem hatte ich etwas vorbereitet, das ihr, wenn es nötig war, beim Übergang helfen würde.

Ich saß auf der Couch, die wir beide so oft belagert hatten, und ihr magerer Körper lag in meinem Schoß. Ihre große, mittlerweile grau gewordene Schnauze lag auf meiner Schulter. Ich spürte das vertraute Kitzeln ihrer Barthaare an meiner Wange. Meine Hände umfingen ihr liebes Gesicht. Ihr Atem wurde flacher und flacher; die Zeit war gekommen. Ein abgrundtiefer Schmerz war in meinem Herzen – wir hatten dies schon so oft, in so vielen Leben durchgemacht, und doch war jedesmal etwas in mir gestorben. Der Schmerz hatte mich immer wieder

Das Wunder der Farbheilung

überrascht. Meine Tränen fielen still auf ihren Kopf, Seelentränen tropften auf meine Hand darunter. Geliebte Freundin, ich liebe dich so, ich liebe dich so.

Ihre wunderschöne, nun goldene Aura trat ihre Reise an. Ich beobachtete ihren Flug durch den ätherischen Körper. Überall war Licht, und ich sah sie in einem Schein von fließenden Farben. Ich sah, wie sie davonging zum Tor, zum Eingang in die Ewigkeit, wie ich es schon so viele Male gesehen hatte. Im Geiste gingen wir zusammen den kurzen Weg bis zur Schwelle, an der ich anhielt, denn ich konnte sie nicht mit ihr überschreiten. Während sie eintrat, hörte ich leise ihre Freunde, die sie begrüßten, und erhaschte einen Blick auf die ungesehenen Farben und die Herrlichkeit hinter der Schwelle. Sie schaute nicht zurück. Wir wußten beide, daß sie dort auf mich warten würde, wie sie schon so oft auf meine Rückkehr gewartet hatte. Sie und ich wußten, daß wir immer den Weg der Entsagung wählen und ihn unvermeidlich zusammen gehen würden.

Die Vision

Und ich sah einen anderen starken Engel vom Himmel herabkommen; der war mit einer Wolke bekleidet, und ein Regenbogen überspannte sein Haupt, sein Antlitz strahlte wie die Sonne, und seine Füße leuchteten wie Feuersäulen.

Offenbarung 10, 1

Es war nun 1987. Mir war die numerologische Bedeutung dieser Jahreszahl bewußt:

$$1 + 9 + 8 + 7 = 25$$
$$2 + 5 = 7$$

Die mystische, magische Zahl Sieben taucht wiederholt in Prophezeiungen auf. Man sagt, Sieben sei die Zahl für das Regenbogenzeitalter, die Zeit der Wiedererneuerung.

Mit Licht kommen wir
Auf diese arme, gequälte Erde
Und bringen eine Botschaft,
Eine Botschaft der Hoffnung und Freude.
Freiheit wird kommen,
So gewiß, wie der Frühling auf den Winter folgt.
Verwandelt strahlt die Welt in Schönheit,
Und Liebe und Frieden herrschen ewig.

(aus: „The Flower Kingdom")

Das Wunder der Farbheilung

Das Zimmer pulsierte von eigenartigen Energien. Ein Gefühl von Erwartung und Dringlichkeit erfüllte mich. Während der Meditation begann ich Bewegung im Raum zu empfinden und in mir selbst ein seltsames Gefühl von Levitation, als wenn eine unsichtbare Kraft mich hochzöge. Mein ganzes Wesen war beteiligt. Ich wurde in eine neue, höhere Dimension vereinigter Kräfte emporgehoben, die von allem Lebendigen im Raum ausstrahlten. Die Pflanzen, ja sogar der Stuhl, auf dem meine Hand ruhte, alles schien belebt zu sein. Doch immer noch war ich mir auf durchdringende Weise meines daliegenden irdischen Körpers bewußt.

Soweit ich wußte, war nichts in dem Zimmer verändert worden. Die einzige Ergänzung war ein Violett-über Rot-Balance-Öl, das ich zusätzlich auf meinen kleinen Altar mit Balance-Juwelen gestellt hatte. In diesem Raum meditierte ich, erlangte Frieden und erhielt die Anweisungen, die ich für den Tag brauchte. Die Farben auf dem Altar luden mich wieder auf, regenerierten mich körperlich und geistig und brachten meine Chakren ins Gleichgewicht. Unerklärlich, doch unverkennbar hatte ich plötzlich ein Bedürfnis nach dieser speziellen Kombination, dem Violett-über-Rot-Öl verspürt, das als Verbindung zwischen Himmel und Erde beschrieben wurde. Es stand nun auf dem Altar in seiner juwelengleichen Schönheit.

Da geschah etwas. Mein Blick wurde von den Ölen angezogen. Seltsame Figuren erschienen in allen Farbkombinationen. Symbole stiegen blitzartig aus der Tiefe der Öle (dem „Spiegel") auf und platzten an der Oberfläche. Überall gab es Blasen in aufgeregter Konversation, sie bewegten sich und durchwirkten sich gegenseitig. Im Zimmer schien es heißer und heißer zu werden. Ich hatte das Gefühl, in einen Mantel der Zeitlosigkeit eingehüllt zu sein. Da brach etwas in mir ein, und ich wurde zu einem Teil der Zeit.

* * *

Die Vision

Und in der Vision sah ich, wie der Berg sich mit einem plötzlichen Stoß nach oben auf die Unendlichkeit zubewegte. Die Felsen bebten und hoben sich wie eine Frau in Geburtswehen. Die Erde selbst öffnete sich. Spalten klafften plötzlich überall wie Mäuler auf. Ich stand inmitten einer Explosion von Farben. Aus den Felsen kam ein leuchtender Blitz von durchdringender Amethystfarbe; ein gewaltiger laserartiger Strahl violetten Lichtes; ein Strahl, der die drohende Verderbnis, das Böse ringsum zerstörte, sich seinen Weg hindurchbahnte und heilte, indem er läuterte.

Bernstein sandte seinen goldenen Schein; er kreuzte den amethystfarbenen, deutete wie ein Finger und offenbarte neue Richtungen. Die Weisheit Salomos und die lange zurückgehaltenen Geheimnisse der Pyramiden wurden auf die Erde ausgegossen. Ein heftiger Schauer smaragdgrünen Lichtes ergoß sich schimmernd und glitzernd in diese Szene, legte seinen heilenden Schein auf die gequälte Erde und breitete sich mit sanfter Segnung aus. Das grüne Licht verwandelte, was es berührte; es reinigte und schuf neuen Raum und ein neues Verhältnis der Gegensätze. Aus dem brennenden Rubin, rotglühend von seinem inneren Feuer, kräftigend durch seine Erdenergien, loderten Flammen auf und gaben ihre Macht in den tobenden Kampf.

Die tiefverborgenen Kräfte und Energien der Erde wurden entfesselt. Sie prasselten und schallten. Himmel und Erde waren entzündet wie bei einem spektakulären Feuerwerk, ein funkelndes Kaleidoskop von Farben und von wechselnden Formen und Symbolen mit jeweils eigener Bedeutung und besonderem Sinn.

Sich abhebend gegen den Gipfel des Berges, erschien strahlend schön eine Gestalt, kristallklar; reinweißes Licht brach das gesamte Farbspektrum in all seine Aspekte. Der strahlende Glanz, der von ihm ausging, blendete und reinigte zugleich. Als ich dieses herrliche Wesen betrachtete, stürzte plötzlich eine dunkle Gestalt von satanischem Aussehen vom Himmel

Das Wunder der Farbheilung

herab auf die wartende Erde, wo sie vom Wirbel der Strahlen verschluckt wurde.

Die Farbkraft der Edelsteine, die Macht des versteinerten Lichtes, die für eben diesen Zeitpunkt bewahrt wurde, war befreit worden. Aus allen Quellen ergossen sich Energien und vereinigten sich zu einer gigantischen Macht. Farbstrahlen aus dem Kosmos unterstützten die Kräfte in diesem endgültigen Kampf des Lichtes gegen die Dunkelheit. Die Erneuerung der Erde hatte begonnen.

Erfüllt von Frieden und Harmonie lag die Erde nun da. Himmlisches Saphirblau, süßer Überbringer von Frieden, Botschafter zwischen Himmel und Erde, strich sanft über alles, berührend und heilend, und tauchte die Welt in den Frieden, der jenseits allen Verstehens liegt. Frieden für die Erde und Freundschaft für alles Leben.

250

Dev Aura

Als die Wohltaten der Aura-Soma-Therapie weiter bekannt wurden, schnellte auch die Nachfrage nach Balance in die Höhe. Noch mehr Aufträge hatten wir für die Pomander und Quintessenzen. Unsere Kunden bestellten aus aller Welt, und tatsächlich überstiegen unsere Verkäufe ins Ausland bald diejenigen in Großbritannien. Wäre der finanzielle Gewinn unser Beweggrund gewesen, hätte unser Erfolg noch größer werden können. Immer wieder fragt man mich, ob die Produkte von Aura-Soma in Geschäften erhältlich sind. Ich bezweifle nicht, daß wir in Geschäften und anderen Verkaufsstellen gute Absatzchancen hätten. Aber wir sind nicht glücklich über Menschen, die Aura-Soma-Produkte kaufen, ohne zu wissen, was dahintersteckt oder wie sie benutzt werden. So haben wir es zur Regel gemacht, daß Händler unsere Produkte nur dann verkaufen dürfen, wenn sie eine Schulung in der Aura-Soma-Therapie gemacht haben.

Wir betreiben selbst ein Versandgeschäft und stellen kostenlose Broschüren zur Verfügung. Doch bevorzugen wir es, wenn Kunden vor ihrer Bestellung einen qualifizierten Aura-Soma-Therapeuten konsultiert haben. Das gilt allerdings nicht für unser „Chakra-Set", das unabhängig von der persönlichen Aurafarbe bei bestimmten Leiden benutzt werden kann.

Anfang 1986 war uns klargeworden, daß unsere Räumlichkeiten in Buckinghamshire für unsere zukünftigen Erfordernisse nicht ausreichten. Wir brauchten ein geeignetes Zentrum, in dem wir die Aura-Soma-Therapie lehren konnten und genügend Platz war für Produktion, Versand und allgemeine Ver-

Das Wunder der Farbheilung

waltung. Wie wir unser Zentrum Dev Aura fanden und erwarben, ist wirklich eine außergewöhnliche Geschichte.

Im Spätsommer 1986, unmittelbar nach Beendigung einer Ausstellung und ziemlich müde, wollten Mike Booth, seine Frau Claudia und ich etwas essen. Die Kinder der beiden waren auch dabei. Als wir auf dem Weg zum Restaurant die Hauptstraße überquerten, drehte ich mich zu Mike um und sagte aus heiterem Himmel: „Innerhalb eines Jahres werden wir ein Zentrum haben, und es wird unbelastet sein." Mit „unbelastet"*, einem meiner Lieblingsworte, meinte ich „schuldenfrei"; wir würden keinem etwas schulden. Von der finanziellen Seite schien es dafür keine Möglichkeit zu geben, denn alles, was wir verdienten, floß in die Förderung der Vision.

Eine Einladung traf ein, ein Seminar in einem bezaubernden Herrensitz in Lincolnshire zu halten, das einem Mitglied unserer „Aura-Soma-Familie" gehörte. Als ich während unserer Zeit dort mit Mike meinen üblichen Morgenspaziergang machte, sagte ich: „Dies ist die Gegend, in der wir unser Zentrum haben werden."

Lincolnshire ist weit von Gold Hill entfernt. Hierher zu ziehen würde bedeuten, alle Londoner Kontakte aufzugeben und schien nicht sehr praktisch zu sein.

Als wir nach Gold Hill zurückkehrten, waren wir sofort wieder in der Mühle der täglichen Routine. Genau ein Jahr später warf Mike einen Brief auf den Tisch. „Der wurde mir vor ein paar Tagen unter der Tür durchgeschoben, und ich wollte ihn vorbeibringen." Margaret las den Brief. Zu unserem Erstaunen, denn wir hatten uns nicht darum beworben, enthielt der Brief Informationen über ein großes Pfarrhaus in Lincolnshire und dazugehörige 8000 Quadratmeter Land in dem pittoresken Dörfchen Tetford, das in den Wolds** liegt. Das Aufregende

---

* engl.: unencumbered
** baumloses Hochland

252

Dev Aura

dabei war, daß die Angebote bis zum Mittag desselben Tages vorliegen sollten. Ich bat Margaret, dort anzurufen. Man sagte ihr, das Anwesen sei heruntergekommen und verwüstet und habe zehn Jahre lang leergestanden. Da es sich um Kircheneigentum handelte, war die Bedingung, daß es nur ohne Hypothekenbelastung verkauft würde. Es klang alles unausführbar und unglaublich. Dennoch mußte dieser Brief, der buchstäblich aus heiterem Himmel kam, eine Bedeutung haben.

Ich ging in den Dachgarten hinaus und meditierte. Ich erhielt Antwort und kehrte ins Wohnzimmer zurück. „Wir werden es bekommen", sagte ich. Es war elf Uhr. „Wie um alles in der Welt sollen wir unser Angebot pünktlich abgeben?" fragte Margaret. „Weiß der Himmel", sagte ich lachend. „Ruf an und frage, ob sie ein mündliches Angebot akzeptieren, dem ein Expreßbrief folgt." Sie akzeptierten. Nun kam eine neue Schwierigkeit: Was sollte man bieten? Wieder bat ich um Führung, und ein Betrag stieg vor meinem geistigen Auge auf. Wir machten das Angebot. Zu unserer Freude (und leichten Bestürzung!) wurde es angenommen. Das alte Pfarrhaus sollte ein Jahr nach meiner Voraussage uns gehören.

Im Januar 1987 war es dann unser und wurde auf den Namen „Dev Aura" getauft. Sein Erwerb innerhalb weniger Augenblicke scheint mir ein gottgegebenes Wunder zu sein. Es liegt auf einem wunderschönen Fleckchen Erde im Herzen von Tennyson-Land*. Die Schwingungen sind unverkennbar heilend und friedenspendend.

Als ich sagte, das Gebäude sei heruntergekommen gewesen, als wir es kauften, war das eine Untertreibung. Wir hatten unseren Besitz noch nicht einmal gesehen; es war von Anfang an eine Sache völligen Glaubens und Vertrauens gewesen. An

---

* Alfred Lord Tennyson (1809-1892), berühmter Dichter viktorianischer Zeit, lebte in Somersby in der Nähe von Tetford.

Das Wunder der Farbheilung

einem nebligen Novembertag fuhren wir los, um uns anzusehen, was einmal unser Zentrum werden sollte. Das Tor schwang schief in nur einer Angel, die Auffahrt war eine Mischung aus Steinen und Unkraut. Mannshohes Nesselgestrüpp versperrte fast die Sicht auf das Haus. Zerbrochene Fenster in verrottenden Rahmen glotzten uns an. Drinnen hausten Tauben; Decken waren herabgefallen, Rohre zugefroren, und die elektrischen Leitungen waren offensichtlich defekt. Trotz alledem waren wir freudig erregt. Die Schwingungen waren kraftvoll und doch friedlich, und selbst inmitten allen Verfalls konnten wir die Verheißung dessen spüren, was kommen sollte.

Es dauerte neun Monate voller Blut, Schweiß und Tränen, bis wir Dev Aura bewohnbar gemacht hatten. Alle üblichen Rückschläge machten uns zu schaffen, nicht gehaltene Versprechen und hundertundein unvorhergesehene Ereignisse. Wann immer die stets wachsende Arbeit mit Aura-Soma es erlaubte, fuhren wir nach Tetford. Mike wurde zum Waldarbeiter, bahnte sich seinen Weg durch das Gestrüpp und entfernte tote Bäume. Inmitten dieses Chaos machten wir eine aufregende Entdeckung: Wir fanden einen alten Brunnen, den wir eines Tages, sobald unsere Mittel es erlauben, instand setzen werden. Ein Wagenschuppen mit Stall war so mit Efeu überwuchert, daß wir gar nicht bemerkten, daß sich darunter eine hohe, nach Süden liegende Backsteinmauer mit einem Schornstein befand – ideal für ein Gewächshaus. Im Oktober 1987 hielten wir das erste Seminar in unserem neuen Wohnsitz ab.

Heute, zwei Jahre später, gibt es eine schöne Auffahrt und einen Unterrichtsraum, der an den Stall grenzt. Das Gewächshaus ist nun in Betrieb und versorgt unsere Gäste mit organisch angebauten Tomaten, Gurken und Paprika, während die Weinstöcke wachsen.

Dev Aura fängt an, seine wahre Schönheit und Wirkung zu zeigen und hat sich mittlerweile zu einer internationalen Akademie entwickelt. Margaret Cockbain referiert über Anatomie

Dev Aura

und Physiologie und gibt ihre Erfahrungen weiter, die sie in vierzig Jahren Praxisarbeit als Osteopathin gesammelt hat. Mike Booth dient mir als „meine Augen" und ist mein beständiger Helfer. Wir arbeiten eng zusammen in geistiger Einheit, und er wird einmal meine Aufgaben übernehmen und meine Arbeit fortführen.

Liebe Leser, ich habe euch nun die Geschichte von Aura-Soma erzählt und vor euch offengelegt, was jahrelang als Geheimnis in meinem Inneren ruhte. Es bleibt mir nur noch, euch zu der aufregenden Entdeckungsreise der Selbsterkenntnis einzuladen. Bleibt nicht am Ufer stehen und seht das Schiff vorbeifahren, wenn ihr ein Erste-Klasse-Ticket in der Tasche habt. Jetzt ist die Zeit, unter den Pionieren dieses Neuen Zeitalters mit seiner neuen Philosophie zu sein.

Nachwort

Schon viele Herzen wurden durch dieses Buch berührt. Die Aufrichtigkeit der Autorin leuchtet durch die Worte hindurch und offenbart sie als bemerkenswerte, in Gott zentrierte Persönlichkeit. Diejenigen von uns, die das Privileg hatten, Vicky Wall zu kennen, wissen, wie vorbehaltlos sie sich selbst in die Entwicklung von Aura-Soma hineingegeben hat. Der inspirierte Anfang vor sieben Jahren und das erstaunliche Wachstum bis zur heutigen internationalen Bekanntheit war das unmittelbare Resultat ihres Vertrauens in Gottes Führung. Mit wahrer Bescheidenheit und starkem Glauben ist sie dieser Führung immer gefolgt.

Um ihre schweren Gesundheitsstörungen in erträglichem Maß zu halten, war Vicky Wall gezwungen, ein rigoros diszipliniertes Leben zu führen. Doch sie verlor niemals ihren herrlichen Sinn für Humor und die Fähigkeit, tief zu lieben.

Im Januar diesen Jahres wurde Vicky plötzlich in den „Größeren Garten" heimgeholt. Diejenigen, die sie liebten, vermissen voll Trauer ihre physische Anwesenheit. Doch wenn wir uns um Aura-Soma kümmern und sehen, wie ihr Lebenswerk expandiert und floriert, haben wir den Trost, ihre Nähe zu spüren. Wir vertrauen immer darauf, daß die göttliche Weisheit uns leitet und göttliche Heilenergie durch unsere Hände fließt.

Seit Erscheinen dieses Buches hat Vicky in vielen europäischen Ländern, unter anderem in Deutschland, der Schweiz und Frankreich, Vorträge gehalten. Nun ist es an uns, ihre Vision zu vollenden und in den Niederlanden und Spanien, dann in Amerika und Südafrika zu lehren. In Queensland, Australien, wo zwei von Vickys Therapeuten unterrichtet und ausgebildet haben, gibt es mittlerweile die zweite Generation von Aura-Soma-Therapeuten. Menschen in den anderen australischen Staaten bitten um Vorträge. So breitet sich das Licht weiter aus.

Möge die Lektüre dieses Buches noch viele Herzen berühren und Vickys Aura-Soma-Familie noch zahlreiche Mitglieder zuführen, auf daß ihre Vision des „alles erneuernden Zeitalters" durch jeden einzelnen von uns realisiert werde.

Margaret Cockbain
Dev Aura, Tetford 1991

Anhang

Die Essenz von Aura-Soma: Die Pomander *261*

Die Meisteressenzen (Quintessenzen) von Aura-Soma *264*

Die zwölf Schlüssel zum Reich der Meister *265*

Die Aura-Soma-Balance-Öle *268*

Anhang

Die Essener zu Assuan und die Geniza, 262

Die Pesith-Septem (Distin...sammlung von Aurelian, 264

...Weg...zum Kapitel der Hattin, 265

Die Aura-Soma Meditation, 266

Die Essenz von Aura-Soma: Die Pomander

Die Essenz von Aura-Soma entstammt der Quelle des Lichts. Sie arbeitet als Katalysator und wird im Reich der Kräuter und Pflanzen gefunden. Sie verwandelt die Probleme der Persönlichkeit in das klare, leuchtende Bewußtsein unseres Wesens. Die Essenz hat folgende Wirkungen: umfassender Schutz für die Seele, den monadischen Punkt (das Potential der Seele), den Körper, den Verstand und die Emotionen auf allen Ebenen des Wesens; Schutz für das Prana, die Lebensenergie; Schutz für den Astral- und die ätherischen Körper; Öffnung neuer Dimensionen von Wahrnehmung und Erkenntnis. Die Erinnerung an das wahre Wesen im Innern.

Der weiße Pomander
(die ursprüngliche Essenz von Aura-Soma)
Der Erstgeborene vor den sieben nachfolgenden enthält in seinem reinen Weiß das gesamte Spektrum, aus dem der Regenbogen entsteht. Die universelle Wellenlänge für das Neue Zeitalter, anzuwenden zum Schutz in allen Situationen. Dieser Pomander kommt den Bedürfnissen im Hinblick auf die umfassende Verschmutzung der Umwelt entgegen. Wirksam bei Beschwerden der Nasennebenhöhlen und bei Heuschnupfen. Empfehlenswert für die tägliche Aurareinigung.

Der rosafarbene Pomander
Gott ist Liebe. Das Rosa ist „nur" für die Liebe, die universelle, bedingungslose Liebe. Hier ist der Endpunkt auf der Spirale der Seelenentwicklung. Der Beginn einer neuen Oktave. Dieser Pomander wurde gegeben, um Liebe für das eigene Selbst zu entwickeln und zu aktivieren. Aura-Soma sagt: „Denke Rosa."* Denke bedingungslose Liebe und sei bedingungslose Liebe. Diese Liebe ist der gemeinsame Boden, auf dem wir alle stehen und der uns alle verbindet. Physisch wirksam auf die Gebärmutter und auf den Genitalbereich, emotional wirksam durch die Aktivierung der Liebe. Alle Körperbereiche und alle Situationen benötigen den rosafarbenen Pomander.

Der dunkelrote Pomander
Starker Schutz, Liebe zur Erde, Lebenskraft, energetisierend, stark erdend; generell alles, was beim roten Pomander beschrieben ist, aber verstärkt.

Der rote Pomander
Diese Essenz ist ein kraftvoller Schutz vor negativen Energien, die das Basis-Chakra in seiner Verwundbarkeit bedrohen. Der rote Pomander ist im Mineralreich verwurzelt und schützt vor negativen Ley-Linien, Wasseradern und geopathischen Belastungen. Er hilft, die Polarität im Körper und im ganzen Wesen wiederherzustellen, wenn sie durch Auswirkungen der Gitternetz-Struktur der Erde beeinträchtigt wurde. Er schützt jene, die mit Erdenergien und an heiligen Orten arbeiten. Er bietet den Arbeitern im Erdentempel und Tänzern Schutz. Die Kristallenergien des Mineralreiches, die Kräuter und Pflanzen umwandeln, machen diesen Pomander zu einem

---

* Siehe Anmerkung auf Seite 128.

kraftvollen Heiler und Beschützer im Pflanzen-, Tier- und Menschenreich. Er dient zur Erdung vor jeder Therapiesitzung oder meditativen Praxis. Ebenso ist er die stärkste Energetisierungsessenz und wirkt sich positiv bei Müdigkeit und Energielosigkeit aus. Auf der physischen Ebene schützt er vor „Energiedieben" und hilft bei allen unteraktiven Zuständen. Weiterhin verfügt er über aphrodisierende Eigenschaften.

Der orange Pomander
Dieser Pomander schützt bei Rückführungen und absorbiert Schocks, die bei der Wiedererinnerung von traumatischen Ereignissen bewußt werden können. Er öffnet und schützt den Pfad zu innerem, mitgebrachtem Wissen. Er wirkt wie ein „Sicherheitsnetz" bei der Reise in die Tiefe unseres Wesens, sei es in die Vergangenheit oder die Zukunft; er entfernt Gefahren. Die orangefarbene Aura-Soma-Essenz ist ein spezifisches Hilfsmittel zum Heilen der Aura und schließt ätherische Lücken in ihr. Dieser Pomander kann erdgebundene Wesen befreien und löst sie sicher von der Aura. Auf physischer Ebene hat er einen entspannenden und lindernden Einfluß auf die Gedärme. Er kann bei klimakterischen Störungen sowie Kindern am Anfang des Lebens sehr hilfreich sein. Auch Bettnässen und Alpträume finden Linderung durch diese Essenz.

Der goldene Pomander
Tief empfundene Freude, innere Weisheit, tiefe Einsichten und Erkenntnisse; das Erwachen der Weisheit aus alten Sonnenkulturen; bringt Wissen aus der Vergangenheit in die Gegenwart.

Der gelbe Pomander
Dieser Pomander kommt aus der großen Zentralsonne und dient der Aufnahme von Prana über den Solarplexus. Durch den in ihm enthaltenen goldenen Strahl der Sonne ist er der Energetisierer des Mentalkörpers und des physischen Körpers. Er schützt unser inneres Wissen und stellt eine kraftvolle Verbindung zu Ägypten und den Pyramiden her. In diesem Zusammenhang erlaubt der gelbe Pomander den Zugang zu dem großen Wissensschatz, den wir aus vergangenen Inkarnationen mit uns führen. Er hilft, Wissen aufzunehmen und zu bewahren. Er klärt den Verstand und verhilft zu Klarheit der Schau bezüglich der Erkenntnis unseres Selbst. Er hilft, Weisheit in eine Situation zu bringen. Das Gold ist eine vitale Kraft für unser ganzes Wesen. Physisch wirkt dieser Pomander auf das autonome Nervensystem, die Leber, die Nieren und die Bauchspeicheldrüse.

Der olivgrüne Pomander
Weisheit des Herzens, Freude des Herzens, Führung durch das Herz; Wahrung des eigenen Raumes; weibliche Führungsqualitäten.

Der smaragdgrüne Pomander
Dieser Pomander bewirkt eine tiefgreifende Entspannung des Herz-Chakras und damit einhergehend ein intensives Erleben des inneren Raumes. Er schützt den eigenen Raum, die eigene Wahrheit und die von der Seele einzuschlagende Richtung. Der Weg, die Wahrheit und das Leben. Erkenne dich selbst und bleib dir treu. Dieser Pomander ist besonders hilfreich bei schwierigen Entscheidungen und an allen Weggabelungen des Lebens. Er schützt davor, „abgehoben" zu sein oder zu werden. Für Atlanter stellt er die Verbindung zu ihrem alten Wissen her. Er geht an

das Herz der Dinge und ist somit der „Ich bin"-Pomander. Besonders empfehlenswert ist er für Therapeuten, damit sie ihren eigenen Raum wiederfinden. Nach den vielfältigen Begegnungen des Lebens hilft uns dieser Pomander, zu unserem eigenen Raum zurückzukehren. Die physische Wirkung liegt in einer Beruhigung des Herzens und Öffnung der Atmungsfunktion. Er ist hervorragend wirksam bei Asthma und Herzbeschwerden sowie bei Bronchitis und anderen Lungenproblemen.

Der türkisfarbene Pomander
Kommunikation der Gefühle, Zugang zu den Gefühlen; Eigenverantwortlichkeit, Individualität; erweckt atlantische Prinzipien für das Neue Zeitalter.

Der saphirblaue Pomander
Diese Essenz ist ein Kommunikationsschutz. Je höher die stattfindende Kommunikation, desto wichtiger wird der blaue Pomander. Für die Kommunikation mit dem geistigen Bereich. Diese Essenz stellt einen geschützten Kanal für mediale Botschaften zur Verfügung. In vielen Religionen spielt Blau eine zentrale Rolle. Die Weisheit im Hohelied Salomos. Die höchste Kommunikation der Liebe. Dieser Pomander hat eine besondere Verbindung zum Heiligen Land und umschließt die Mystik des Ostens. Hilfreich für Personen, die Sterbenden zur Seite stehen. Ganz ausgezeichnet bei Schwierigkeiten mit dem Hals-Chakra oder mit der Kommunikation. Gibt Schutz all denen, die in der Öffentlichkeit oder vor Gruppen sprechen und lehren. Alle Leidenden finden in diesem Pomander eine Botschaft für die Stunde der Not.

Der königsblaue Pomander
Schärft die Intuition, hohe Wahrnehmungsfähigkeit, hohe Kommunikation, Drittes Auge.

Der violette Pomander
In dieser Essenz liegt die Verschmelzung von Violett und Magenta, dem Yin und dem Yang. „Wie oben, so unten." Zum Schutz der alten Erinnerungsbanken und des Dritten Auges. Der Entfalter von Wahrnehmung in den höchsten Bereichen des Bewußtseins. Der Zugang zu den Akasha-Chroniken. Das „Alles aller Zeiten" ist in diesem Pomander enthalten. Das Tor zum Universellen. Er schlägt einen direkten Weg über die Brücke der Zeit und ermöglicht, alles Erinnerte hier und jetzt zur fruchtbaren Anwendung zu bringen. Dieser Pomander berührt die Gottheit im Inneren. Physisch ist er gut bei Kopfschmerzen und zur Beruhigung aller Situationen.

Der magentafarbene Pomander
Liebevolle Fürsorge, Heilung auf allen Ebenen; verbindet oben und unten, Ausgleich der Hemisphären; „the carers carer" (etwa: umsorgt den Umsorger).

Die Meisteressenzen (Quintessenzen) von Aura-Soma

Die Quintessenzen haben ihren Ursprung in der Quelle des Lichts jenseits der Stille. Für diese spezielle Epoche in der Menschheitsentwicklung sind die Meister-Quintessenzen nun von der Hierarchie des Kosmos für die Entfaltung des Individuums zugänglich gemacht worden. Jede einzelne Quintessenz reflektiert und enthält Energien, die der kosmischen Ebene des Menschen entsprechen, und spricht damit das höchste in der Seele enthaltene Potential an.

Die Hauptfunktionen der Quintessenzen sind:
- Ausrichtung zur Überseele auf der kosmischen Ebene und Verbindung mit dem großen Gedächtnis
- Ausrichtung auf das Prana, die Einstimmung auf den Meister, die Meisterebenen und die kosmischen Strahlen
- Integration des Buddhakörpers, der kosmischen und ätherischen Körper
- Ausrichtung auf die Lichtflamme der Meister, die nun beschlossen haben, daß das ganze Spektrum der Meisterstrahlen auf der Erde zur Verfügung gestellt wird
- sie bringen karmische Absolution und befreien die universelle Liebe

Aura-Soma wurde durch innere Führung beauftragt, die heiligen Reichtümer der Meister in Form der Quintessenzen zugänglich zu machen. Diese langerwartete Flut kosmischer Kräfte und kosmischen Wissens öffnet das Bewußtsein für neue Dimensionen und ermöglicht tiefgreifende Heilungsprozesse. Diese Energien werden nun zugänglich gemacht, um im Individuum die Fähigkeit der Selbst-Meisterschaft zu aktivieren. Die Meister umfassen alle Religionen und Glaubensformen. Sie sind ein universales Spektrum in ihrer Eigenschaft als Repräsentanten des Ewigen Weißen Lichts.

Wie können wir unseren eigenen Aura-Meister erkennen? Die Auswahl der Farbe repräsentiert und reflektiert die innere Schwingungsfrequenz und kennzeichnet gleichzeitig den inneren Meister (Beispiel: Blau entspricht El Morya, also dem blauen Strahl). Der persönliche Meister hat die gleiche Schwingungsfrequenz wie die jeweilige Person. Die Farbe, zu der bei uns eine aurische Resonanz besteht, gibt Auskunft über unsere Seelengruppe und den jeweiligen Meister. Der stellt den direkten Kontakt zu höherem Bewußtsein dar.

Durch ihn wird der Kontakt zu den anderen Meistern des Spektrums ermöglicht, von denen jeder ein Spezialist auf allen Seinsebenen ist. Auch hier gilt: Wir sind die Farben, die wir wählen. Die erste Farbe, die wir wählen, ist die Farbe unseres Meisters und ebenfalls unserer Seelengruppe. Die vorherrschende Farbe in unserem Leben ist gleichsam der herrschende Einfluß, der uns durch das ganze Leben begleitet.

Die zwölf Schlüssel zum Reich der Meister

El Morya (hellblau)

Diese Quintessenz repräsentiert das Gesetz des Lichtes in seiner ersten Manifestation. Wenn sich das Gesetz des Lichtes zeigt, kann Dunkelheit nicht mehr regieren. Diese Quintessenz bringt Klarheit zwischen dem persönlichen Willen und dem göttlichen Willen. Fülle, Harmonie und Frieden werden durch diese Quintessenz verfügbar. Sie bringt allmächtiges Wissen und die Allmacht des Schöpfers. Die Gefährtin von El Morya ist Lady Miriam von Chaldäa, herabgestiegen von Ur. Die Verwendung der Quintessenz von El Morya bringt eine Stärkung des Willens und ermöglicht es uns, in Einklang mit unserer Bestimmung zu kommen. El Morya und Lady Miriam zeigen uns den Willen Gottes.

Kuthumi (hellzitronengelb)

Diese Quintessenz bringt das Wissen aus den Reichen der Tiere, der Pflanzen und Mineralien und hilft, sich auf deren Wahrnehmung zu konzentrieren und einen Einblick in diese Reiche zu bekommen. Außerdem gibt sie die Möglichkeit, Informationen von den Devas der Pflanzen und Mineralien und von den Tiergeistern zu erhalten. So wird Verbindung und Sympathie auf allen Ebenen gefördert. Diese Quintessenz schafft die Verbindung zu Franz von Assisi und zu Lord Maitreya und bringt dadurch Wissen und bedingungslose Liebe mit ein.

Lady Nada (hellrosa)

Diese Quintessenz bringt Harmonie und Ausgeglichenheit in den männlichen und weiblichen Pol in bezug auf innere und äußere Beziehungen, wenn Schwierigkeiten in der Identität der Seele bestehen. Die Meisterin und Gottesmutter Maria, die reine Liebe der Göttlichen Mutter übermittelt, arbeitet ebenfalls durch diese Quintessenz und reinigt die Aura von negativen Emotionen.

Hilarion (hellgrün)

„Der Weg, die Wahrheit und das Leben". Die Führung dieser Essenz bringt uns Richtung und einen neuen Raum zum Atmen; den Raum, sich selbst zu finden und sich in der Geschäftigkeit der modernen Zivilisation, wo jeder Raum mit Betriebsamkeit erfüllt ist, seiner Seele zu erinnern. Sie bietet Schutz gegen die Verschmutzung der Umwelt und befreit von äußerem und innerem Betrug. Sie erfrischt die Seele durch Wahrheit. Diese Quintessenz bringt den Raum der Freiheit, in dem die Wahrheit atmen kann. Wahrheit benötigt Raum.

Serapis Bey (klar)

Diese Quintessenz vermittelt uns durch die Reinigung der feinen Körper die Erfahrung des Aufstieges zum Höchsten. Damit bringt sie karmische Absolution, Klarheit der Schau und Hilfe bei Neuanfängen. Hilfreich am Beginn eines neuen Projekts. Diese kraftvolle Quintessenz bringt uns die Tiefe des Verstehens von Konflikt, Schmerz und Leiden.

Jesus der Christus (klar und rubinrot)

Durch opferbereite Liebe ist diese Quintessenz der stärkste karmische Heiler. Sie bringt eine persönliche Erfahrung des Christus in die aurische Sphäre des Individuums. Die Realisation des „Ich bin", das das All durchtönt. Der Christus unterstützt die Gleichstellung des weiblichen Prinzips und balanciert damit die männlichen und weiblichen Prinzipien in unserem Innern aus.

Saint Germain (hellviolett)
Der Meisterheiler und „Direktor" der Heiler, die im Licht und für das Licht arbeiten. Dies ist die Erhöhung des „Ich bin"-Prinzips. Saint Germain trägt die Schlüssel höheren Wissens und steht mit uns am Tor des Himmels, von wo aus Vergangenheit, Gegenwart und Zukunft miteinander verschmelzen. Hier ist der Amethyst des Wesens, der spirituelle Aspekt unseres Seins. Wiedergeburt und Regression befinden sich innerhalb des Schwingungsbereichs dieser Quintessenz.

Pallas Athene und Äolus (pfirsischrosa)
Diese Meister waren auf der Erde bekannt als Echnaton und seine schöne Frau Nofretete. Äolus spielte die Rolle von Homer, dem griechischen Dichter, und in der griechischen Mythologie war Athene die bevorzugte Tochter von Zeus. Diese Meisteressenz verbindet Himmel und Erde und bringt Spiritualität und Alltag in Einklang. Sie verleiht Weisheit in bezug auf Wohlstand und rechte Lebensführung in materieller Hinsicht. Das Materielle ist eine Form, durch die sich das Göttliche ausdrückt. Diese Quintessenz ist insbesonders für jene, die Träume und Visionen haben und kreativ tätig sind, sei es durch Schreiben, Musik oder andere Formen, durch welche die Schönheit der Seele sich hier manifestieren kann.

Orion und Angelika (hellrosa)
Die Aufgabe dieser Quintessenz besteht darin, den von der Erde ausgehenden Schutz zu verstärken. Angelika sammelt alle Unreinheiten, die tief eingebettet in der irdischen Welt liegen, und löst sie auf. Orion und Angelika sind die Verkünder einer neuen Morgenröte, die sich über alle drei Reiche erhebt. Diese Quintessenz ist besonders wertvoll für Reisende auf Straßen oder in der Luft, wo immer die Notwendigkeit von Schutz gegeben ist.

Lady Portia (hellgelb)
„Richte nicht, auf daß du nicht gerichtet wirst." Gnade, Liebe und Klarheit in der Beurteilung drücken sich durch die Energien dieser Quintessenz aus. Wenn unterscheidende Weisheit benötigt und Abwägen vielfältiger Faktoren verlangt wird, dann ist Lady Portia angezeigt. Gnade und Mitleid liegen in ihren Handlungen. Auf einer stärker materiellen Ebene erweist sich Lady Portia besonders hilfreich, wenn wir außerhalb unseres wahren Zentrums oder aus dem Gleichgewicht sind.

Kwan Yin und Lao Tse (hellpfirsichrosa)
Die Qualitäten von Mitleid und Weisheit werden durch diese Quintessenz zum Ausdruck gebracht und gefördert. Weiterhin verleiht sie Einsicht in die Ursachen von Krankheit sowie in die Einstellungen und Fehlhaltungen, die dahinter liegen. In der Vergangenheit war Lao Tse ein Meister der Alchemie und bringt uns nun die Fähigkeit zur Transformation und Transmutation von Energien. Dies ist der Strahl der Heilung, der in Gnade und Mitleid des Ewigen fließt und die ältesten Erinnerungen des Chinesischen freisetzt.

Sanat Kumara und Lady Venus Kumara (helltopas)
Wie oben, so unten; die höchste Liebe, die die Erde berührt. Sanat Kumara leitet die

zwölf Strahlen. Diese Meisteressenz stellt eine Verbindung zu allen Meistern dar, damit jeder in einer Facette eines bestimmten Projekts arbeiten kann. Somit wird die Gegenwart des göttlichen Lebens – die das tägliche Leben durchdringt – ins Bewußtsein gebracht.

Maha Chohan (türkis)

Diese Quintessenz ist von besonderer Bedeutung in dieser Zeit der Wende zu einem neuen Zeitalter, in dem das Rätsel der Sphinx gelöst werden wird. Dies ist der Aquamarin des Wassermannzeitalters, das Wiederaufleben von Atlantis. Die von Meistern und Schülern langerwartete Zeit, in der das Gesetz der Zivilisation von wahrheitsbewußten, aufsteigenden Seelen gebracht wird. Diese Quintessenz wird die positiven Qualitäten der Lichtarbeiter und der Regenbogenkrieger verstärken. Diese intensivierende Quintessenz ist von besonderem Nutzen für Menschen, die mit Mineralien arbeiten, und ergänzt die Wirkung der Regenbogen-Tropfen. Eine weitere Qualität dieses lemurischen Meisters ist die Verbindung zwischen Verstand und Geist, wobei vorwissenschaftliches Wissen in seinem tiefsten Aspekt manifestiert wird.

Djwal Khul (smaragdgrün)

Der jüngste der Meister, daher weniger erfahren, aber der leidenschaftlichste der Sucher. Dies ist die Quintessenz, die Außerirdische mit ihrer irdischen Bestimmung verbindet. Djwal Khul ist einer der „Brüder des Goldenen Gewandes" und verbunden mit den höheren Aspekten der Astrologie. Besonders hilfreich für jene, die intuitiv ahnen, daß sie auch jenseits der Erde eine Existenz besitzen.

Die Aura-Soma-Balance-Öle (Stand September 1995)

Die linksgenannte Farbe ist in der Flasche immer über der rechtsgenannten. Die Schlüsselworte zu den Kombinationen können durch eigene innere Wahrnehmung erweitert werden. Das Kapitel „Feinheiten von Aura-Soma-Balance", in dem 22 Kombinationen liebevoll beschrieben werden, gibt Beispiele der Möglichkeiten. Die eigene Interpretation ist eine Übung, die das Bewußtsein der vielen Facetten der wunderbaren Farben erweitert.

• Teil des Chakra-Sets
° Teil des Chakra-Sets für das Kind des Neuen Zeitalters
^ Meister-Flasche

• B 0 Königsblau/Tiefmagenta   SPIRITUELLE NOTFALLFLASCHE
bringt tiefe Wahrnehmungs- und Empfindungs-
fähigkeit in das physische Leben

• B 1 Blau/Tiefmagenta   KÖRPERLICHE NOTFALLFLASCHE
Rescue; Kommunikation mit dem inneren
Wesen (S. 142ff)

• B 2 Blau/Blau   FRIEDENSFLASCHE
friedvolle Kommunikation, nährende
weibliche Energie (S. 139ff)

• B 3 Blau/Grün   HERZFLASCHE/ATLANTERFLASCHE
das Herz, physisch, emotional und spirituell;
fürsorgliche Kommunikation des Herzens
(S. 135ff)

• B 4 Gelb/Gold   SONNENLICHT-FLASCHE
Wissen und Weisheit; der Denker, der Schüler,
der Lehrer; Verdauung, Solarplexus (S. 133ff)

• B 5 Gelb/Rot   SONNENAUFGANGS-FLASCHE
die Weisheit, die eigenen Energien richtig
einzusetzen; Basis-Chakra (S. 129ff, 145f, 194)

• B 6 Rot/Rot   ENERGIE-FLASCHE
die grundlegende Energie für die Liebe
(S. 126f)

B 7 Gelb/Grün   GARTEN VON GETHSEMANE
die Weisheit, dem Lebensfluß zu vertrauen;
hilft, Entscheidungen zu treffen (S. 155)

B 8	Gelb/Blau	ANUBIS Weisheit durch Kommunikation mit dem Inneren; Zielstrebigkeit und Sicherheit auf dem Weg (S. 158f)
B 9	Türkis/Grün	KRISTALLHÖHLE das Herz im Herzen; das transzendierte Herz; Wachstum, spirituell und emotional (S. 159ff)
• B 10	Grün/Grün	RAUM FÜR DAS HERZ „Geh, umarme einen Baum", gibt Raum (S. 135ff)
° B 11	Klar/Rosa*	EIN BLUMENKRANZ – DIE ESSENER-FLASCHE 1 Klarheit des Verstandes, die Seele zu lieben; bedingungslose Liebe (S. 196f)
° B 12	Klar/Blau*	FRIEDE IM NEUEN ÄON läßt das Licht auf Kreativität, Nähren und Frieden scheinen; klares Sichtvermögen (S. 198f)
° B 13	Klar/Grün*	VERÄNDERUNG IM NEUEN ÄON Raum und Richtung; Erleuchtung des Herzens (S. 199f)
° B 14	Klar/Gold*	WEISHEIT IM NEUEN ÄON der Schmetterling; Klarheit im Denken; die Weisheit des Neuen Zeitalters (S. 201f)
° B 15	Klar/Violett*	HEILUNG IM NEUEN ÄON Erhebung der Seele; Heilung, Schutz; Reinigung; spirituelle Verwirklichung (S. 202f)
B 16	Violett/Violett	VIOLETTER MANTEL sich seines wahren Selbst bewußt werden; Dienst an anderen (S. 164ff)
B 17	Grün/Violett	TROUBADOUR 1 Raum und Verstehen; ein neuer Anfang für die Spiritualität (S. 166f)

---

* Dies sind die Flaschen des „Kindes des Neuen Zeitalters", die im Text von Vicky „Silber-über-..."
genannt werden.

B 18	Gelb/Violett	ÄGYPTER-FLASCHE
		geistiger Lehrer, der die Weisheit besitzt,
		Heilung im Inneren zu finden (S. 167ff)

B 18 Gelb/Violett — ÄGYPTER-FLASCHE
geistiger Lehrer, der die Weisheit besitzt,
Heilung im Inneren zu finden (S. 167ff)

B 19 Rot/Violett — IN DER MATERIELLEN WELT LEBEN
Regenerierung; wir erneuern unseren Körper,
wenn wir unser Denken erneuern;
Kommunikation zwischen Himmel und Erde
(S. 171f)

• B 20 Blau/Rosa — STERNENKIND – KINDER-„RESCUE"
intuitive Liebe; Kommunikation der
bedingungslosen Liebe (S. 194ff)

B 21 Grün/Rosa — NEUANFANG FÜR DIE LIEBE
Liebe am rechten Ort, im rechten Raum
(S. 173f)

B 22 Gelb/Rosa — REBIRTHER-FLASCHE – ERWACHEN
neue Perspektive; Wiedergeburt;
Wissen in einer neuen Dimension (S. 174f)

B 23 Tiefrosé/Tiefrosa — LIEBE UND LICHT
Weisheit und Verständnis, die Liebe im
Inneren zu finden; der Botschafter von Kraft
und Liebe (S. 175f)

B 24 Violett/Türkis — NEUE BOTSCHAFT
Herzenskommunikation des Geistes

B 25 Purpur/Magenta — GESUNDUNGS-FLASCHE
Florence Nightingale; Reinigung;
hilft spiritueller Bewußtheit; ein Pioniergeist;
der Wunsch nach spirituellem Wissen (S. 177)

• B 26 Orange/Orange — SCHOCK-FLASCHE/
ÄTHERISCHES „RESCUE"
Humpty Dumpty (S. 131ff)

B 27 Rot/Grün — ROBIN HOOD
ansteckende Lebensfreude;
balanciert Yin und Yang; Energie und Raum
(S. 178ff)

B 28 Grün/Rot — MAID MARION
Energie, den eigenen Raum zu finden;
Pioniergeist; balanciert Yin und Yang (S. 178ff)

B 29	Rot/Blau	STEH AUF UND WANDLE angemessene Energie führt zu Harmonie und Frieden (S. 181)
B 30	Blau/Rot	DEN HIMMEL AUF DIE ERDE BRINGEN Lebensqualität (S. 181)
B 31	Grün/Gold	DIE FONTÄNE Wissen durch das Finden des eigenen Raums; nach physischem oder emotionalem Trauma wieder zurück ins Leben finden (S. 156ff)
B 32	Königsblau/Gold	SOPHIA frohe Botschaft für die Zukunft (S. 162ff)
B 33	Königsblau/Türkis	DELPHIN Intuition; Kommunikation des Herzens; Erinnerung (S. 161f)
B 34	Rosa/Türkis	GEBURT DER VENUS Zugang zu den Mysterien des Lebens; wiederkehrende Liebe (S. 172f)
B 35	Rosa/Violett	LIEBENSWÜRDIGKEIT Dienst mit bedingungsloser Liebe (S. 169)
B 36	Violett/Rosa	WOHLTÄTIGKEIT Freundlichkeit im Dienst; Hingabe und Verständnis (S. 170f)
B 37	Violett/Blau	DER SCHUTZENGEL KOMMT ZUR ERDE Kommunikation im Gleichgewicht; nährt und schützt
B 38	Violett/Grün	TROUBADOUR-FLASCHE 2 die spirituelle Richtung finden; Scharfblick; Gleichgewicht von Bewußtsein und Unterbewußtsein
B 39	Violett/Gold	ÄGYPTER-FLASCHE der Puppenspieler; Wissen und Dienst – hingabe- und verständnisvoll
B 40	Rot/Gold	SONNENUNTERGANGS-FLASCHE „Ich bin"-Energie für Selbsterkenntnis; Aktivität; die „Ich bin"-Flasche

B 41	Gold/Gold	WEISHEITS-FLASCHE; EL DORADO Quintessenz der Weisheit auf allen Ebenen; der Kelch, der überfließt
B 42	Gelb/Gelb	ERNTE Freude, Weisheit, Glücklichsein, Erwachen
B 43	Türkis/Türkis	KREATIVITÄT Kommunikation des Herzens; vertraue deiner Seele
B 44	Flieder/Hellblau	SCHUTZENGEL violette Flamme der Transmutation; Blau für totalen Schutz
B 45	Türkis/Magenta	ATEM DER LIEBE Bedürfnis und Fähigkeit, Liebe zu geben und zu empfangen
B 46	Grün/Magenta	WANDERER das Entdecken der inneren Kraft und Liebe
B 47	Königsblau/Zitronengelb	ALTE SEELE eine Zeit, neue Ziele zu finden
B 48	Violett/Klar	DIE FLÜGEL DER HEILUNG geistiger Reiniger; eine Zeit, in sich selbst zu schauen
B 49	Türkis/Violett	NEUER BOTSCHAFTER Elastizität des Verstandes durch innere Kommunikation
∧ B 50	Hellblau/Hellblau	EL MORYA die Macht hinter dem Thron des Bewußtseins
∧ B 51	Hellgelb/Hellgelb	KUTHUMI intellektuelle Suche und das Empfangen von Weisheit
∧ B 52	Zarthellrosa/Hellrosa	LADY NADA spirituelle Liebe durch die Fähigkeit zu lieben; „im Rosa sein" (S. 176)
∧ B 53	Hellgrün/Hellgrün	HILARION das reine Herz; Regenerierung
∧ B 54	Klar/Klar	SERAPIS BEY die Macht des Lichtes; ausdehnendes Bewußtsein; karmische Absolution

^ B 55	Klar/Rot	CHRISTUS Licht und Inspiration gelangen in die physische Welt
^ B 56	Hellviolett/Hellviolett	SAINT GERMAIN der Gang auf den Pfaden der Höchsten Ordnung
^ B 57	Hellrosa/Hellblau	PALLAS ATHENE „Laß los und vertraue"; persönliche Unabhängigkeit
^ B 58	Hellblau/Hellrosa	ORION UND ANGELIKA Mutterliebe, Vaterliebe, geistige Liebe
^ B 59	Hellgelb/Hellrosa	LADY PORTIA das Potential großer Liebe und Freude
^ B 60	Hellblau/Klar	LAO TSE UND KWAN YIN „Sei still und wisse, wer du bist"
^ B 61	Hellrosa/Hellgelb	SANAT KUMARA die liebende Bestimmung des Göttlichen Geistes
^ B 62	Helltürkis/Helltürkis	MAHA CHOHAN das Meer reiner und universeller Bewußtheit
^ B 63	Smaragdgrün/Hellgrün	DJWAL KHUL UND HILARION Neuanfang bringt Gleichgewicht und Gerechtigkeit
^ B 64	Grün/Klar	DJWAL KHUL „Ich bin der Weg, höre und folge ..."
B 65	Violett/Rot	KOPF IM HIMMEL, FUSS AUF ERDEN das „Ich bin" kommt auf die Erde; Transformation
B 66	Hellviolett/Hellrosa	DIE SCHAUSPIELERIN bedingungslose Liebe im Dienst am anderen
B 67	Magenta/Magenta	DIE GÖTTLICHE LIEBE/ DIE LIEBE ZU DEN KLEINEN DINGEN göttliche Liebe in Dienst kanalisiert
B 68	Blau/Violett	GABRIEL Friede und Erfüllung; spiritueller Scharfblick

B 69	Magenta/Klar	TÖNENDE GLOCKE gereinigtes Verlangen; energetischer Antrieb der Liebe

B 69 Magenta/Klar — TÖNENDE GLOCKE
gereinigtes Verlangen;
energetischer Antrieb der Liebe

B 70 Gelb/Klar — VISION DER HERRLICHKEIT
Gewinnen von Klarheit; tiefe Einsicht

B 71 Rosa/Klar — DAS JUWEL IM LOTOS –
ESSENER-FLASCHE 2
Erhöhung der Bewußtheit durch die
unbeschränkte Kraft der Liebe

B 72 Blau/Orange — DER CLOWN; DER BAJAZZO
Mitteilung und Nährung innerer emotionaler
Bedürfnisse

B 73 Gold/Klar — CHUANG TSE
Weisheit aus der Tiefe des Selbst

B 74 Hellgelb/Hellgrün — TRIUMPH
Gerechtigkeit durch Gleichgewicht

B 75 Magenta/Türkis — SICH DER STRÖMUNG ANVERTRAUEN
den Standpunkt wechseln

B 76 Rosa/Gold — VERTRAUEN
Weisheit aus der Vergangenheit,
durch bedingungslose Liebe ausgedrückt

B 77 Klar/Magenta — DER KELCH
Liebe und Licht manifestieren sich;
physische Vollkommenheit

B 78 Violett/Tiefmagenta — KRONEN-„RESCUE"
friedliebend und verläßlich

B 79 Orange/Violett — VOGELSTRAUSS-FLASCHE
Tiefenheilung aus dem Inneren für
Schocksituationen

B 80 Rot/Rosa — ARTEMIS
Energie, um zu lieben und loszulassen

B 81 Rosa/Rosa — BEDINGUNGSLOSE LIEBE
Hingabe und Verständnis;
Bedürfnis nach Liebe

B 82	Grün/Orange	CALYPSO Raum, um sich mit den Einsichten aus dem Inneren zu verbinden; tiefe Freude aus dem Herzen
B 83	Türkis/Gold	SESAM ÖFFNE DICH aus dem Herzen kommende Weisheit der Vergangenheit
B 84	Rosa/Rot	KERZE IM WIND Hingabe an die innere Leidenschaft; das Verlangen, zu umsorgen und zu pflegen
B 85	Türkis/Klar	TITANIA Kommunikation des Neuen Zeitalters; innere Erhellung
B 86	Klar/Türkis	OBERON ein Kanal für die kreative Kommunikation des Herzens; das Licht in der Kommunikation der modernen Medien
B 87	Koralle/Koralle	WEISHEIT DER LIEBE Liebe und Weisheit auf allen Ebenen; unerwiderte Liebe
B 88	Grün/Blau	DER JADEKAISER Kommunikation der Gefühle aus der Tiefe des Friedens
B 89	Rot/Tiefmagenta	ENERGIE-„RESCUE" die Zeitverwandlung
B 90	Gold/Tiefmagenta	WEISHEITS-„RESCUE" mit Angst und Verwirrung Frieden schließen
B 91	Olivgrün/Olivgrün	Weibliche Führerschaft; Lektionen des Herzens
B 92	Koralle/Olivgrün	Unabhängigkeit des Weiblichen; Kooperation statt Konkurrenz
B 93	Koralle/Türkis	Kollektive Kommunikation von Liebe und Weisheit

Sachregister

Abführmittel 155
Abszeß 84f
Adrenalin 131
Aggressionen 133
Alaun 20
Alkoholiker 203
Alpträume 111, 140, 187
Anämie 127, 172
Angina pectoris 136, 138, 161
Angst (vor) 133f, 224
- Behinderung 178
- Dunkelheit 141
- geschlossenen Räumen 131
Platzangst (Klaustrophobie) 131,
155, 168, 200
Verfolgungsangst 168
Aphrodisiakum 129, 210
Arthritis 135
Asthma 136, 138, 161, 173
ätherisch
zarte Erscheinung 160
-e Lücke 132, 244
-e Sphären 181
-e Welten 164
-er Körper 125, 246
-es Echo 134
-es Energiefeld 132
-es Leben 221
aurische
- Strömung 154
- Vision 93
- Wahrnehmung 63, 143

Balance-Öle (Liste aller Öle) 268ff
Baldrian 38, 39
Basis-Chakra 125f, 145
Bauchnabel *siehe Nabel*

„Beauty Bath" 218f
Beine 131
Bergamotte 210, 214f
Bernstein 249
Bettnässen 140
Bindegewebsentzündung 138, 161
Blähungen 135
Blase 131, 145, 148, 211
Blau 82f, 97, 102f, 107f, 118, 124,
126, 130, 134f, 139f, 144, 147, 169,
173, 181, 186, 188, 195f, 198, 214f,
224, 242f
Blau/Blau 82, 126, 138
Blau/Grün 114, 126, 135f, 149f, 160f,
173, 186, 214
Blau/Rosa 126, 194f
Blau/Rot 181
Blau/Tiefmagenta 83, 103, 126, 141f,
145f, 149, 157, 163, 166, 171, 187f,
195, 198, 203, 207, 232f *siehe auch*
„Rescue"
Blut 126, 138
Blutdruck
-, niedriger 145
-, hoher 145, 148
Bluterguß *siehe Quetschung*
Blutkreislauf 125, 138
Bogen 119, 186, 188f
Braun 244
Brechreiz 135
Bronchitis 136, 138, 148, 160
Bulimie 133

„Carefree" 218
Chakra 102f, 113, 169, 186f, 192, 209,
215
Basis-Chakra 125f, 145

277

Hals-Chakra 124, 126, 136, 138, 162f, 215
Herz-Chakra 125f, 135f, 155, 160f, 173f, 200, 213
Kronen-Chakra 124, 126, 141, 146
Nabel- oder Sakral-Chakra 125f
Solarplexus-Chakra 125f, 133
Stirn-Chakra 124, 209, 215
Chakra-Bereich 212, 214
Chakra-Farbe 142f, 193, 200, 209, 211, 219
Chakra-Flasche 148f, 200
Chakra-Set 126, 139, 141, 149, 193, 251
„Colourcurium" („Farb-Kurium") 149f

Darm 131, 214
-ausgang 174
-trägheit 125
-verstimmung 133
siehe auch Diverticulitis
Depression 136, 161
-, kausale 136, 138
-, klimakterische 137, 180
-, nervöse 136
Desorientierung 133
Diabetes 135
Disharmonie 16, 36, 146, 186, 193
Diverticulitis (Entzündung des Dickdarms) 135
Drittes Auge 38, 73, 142, 187, 203, 213
Drogen 203
-abhängige 204, 207
Durchfall 145, 148
Dyspepsie siehe Verdauungsstörungen

Edelsteine 250
Eingeweide 131

Eisen 127
Ekzeme 41, 231
Energiemangel 127
Entscheidungsfähigkeit 125, 135, 155f, 163
Entzündung 110, 124, 166, 174
Epilepsie 138, 161, 174, 176
Erschöpfung 133, 166
Erste-Hilfe(-Öl) siehe „Rescue"
Essenzen 54, 70, 111, 148, 205f, 213, 215, 218f, 231, 251, 261f
Extrakte 111, 206, 219, 231

Fingerhut 216
Fontanelle 187, 196, 201, 216
Freiraum 172 siehe auch Raum
Frieden 25, 33, 42, 54, 58, 67, 73, 97, 105, 107, 118, 124, 131, 136, 138f, 144, 160f, 173, 181, 194f, 198, 202, 215, 245f, 250, 253
„Friedens"-Flasche 83, 118, 130, 138, 140, 160, 187, 198
Frigidität 125
Frostbeulen 127
Fruchtbarkeit 129 siehe auch
Unfruchtbarkeit
Füße 131
Fußschweiß 217

Gallenblase 125
Gebärmutter 128, 175, 178, 189, 195, 205, 211
Gedächtnis 143, 146, 148
Gelb 85, 102, 107f, 125, 127, 130, 155, 158, 168, 201f
Gelb/Blau 158, 202
Gelb/Gold 109, 126, 130, 133f, 136, 149
Gelb/Grün 155f, 158, 186, 202
Gelb/Rosa 174f

Gelb/Rot 102, 126, 129f, 145f, 149, 194, 202
Gelb/Violett 167f
Gelbsucht 140
Genesung *siehe Rekonvaleszenz*
Genitalien 127, 131 *siehe auch Geschlechtsorgane*
geopathische Störzone 172
Geschlechtsakt 194
Geschlechtsorgane 126, 132, 173, 175, 189, 219
Glaube 46, 51f, 87, 89, 96, 180, 191, 194, 200, 208, 222, 240, 253
Gold 104, 134, 155f, 164f, 201f, 210f, 213, 227, 242, 245
Grün 97, 103f, 107f, 125, 130, 135, 137, 150, 155, 167, 173f, 179f, 189, 199f, 205, 213f, 234
Grün/Gold 156, 158
Grün/Grün 126, 186
Grün/Rosa 173f
Grün/Rot 178f
Grün/Violett 166f

Haare 214
Hals 136, 144, 186
-entzündung 19, 141, 145, 163
-infektion 148, 162
Hals-Chakra 124, 126, 136, 138, 162f, 215
Hämorrhoiden 218
Harmonie 22, 46, 54, 102, 115f, 118, 123, 125, 153, 155, 160, 165, 167, 178, 194f, 200, 202f, 210f, 214, 250
Haut 121, 208
-fette 218
-probleme 133f, 138, 212, 231
Heiler 188, 192, 200, 202f, 210, 213, 221f, 231f
Heilkräfte 167

Heilkrise 145
Heilkünste 99
Hellsichtigkeit 11, 33, 108, 113, 139, 160, 162, 171, 181, 200, 210, 221f
Herz 125, 138, 245
-anfall 216, 232
-infarkt 245
Herz-Chakra 125f, 135f, 155, 160f, 173f, 200, 213
Hexenschuß 148
Hirnanhangdrüse 138, 162
Hormon
-krankheiten 134
-system 125
hormonelles Ungleichgewicht 133f, 172, 175
Husten 136

Impotenz 84, 125, 127, 129, 131
Indigo 124, 142, 163, 165
Infektionen 140f, 148, 162
Infrarot 108
Ingwer 38
Insektenstiche 218
Instinkt 151
Intuition 70, 89, 91, 114, 116, 120f, 124, 130, 170, 177f, 183, 194, 207f, 221, 225, 231f, 241
Ischias 148

Jod 219
Johanniskraut 210

Kamille 213
Karma 140, 157, 168, 184f, 187, 189, 196, 212, 213
Kind des Neuen Zeitalters 189, 191f
Kinderkrankheiten 141
Klar/... *siehe Silber/...*

Klarheit 155, 163, 187, 195, 197f, 200, 203

Klaustrophobie (Platzangst) 131, 155, 168, 200

Kommunikation 124, 139, 160, 163f, 171

Königsblau 161

Königsblau/Gold 162f

Königsblau/Türkis 161f

Kopfschmerzen 148

Kosmos 250

Krampf 174

Entkrampfung 136

Muskelkrämpfe 127

Verkrampfung 155, 173

Krampfadern 144

Kräuter 12, 22f, 50, 54f, 100, 148

Kronen-Chakra 124, 126, 141, 146

Lavendel 209, 215

Leber 125

Legasthenie 135

Ley-Linie *siehe geopathische Störzone*

Licht 85, 87, 95, 115f, 122, 128, 134, 140f, 147, 168, 171, 174, 192, 208, 212, 218, 224, 227, 246f, 250, 258

Liebe 126f, 130f, 147f, 161, 164f, 172f, 180, 194f, 208f, 216, 221f, 240, 243, 245, 247

-, bedingungslose 128, 161, 167, 169f, 173f, 180, 205, 208, 211, 215

„Liebe dich selbst"-Öl 197 *siehe auch Selbstliebe*

Lungen 125, 136, 163, 173

Lymphsystem 149

Magen 125, 131, 149, 209

-verstimmung 133, 135, 159

Magenta 108, 142, 170, 177, 216

Magersucht 133, 135, 176

Männlich(keit) 127f, 173, 178f, 183, 194f *siehe auch Weiblich(keit)*

Melisse 212

Menstruation 131

Migräne 85

Milz 125

Multiple Sklerose 168

Muskel 113, 134

-belastung 233

-bildung 138

-entspannung 125, 212

-krampf 127

-öl 134

-probleme 134

-schwäche 125

-tonus 134

-verspannung 133

Nabel 132, 189

-Chakra 125f

-schnur 244

Nebenhöhlenentzündung 148

Nelken-Öl 38

Neroli 212

Nerven

-probleme 212

-system 125, 133, 168, 209

-zentrum 133

-zusammenbruch 131f

-, gereizte 177

nervliche Entkräftung 133

nervöse

- Depressionen 136

- Erschöpfung 133

- Magen- und Verdauungsstörung 158f

- Menschen 232

- Spannungen 134

Nervosität 134

Neuralgie 148, 166
Nieren 125, 189

Operation 131, 133, 138, 174, 177, 244
Orange 125, 131f, 165, 211
Orange/Orange 126, 131, 157, 232f
Orangenblütenwasser 44f, 213

Parkinsonsche Krankheit 168
Phobien 131, 135, 155, 168, 200
siehe auch Klaustrophobie
Platzangst *siehe Klaustrophobie*
Pomander 97, 104, 189, 205f, 231, 251, 261, 268
Prellung *siehe Quetschung*
Purpur 177, 188
Purpur/Magenta 177
Purpur/Magenta-Öl 177, 275

Quetschung (Bluterguß, Prellung) 141, 143, 148, 166
Quintessenzen 205, 207f, 251, 264f, 267

Raum 155, 173, 203
- brauchen 109, 135
- erschaffen 136, 172, 199f, 249
- finden 97, 166
- suchen 155, 166
- verlieren 156
eigener - 172
notwendiger - 163
siehe auch Freiraum
Raumgeber 125, 135, 213
Raumheiler 104, 163, 192
Regenbogen 13, 60, 70, 98, 146, 219, 245, 247
Regression 19, 187
Reinkarnation 143, 169, 187, 206

Rekonvaleszenz 133
„Rescue"-Öl 83, 103, 126, 141f, 145f, 149, 157, 163, 166, 171, 187f, 195, 198, 203, 207, 232f *siehe auch Blau/Tiefmagenta*
Rheuma 135
Ringelblume 209, 211f
Rosa 128, 168f, 172, 174f, 189, 195f, 198, 211, 216, 243
Rosa/Türkis 172
Rosa/Violett 169
Rosé/Rosa 167
Rosengeranie 210
Rosmarin 214
Rot 102, 107f, 125f, 130, 140, 142, 145, 147, 164f, 171f, 178, 181, 198, 203, 205, 210, 216
Rot/Blau 181
Rot/Grün 178f
Rot/Rot 126, 203
Rot/Violett 167, 171
Rubinrot 249

Sakral-Chakra *siehe Nabel-Chakra*
Saphirblau 250
Scharfblick 116
Schilddrüse 133, 141, 144f, 162
Schlaflosigkeit 45, 148, 213
Schlaganfall 232
Schmerzlöser 143, 157, 232
Schock 125, 131f, 133, 138f, 166, 211f, 232f, 243f
Schuppenflechte 41
Schwangerschaft 140f, 189, 195
Schweißausbrüche 218
Seekrankheit 135
Seetang-Mineralbad 219
Selbstliebe 168, 175, 179, 211 *siehe auch „Liebe dich selbst"-Öl*
Sexualenergie 202

Sexualtrieb 129, 210
sexuelles Verlangen 194
Silber 195f, 200
Silber/Blau 198
Silber/Gold 201
Silber/Grün 199f
Silber/Rosa 196f
Silber/Violett 202f
Smaragdgrün 249
Solarplexus 125, 135, 155, 163, 168, 172, 185, 189, 212
-Chakra 125f, 133
-ebene 130
Soma 87, 108
Sonnenblumen 213
„Spaghetti-Kreuzung" *siehe Solar-plexus-Chakra*
Spiegel 12, 88, 104, 109, 113, 115f, 118, 162, 178f, 182, 197, 248
Sportler 132, 134
stimmliche Probleme 141
Stirn-Chakra 124, 209, 215
Störungen
(im) Brustkorb 186
-, aurische 154
-, innere 132, 140, 222
-, karmische 187
-, Konzentrations- 143
-, körperliche 185f, 204
-, psychologische 131
-, seelische 113
-, Verdauungs- 133, 159
Stottern 159
Streß 110f, 133, 163, 215

Taschen-Rescue *siehe „Rescue"*
Thymusdrüse 141, 155, 163
Tiefblau 163
Tiefmagenta 147
Tiefrosé/Tiefrosa 175

Tiefviolett 104
Trauma 126, 156f, 161, 175, 186, 197
Träume 111f, 161, 184, 213, 243
Traumsymbolik 111
Türkis 103, 137, 161, 165, 173, 215
Türkis/Grün 159f, 164f

Übelkeit 135
Ultraviolett 108
Unfälle 131, 133
Unfruchtbarkeit 131 *siehe auch Fruchtbarkeit*

Verbrennungen 143
Verbrühungen 143
Verdauung 85, 159
Verdauungs-
beschwerden 133, 134
krankheiten 134
organ 133
probleme 149
störungen (Dyspepsie) 133, 135
trakt 125, 175, 185, 189, 213
Verfolgungsangst 168
Verrucae *siehe Warzen*
Verstopfung 129, 131, 145
Violett 108, 124, 142, 164f, 172, 181, 202f, 215f, 227
Violett/Rosa 170
Violett/Rot 248
Violett/Violett 164, 167
visuelle Wahrnehmung 109

Warzen (Dornwarzen) 143
Wechseljahre 159
klimakterische Hitzewallung 134f
klimakterische Depression 180
Weiblich(keit) 115, 128, 173, 175, 178f, 183, 194, 196, 198, 211 *siehe auch Männlich(keit)*

Weisheit (Weise) 102, 129f, 155f, 158,
162f, 165, 167, 174, 183f, 188, 194f,
201f, 222, 249
Weisheitsstrahl 125
Weissagung 111

Ylang-Ylang 129, 210
Yoga 123, 127, 138, 181

Zahnen 140f
Zahnextraktion 143
Zarthellrosa/Hellrosa 176
Zellen 123f
-, maligne 138
Zellwachstum, überaktives 143, 211
Zirbeldrüse 124, 141
Zitronelle 212
Zwerchfell-
bruch 135
schmerzen 138
Zysten 143, 148

Inhalt

Vorwort *7*
Einleitung *11*
Mein geliebter Vater *15*
Das Geheimnis *25*
Die erste Heilung *27*
Wer bist du? *33*
Die Apotheke *37*
Kings Ransom *47*
Zeit zum Stehen und Staunen *57*
Die Straße nach Damaskus *65*
Gold Hill *67*
Die Nacht, in der „Balance" geboren wurde *73*
Der Kongreß *77*
Operation „Senkrechtstart" *87*
Olympia *95*
Kopenhagen *101*
Farbenzauber *107*
Wie man Balance benutzt *113*
Die Chakren *123*
Ein Wort an die Skeptiker *151*
Feinheiten von Aura-Soma-Balance *153*
Die Zeichen und Symbole in Aura-Soma-Balance *183*
Das Kind des Neuen Zeitalters *191*
Essenzen, Pomander und Quintessenzen *205*
Kleinere Wunder *217*
Quellen der Heilung *221*
Das Reich der Tiere *231*
Der Flug der Aura *241*
Die Vision *247*
Dev Aura *251*
Nachwort *257*
Anhang *259*
Sachregister *277*

Titel der Originalausgabe:
THE MIRACLE OF COLOUR HEALING
(ISBN 0-85030-895-X)
Erschienen bei The Aquarian Press
(an Imprint of HarperCollins Publishers Ltd.)
© by Vicky Wall 1990

Deutsche Ausgabe:
© by Verlag Hans-Jürgen Maurer

Aus dem Englischen von Hans-Jürgen Maurer
unter der Mitwirkung von Frank Huber

Alle Rechte vorbehalten
Umschlaggestaltung: Kristen Dietrich
Innengestaltung und Typographie: Eva Dietrich
Lektorat: Ruth Klingemann
Korrektorat: Udo Bender
Herstellung: Dosch und Keck, Rödermark
Titelbild von Aeona

Fotos: 1 Gunhild Hesting Kirchheiner,
2, 3, 4, 6 Aura-Soma,
5 Renate Waiblinger
Alle Rechte beim Verlag

Erste Auflage der überarbeiteten Fassung 1995

ISBN: 3-929345-05-6
Dieses Buch wurde auf 100% chlorfrei gebleichtem Papier gedruckt
Das Titelbild von Aeona ist als Postkarte und als Poster erhältlich bei:
Aeona Art • Postfach 170116 • 60075 Frankfurt

Edition Sternenprinz
Verlag Hans-Jürgen Maurer
Gutleutstr. 161
60327 Frankfurt
Telefon: 069 - 23 15 00
Telefax: 069 - 23 15 12